女教师的忧郁微博

何 南◎著

中国言实出版社

图书在版编目(CIP)数据

女教师的忧郁微博 / 何南著.
—北京:中国言实出版社, 2012.1
ISBN 978-7-80250-673-2

Ⅰ. ①女…
Ⅱ. ①何…
Ⅲ. ①教育工作—文集
Ⅳ. ①G4-53

中国版本图书馆CIP数据核字(2011)第239599号

出版发行 中国言实出版社
地　址：北京市朝阳区北苑路180号加利大厦5号楼105室
邮　编：100101
电　话：64924716（发行部）　64924735（邮　购）
64924880（总编室）　64963106（五编部）
网　址：www.zgyscbs.cn
E-mail：zgyscbs@263.net

经　销 新华书店
印　刷 北京博泰印务有限责任公司
版　次 2012年1月第1版　2012年1月第1次印刷
规　格 710毫米×1000毫米　1/16　19印张
字　数 220千字
定　价 36.00元　　ISBN 978-7-80250-673-2/G•157

引 子

刚来M学校的时候，我觉得它什么都好。

每一棵银杏树、每一片梧桐叶、每一株草都是含情的，它们的每一声喧哗都是动听的歌谣；每一声鸟啼、每一斑阳光和月色、每一丝微风都是浪漫的，它们都极为用心地妆点我的梦境；即便是鳞次栉比的高楼，即便是其他学校都有的常备设施，我也觉得这里的布局最具匠心；精心笼罩在学校上面的这块天空也相对高远一些、明净一些，白云的身影也似乎更加优游一些。它们是那样让我兴奋，让我暂时忘却了刚走出大学、与同寝室死党分开时的不快，唯一让我痛苦的，是我和男友刘一君不得已分开：他怀揣爱情只身到了北京，深情的呼唤飘洒在我的思念里。我们只能寄希望于在学校放假的时候来一个鹊桥相会，但放假总是太少，且似乎遥不可即。随着我教学生涯的开始，学生们的笑脸便成为我眼里最美的风景，于是，对男友的依恋也渐渐被我压在心底。

都说爱情是女孩子的全部，事业只是她的附着物。这个命题要是成立的话，我就不能算是一个女孩子了。

我开了微博，以表达这种玫瑰色的心情。你心里可能会隐隐约约地表示不屑：哼，开微博有什么呀，现在是个人都有微博！你可别小瞧我这个举动，对于我这种性格的人来说，可是非常难得的哦。

这是一所民办学校，刚来时，我觉得领导是那样的和蔼可亲，就像邻家的大叔大伯；同事之间那样的心无芥蒂，特别像一家人；家长信赖、学生向往、学校门庭若市，这所刚刚诞生的学校前景定然一片光明——如果它的前途不光明，就没有天理了！

于是，我身上便鼓噪着一种青春的冲动、一种想为它奉献力量的冲动，并且这种冲动已经被我变成了行动。

然而，随着对M学校了解的日渐加深，我越来越觉得自己的天真了，以前的看法似乎应该再换一个角度，这样或许会读出不同的涵义来；以前的答案似乎有了重新验算的必要，或许它另有新解。

心里滋生出某种怀疑之后，我慢慢多了个心眼。蓦地，我竟然发现一些在您看来原本如此的现象：学校上面的天空本来就和笼罩着其他地方的天空一样，是一个整体，没有高低贵贱之分；白云也没有归属，一会儿在这儿，一会儿在那儿，似乎并无什么目的和自由可言。对着我点头的曾经多情的银杏树、梧桐叶和草径，也并不是在表达对我的欢迎，或者表达一种由衷的喜悦，而是被风吹着，它们不得不如此。

我把我这一新的发现，写进了微博。男友笑我：“阿楼，你真傻。你原本就应该看出来的呀。”

我无语，只是打理微博。

微博里，有对我教学与生活的忠实记录，有对同事间关系的客观描摹，有对包括M学校在内的民办学校的担心与思考，也有和五个男人的“恩怨情仇”……但由于我人微言轻，能看到我微博日志的人少之又少，加上微博的承载量毕竟有限，字数限制也太严格了些。于是，我干脆就把微博的内容集中起来，加以补充、演绎，并对所涉及人物、当时的心理进行揣摩和加工，我惊喜地发现，它竟然成了一个完整的故事。

但愿有很多、有越来越多的人能够分享我的微博，分享我的心情。

目录

一、愉快的“家庭”聚会

看得出来，阿越喝高了，但还在一杯接一杯旁若无人地灌，人还没到齐呢！莫非阿越和我一样有什么烦心事？否则，也不会采取这种非常规的喝法呀！记得上一次，当刘一君听说我不愿跟他到同一座城市工作的时候，他就是这么喝的。那一次我特别害怕，生怕他喝出什么毛病来，多次实践证明，刘一君喝杯凉扎啤就会吐。但我一想，应该不会，听阿越说，他刚结婚不到一年，夫妻俩原是大学同学，感情好得掰不开，能有什么烦心事？有空得问问他。

盛老师姗姗来迟，四十多岁的男人哪，好像觉得自己就是一朵重开的花，总是将稳重作为华丽的衣裳。可再看阿越，细长的脖子好像都支撑不住头的重量了。

“盛大哥，来这么晚，我也不再罚你了。来，咱干一杯！”刚成为同事不久，阿越就直呼人家“大哥”，真令我诧异。此时，他的翩翩风度似乎已全被啤酒淹没，瘦长而白皙的脸通红通红的，包括他秀气的细眼睛。

“何老师，你就来几句开场白吧！”盛老师顾左右而言他，端着酒杯，看着何必老师。关键时刻，还是盛老师照顾得周到。

“对！整两句！”阿谷学着赵本山的口吻。

阿若呢，眉头也舒展多了。半眯着眼看着我们，身兼办公室负责人和备课组长两大重要职务的何必老师别提多高兴了。

月光透过早已该清洗了的窗玻璃，羡慕地窥视着。今天晚上真是个喝酒的好天气！我想，何必老师肯定在暗暗为自己的英明举动叫好。

以下的意思，是我根据何必老师这一段时间的举动揣摩出来的。

供职M学校以后，兴奋的潮水不分白天黑夜地在他生命里激荡，因为这是一所据说是这个省规模最大、硬件设施最好的民办学校，有媒体这样评价它，硬件足够硬、软件足够软。过去相当长的一段时间里，它是他的梦；或者说，它曾无数次走进他的梦里，给他的梦加上了绚丽的底色，缀上了迷人的流苏香边，让它丰丽多彩。

M学校所在的城市不大不小，气候宜人。地理位置也颇令人向往：南方人说它是北方，北方人说它是南方，它就这么宠辱不惊地稳踞于这个界分南北的平原上，以平和的姿态迎送南来北往的人们。

而今，和我一样，何必老师终于成了这个学校的一员！聪慧的您就是用指甲盖想想，也能想出他的兴奋，就像吃饱饭后打的饱嗝一样一串一串的，更不用说被人胳肢或者按压肚皮了。

正如他希望的那样，吃饱喝足后挤压肚皮的人来了。

我们办公室的几位男同事几乎同时产生了一个不凡的设想：刚刚开学，学生正在军训，教学任务还不太具体，人们的精力经过一个漫长暑期的发酵，每一个细胞都涨得鼓鼓的；新同事，刚刚成为一个办公室的室员，亟待了解，好以最佳的状态投入到日后的工作中去；加之今天天气非常好——人，若是有一个自以为有价值的设想之后，哪怕这种设想是不过是一个肥皂泡，这个肥皂泡的色彩也会把心情装饰得很精致，当然天气也会跟着变得宜人。

是的，这个设想就是聚餐。

那就聚吧！据何必老师说，他喜欢看拳击，先把拳头缩回来，然后再打出去，这样才更有力度更有杀伤力。今天晚上的聚餐就是缩回拳头的过程。

何老师可是一个善于察纳雅言的开明的“领导”哦！

我本来不太赞同这次聚餐的，但看大家热情都这么高涨，就没当煞风景的角色，反正我心情正好也不太舒畅，就让这次突然袭击般的聚餐冲散我的心事吧！

和我们相邻的一桌投入战斗要早，筷子相撞，觥筹交错，已失去了章法，他们无意间更勾起了我们的食欲。

“各位兄弟姐妹，难得咱们聚到一块儿，用范伟的话说，缘分哪！今天大家吃好喝好，喝好吃好！今晚我请客！”见盛老师来到，加上众人的提议，何必老师端起倒满了啤酒的一次性酒杯，慷慨激昂地发表了他的开场白，声情并茂，典型的晓之以理、动之以情和导之以行的完美结合。

来的时候大家都没好意思深入商讨聚餐的经费问题，按职场中较为时兴的做法应该是“对啃”，即AA，大家凑钱乐呵乐呵。但不知怎么的，何必老师开场白就来了个“一言堂”，大包大揽的豪气初露端倪，让我们又措手不及又放松。

餐馆简陋，摆着五六张长桌子，我们围坐的是两张长桌拼成的餐桌。桌上一层油腻，桌布敷衍地盖在上面，两个苍蝇恋恋不舍地在上面起起落落。然而，谁会计较这些呢？生意不好，老板踮踮地跑过来，殷勤地送这送那，并间歇性地客串服务员上菜。他身体肥胖，跑得不免夸张，这倒和我们的心情极为相配。

“老板，您可真是身轻如燕呀！”阿越打着嗝，故意将最后那个字说得非常微弱。老板笑笑，黄黄的牙便不客气地露出峥嵘。

老板离开后，阿谷问阿越：“身轻如什么呀？我刚才没听清。”

“身轻如猪嘛！难道还会有别的喻体？”阿越不愧是教语文的。

众人笑起来，妙语解颐呀！吃饭要的就是这样的氛围。

果然，何必老师的开场白奠定了非常好的喝酒基础。大家渐渐放开了，和阿越喝到了一处。

外面，光线很亮，如银的月色。

邻桌，来得较早的客人已进入最佳状态，划拳行令，激战正酣。

难得的晚上，绝佳的氛围。

“阿谷，我看阿越今晚不太对头，是不是心里藏有什么不快的事呀，你坐得离他近，照顾他点儿，别让他喝多了。”何必老师安排阿谷。

“心里是有事，不过你别担心，回头我劝劝他。”虽然同一办公室不久，但阿谷已和阿越最亲近。

“盛老师，您入职早，给我们介绍介绍学校的情况呗！”阿越嘴勤且甜，我这才注意到，他特地换上了一件新T恤，牙黄的底色，前面用黑墨印着大大的YES。

“你不是有一双发现美的眼睛吗，还要人介绍？”盛老师先细抿一口酒，含在嘴里咂摸咂摸，然后缓缓咽下去，好像这酒是茅台，而不是啤酒。举止文雅，出语不凡。

“盛老师说得对，很多事啊，要是说清楚了，也就不新奇了。就像一个悬疑片，要是有人事先把结局揭开了，不是对你的惩罚吗？”阿谷宽大的脸盘闪着红光，眼镜的黑边与脸色配合得恰到好处。他入职更早，对学校更比盛老师清楚。但他附和起盛老师来，涵养令人肃然起敬，尤其是能由对学校的简介联想到悬疑片，思维之发散更非一般人可比。

“对对对！”阿越有些尴尬，他举起杯，故意将塑料酒杯捏得扁些，“喝酒喝酒！”一饮而尽。

“盛老师，听说，咱们学校招聘人的时候，只让应聘者讲课十五到二十分钟，就凭这短暂的‘表演’就把人的年薪标准给确定了，是这样吗？”何必老师问盛老师。我想，这个念头已经困扰他好久了。

像M这样的大型民办学校，方方面面的制度都应该相对完善，方方面面的方法都应该相对成熟，如果真像人们传言的那样，实在是一种潜在的危机。现在何必老师想搞清楚的是，是不是只有他在试讲和定年薪的时候偶然受到了这样的“待遇”。

这方面我可没有发言权。我是以大学生身份进入M学校的，也没有经过试讲，毕业前就已经签过合同了，也不知学校根据的是啥标准。死党打趣说，我是因为漂亮才被领导相中的，可我漂亮吗？一同入职的大学生都属于实习生，M学校有一个实习期工资标准，工资都一样。

“何老师，这个问题最好不要问。”阿谷喝下一杯酒，把杯子放下，边倒酒边说。正巧，服务员端着一个菜向我们走来，阿谷乘机收住话头。

“吃菜吃菜，”盛老师是本地人，免费给我们介绍，“这是我们这儿非常有名的油炸金蝉——噢，就是知了的幼虫——很有特色的噢！”这几句介绍，盛老师未用普通话，用的是他们的家乡话。地道的方言达到了一箭双雕的效果：既幽默地介绍了这道我闻所未闻的菜，又巧妙地把何老师的问题轻轻化解。

大家应声举箸。

我此时想起了法布尔《蝉》里的句子：“四年黑暗中的苦工，一个月阳光下的享乐，这就是蝉的生活。我们不应当讨厌它那喧嚣的歌声，因为它掘土四年，现在才能够穿起漂亮的衣服，长起可与飞鸟匹敌的翅膀，沐浴在温暖的阳光中。什么样的钹声能响亮到足以歌颂它那得来不易的刹那欢愉呢？”

蝉不容易，还未见到阳光，更未争得放声歌唱的权利，即成为人们的盘中美味，我又怎能忍心下手？想必何老师也在这样想，因为他也没有夹这个菜，而是在若有所思。

“是啊，这上面可是有高压线哪！”一直很少说话的阿若忽然说。阿若的眉头又皱起来，似乎要将答案隆重推出，他左右看看，警惕性让我想到接头的地下工作者。这时，房间里的灯光忽然不合时宜地灭了，月光最及时地补充进来，但依然看不见阿若的脸，只觉得他出言的谨慎像蚊子一样地飞。

高压线！怎么一不留神撞上它了？我不由得抽搐一下。

“有什么呀！酒场无禁忌嘛！”阿越大叫。这时，他的手机忽然来了一条短信，他连忙低下头，飞快地按动键盘，顾不得其他。

“还是应该注意点儿为好，学校领导最恨‘长舌妇’和‘包打听’那样的做派。”啤酒劲儿太小了，稀释不了盛老师的严肃和稳重。

灯亮了，随着一个热菜上来，仿佛是灯光送来了这个菜。众人急忙夹菜，漫长的等待之情亟需找到一个切入点释放。

“阿若，能不能透露一下你的工资是多少？”何必老师猛地干尽一杯酒！

“这个……不能说的。你不要为难我了！”阿若有些惊惶，他解开了一个扣子，是啊，他衬衣扣得太严谨了。

“为什么？这又不是什么值得保密的事儿，用得着藏着掖着吗？”何老师跟阿谷碰了碰杯。

“按说不应该藏着掖着，可学校把这视为最高机密，不允许打听，一经发现，就地解聘！”盛老师言辞凿凿。

“为什么？”还是阿越，短信发完了，他声音提高了好几度，眉头也皱起来。皱眉能传染呢！

众人不约而同把头扭向邻桌，幸亏他们正酣战之中，没有人注意我们。

“高压线！”阿若指指头上。几个人向上望去，模糊的灯影轮廓，几个小虫在绕着飞，天花板上有几片被楼上的水渍浸过的黑痕，其他什么也没有。

“学校领导怕同事之间互相打听工资之后会引起矛盾。”阿谷也警惕地扫视四周，才低沉地说。他扶了扶镜架，镜架并不歪。

“只要工资定得合理公平，怎么会引起矛盾？”阿越眼睛瞪得很大，他猛地灌完一杯酒。

“绝对的公平是不存在的。”盛老师着重看了看窗外，肮脏的玻璃上，没有被压扁的鼻子。

此时，阿越的喉结在剧烈地动，想必现在他很气愤，并且想说出什么“出格”的话。但何必老师拦住了阿越的话头。

“阿谷，我问你一个尖端的问题，你可要知无不言、言无不尽啊。”何必老师问阿谷。他是办公室负责人，不想让阿越把有风险的话说出来，要说也应该他这个“办公室主任”说嘛！这个何老师！

阿谷只顾喝酒，似乎没听见何老师的问话。

“阿谷老师，何老师跟你说话呢！”我也急了，提醒阿谷。

“啊？什么……问题？”阿谷像从一个美不胜收的地方被我拉回。

“那就是……”何必老师正说着，手机却响了，何老师对电话那端说：“我在外面，马上回去！”转过身对大家说：“对不起，我急需要出去一趟！阿谷，这个问题先存一会儿吧，正好留给你时间先积聚些勇气。”

“好，我等着你的诘难。”阿谷似乎松了一口气。

阿越说：“何老师，你可一定要有去有回、善始善终呀！”

何必老师跟阿越打趣：“放心吧阿越，我还得回来买单呢！”

此时已将近九点钟，天已收拾起一天的酷热，晚风渐凉，颇为舒服。何老师脚步匆忙，无心欣赏夜风的多情，恨不得立时赶到。幸亏餐馆和学校并不远，盛老师可真会选地方！

离教室还有很远一段距离，明亮的灯光下，何老师已看到了教室的走廊里有几个人影，很乱，站站蹲蹲的。看不到他们的表情。其他班级的学生也探头探脑地张望，似乎很感兴趣。霎时，浓重的不安笼罩了何老师，他加快了步子。

“老班来了！”同学们兴奋地说。

一名女同学蹲在地上，双手掩面，肩膀剧烈地抖动，看似非常痛苦。学生在电话里告诉何老师，她叫张瑾。

“她怎么啦？”何老师问身边的女生委员张婧。

“想家了呗！”女生委员回答。

“天太热，军训太累太苦，她受不了，就想回家，谁也劝不住。”还是班长刘相林比较沉稳。

谁都可以想见这样的大热天中，学生“惨烈”的军训场面。

“你们先进教室吧，我来处理。”何老师对张婧他们说，并把张瑾叫到走廊外没人的地方。

女学生身上都被汗湿透了，有的汗渍已干，迷彩服上印着大大小小的白色“地图”；未干的地方还沾有土，也已经濡湿，糊在衣服上；刘海无力地搭在额头。因为他们站的地方光线较暗，看不清她的表情。她的脸上一定有一道道的泪痕，泪痕被风扬起的尘土沾染，显得更加明显。

“能不能坚持？”觉得问得太过笼统，何老师又换了个句式，“今晚一定要回家吗？”

女学生连续点了好几下头，她的迫切心情通过点头表达了出来。

“你怎么回去，这么晚了？”

“我家不远，让我爸开车接我。”可能是感到老班口气很柔和吧，张瑾终于抬起了头。

于是，何老师拨通了张瑾父亲的电话。张父表示，很快就到。

这段时间，何老师正好让张瑾办请假手续。

看着张瑾迈着显然轻快起来的步子走向学校大门，何老师松了一口气。娇生惯养的孩子，如此大剂量的军训猛药，真够他们受的了！

想着我们的聚餐，何老师快步向校外走。但走出约二百米之后，他又返了回来，走进了教室。

何老师又给同学们讲了一大段话，鼓励他们咬牙坚持，不要轻言放弃。同学们的脸上虽然写满了疲惫，但目光还是坚定了一些，何老师这才稍稍放心。

然后，何老师一路小跑着回到了餐馆，T恤已被汗水洇透。

看到何必老师重返疆场，四位男士非常兴奋。他们的脸上因激动而呈赤红色，当然其中也有啤酒的功劳。

“班里有点儿小事，不过已经处理好了。”何老师主动出击，占领言谈高地。

“何老师，这一番辛苦，你应该多喝点儿酒犒劳犒劳自已！”盛老师真诚地劝酒。

“求之不得！”何必老师一饮而尽，把酒杯底朝上，没有一滴啤酒滴下来。

“何老师，你的问题呢？没有随着汗蒸发吧？”难得阿谷还想着。

“那我就问你了，阿谷。我在想，学校既然把工资作为雷区，难免让人想到这里面肯定有不少的不公平存在。要说也是啊，只让人讲十几分钟课就把年薪给定了，又怎么能准确呢？我想知道些具体情况。”

尽管阿谷进行了回答，但何必觉得，阿谷谈得并不到位，似乎在故意闪烁其词。之后，我们又喝了许多酒，说了许多话，做了许多争论，愉快一直驻留在我们中间。

月儿也似乎有些疲惫了，拉一块云遮盖着它，时间不早了。

于是我们起身，买单，撤退。

“今天咱们谈论的所有话题，已经随着咱们喝酒的时间流去了，谁也不要……”还是盛老师想得周到。

“对！谁也不触碰高压线！”阿越截断盛老师的话。

“不，咱们今晚只是喝酒，压根什么也没有谈！”阿若思维更加敏捷，难得他深得领导赏识。

阿谷在打电话，一连声地“是是是”，没接他们的话茬。

“咱们今晚过得真愉快！今后我保证，一定紧密地团结在以何老师为首的办公室中央周围，全力配合何老师的工作！”阿谷终于结束了通话。他打着饱嗝，话说得还是那么囫囵。

“今晚是咱们的第一次家庭聚餐啊，时光的翅膀真是无情！”阿越要吟诗了。

“对，是家庭聚会！我提议，咱们以后应该再多些这样的聚会！”蔫蔫的阿若的话给了我们信心和力量。

刚走出餐馆，和我们邻桌的那帮人不知因为什么掐了起来，污言秽语不绝于耳，有一个人还举起了空啤酒瓶子，要往坐在那儿没动的那人头上招呼。其他的人慌忙站起来劝解，原本冷清的餐馆这下竟然热闹了起来。

阿越似乎受到了阿若的感染，大声唱起了歌：“你做了选择，对的错的，我只能承认心是痛的。怀疑你舍得，我被伤的那么深，就放声哭了，何必再强忍。我没有选择，我不再完整，原来最后的吻如此冰冷……”是张靓颖的新歌《如果这就是爱情》。

“阿越，今晚你心里有什么不开心的事吗？”何老师扳住阿越的肩头。

“我……以后再告诉你吧！”阿越又接着唱，调子跑得开车都追不上了。

这次“家庭聚会”，五个男人喝了将近两筐啤酒。我几乎没怎么喝。

二、纷乱的心事啊

我们高一语文办公室，有五员大将、一只菜鸟。

何必老师，三十六岁，稳重而单纯、正直而热情，是我们高一语文组的“头儿”；盛老师，四十四岁，见识广博、声音铿锵、长于舌辩，堪称权威；阿谷，性情温厚、沉默寡言，即将踏入而立之年，常以男子汉自许，事实上他的确男子汉气概十足；阿越，二十五岁，年轻气盛、富有才华，新婚燕尔，幸福的光辉涂满他光洁的额头；阿若，年龄和资历都和阿谷相当，踏实肯干，据说深得领导赏识，只是年纪轻轻的就经常皱着眉头，眉头上聚着正待解决的难题。

菜鸟是微不足道的我，吕褛，二十一岁，刚走出大学校门。让我奇怪的是，我爸妈怎么会给我起一个这样古怪的名字，化用茅盾先生的话来说，如果不是妙手而得，便是不负责任。

昨天晚上的聚餐，阿越的确有心事；其实，有心事的还有我。

先说阿越。

入职M学校已经近一个月了，但那件事情一直没有着落。尽管有关领导对他信誓旦旦地说：“姬老师，你放心，既然你签合同时我答应你了，就一定会优先考虑你的事情，安心工作吧！”

但这一承诺之后，事情依然如泥牛入海。他刚来，人生地不熟的，也不好老是追在领导屁股后面问。弄不好的话，领导一烦，你这个年轻人，来M学校纯粹是别有用心！这样别说这件事情无望，自己能否在这里待下去都成了问题。

但内心里，阿越像《封神演义》里的杨任一样，眼里长手、手里长眼，直窥探到领导心里去。

昨天晚上，李青给他发短信催促；今天上午，李青又给他打了电话，问这件事情。但他除了对妻子实话实说并反复安慰外，又有什么办法？

听阿越说，原来，李青在老家也有工作，领导对她的工作态度和工作能力都很满意，但后来，她认识了阿越，再后来，就嫁给了阿越，这就凸显出问题来了：李青工作的地点离阿越太远！由于要和阿越生活在一起，李青毫不犹豫地辞了那个工作。再再后来，阿越离开自己的公办单位，毅然到了离家数百公里的外省的M学校。于是，李青就决定，一定要想法和新婚的丈夫在一起！

想到李青的温存，想到李青的寂寞，想到她是因为自己才放弃了工作、又是为了自己才想到M学校工作的，阿越就不由得心里涌起一股温暖的泉水来；但同时也由于这个原因，温暖的泉水里还混合着愧疚的苦涩……

一段时间来，阿越喜欢上了在网上遛达，以排解内心的苦闷，可苦闷就像是浓雾一样，身处其中，再也逃脱不得，用手一挥，浓雾根本没有什么反应，却又怎么也避不过……

因此，和我们一起聚餐的时候，阿越虽然高兴，但仍难以挣脱苦闷的魔掌，就不知不觉地想喝酒，想多喝酒，甚至想喝个一醉方休！

喝酒的时候是容易排解自己的寂寞或者愁苦的，李青的美丽和温柔也暂时被阿越放入心灵的一个角落，包括聚会初散场的时候，阿越还能够动情地唱着跑了调的歌，表现出很高兴的样子。其实，阿越唱歌很好的，他是故意唱跑调的。只有如此，阿越才觉得对自己是一次解放、一次放纵。

可一回到住处，偌大的房间，寂寥的空气，没有一点儿家的气息，这对于阿越来说实在是一种折磨。心是一张网，漏掉的是一些无关紧要的东西，可对李青的感情，诸如思念和愧疚，却无论如何也漏不掉。

于是，阿越情不自禁地拨通了家里的电话。当李青的一声“喂”刚刚响至耳边，阿越觉得，他方才喝下的啤酒似乎一下子都化作泪水，汹涌而出……

放下电话，阿越愈发觉得，应该尽自己的一切力量将妻子的工作之事办成。M学校太好了，它那样大、那样美丽，它也应该有着博大的胸怀，应该像船舰一样能够承载起他和李青的爱情和幸福。因此，在阿越的心里，他首先是对学校充满感激更充满期待的；但由于M学校，使得他与妻子离得那样远，使得他那样疏离幸福和爱情，面前明明有希望，可这希望又总遥不可即。难免的，他对M学校又不由产生一种怨恨之情……

当阿越把自己的想法和经历在电话里絮絮叨叨说给我听的时候，我无语。既不知道如何安慰他，又感到一种被信任的温暖。于是，我情不自禁地想起刘一君：你在干什么？你在像阿越想自己的妻子一样想着我吗？

客观地说，我很幸运，大学毕业之前，M学校到我的母校招聘，不知道是因为什么，并不漂亮也并不算出色的我被M学校前往招聘的领导看上了。于是，刚拿到毕业证，我就接受M学校的召唤，参加军训了。

当时，许多同学还正为工作发愁，有的在忙着设计、打印自己的简历，有的还在埋怨投简历无门，至于工作嘛，更像是海市蜃楼。

但正是因为这个暑假的军训，给我带来了很多烦恼。

半个月的军训，我以我的肯吃苦、热心助人赢得了教官的赏识和队友的交口称赞。同时，也理所当然地赢得了三位小伙子的爱慕。

其中一个小伙子叫程功，学政治的，也是学校招聘过来的应届大学生，在学部当干事。他对我的追求可以用死缠烂打来形容。

出于礼貌，我把手机号给了程功，但没想到的是，当天晚上手机就忙碌起来了。电话、短信不断，把我的心弄得烦烦乱乱的，加上军训又特别苦特别累，本来已临近入梦状态了，又被程功吵醒，心里有气，可又发作不得。俗话说，抬手不打笑脸人嘛！再说，一个女孩子有人追求，到底也不是什么丢人的事情。

看我没有反对（其实是我置之未理），程功仿佛受到了鼓励或者暗示，开始变换花样，由单一的追求升格为多元化的追求，由语言上的追求变成实实在在的行动。先是把不知在什么地方偷采来的花插在我宿舍门前的把手上，后来又发展为到花店去购买。军训期间学校不发工资，也不知他从哪儿弄来的那么多钱！程功的想法越来越大胆，就差像姜文、瞿颖主演的《有话好好说》电影里的情节一样，雇人站在宿舍楼前向所有人大喊“阿褛，我爱你！”了。

一个女孩子，没人追求固然是痛苦的，但要是追求的人多了，又是多个人同时追求她，应对起来可不是一件轻松的事。

追求我的还有另外两个小伙子张天然和陈明灿，当然也是军训时的仰慕者。他们都是理科生，追求的方式比程功相对理性、也较为隐蔽，但也为我带来了不少烦恼。

这还不算，最让我头痛的是刘一君，我在大学时就已经将感情升温到了水深火热程度的男朋友，自从在北京找到了一个不错的工作以后，和我的联系就比以前少得多了。昨晚吃过饭后，我QQ问他，为什么会这样，他停了好长时间才回复我一个字：忙。似乎他真的很忙。我就不明白了，什么事会夜里十点了还在忙？这可是一种不好的前兆。莫非他……

我在想，快点儿放假吧，我好到北京去搞一个火力侦察！

三、亲切的交谈

上午七点五十，何老师刚到办公室，阿谷从外面进来："何老师，外面有人找！"

"找我？谁？"

"出去你就知道了。"

何必老师快步走出办公室，伸头往两边看看，没人。

"谁呢？"何老师很纳闷。是阿谷开玩笑吧？何老师转念一想，不会的，来自五湖四海，为了一个共同的目标刚成为新同事，毕竟还不太了解，好像还没到开玩笑的份儿上；他年龄比阿谷大，又是他的领导，别管是多大的领导吧，到底不是自己黄袍加身，而是学校封赐的，阿谷虽然资格老些，但还应该给这个面子；再说，昨天晚上刚请阿谷吃过饭，兴许"雪花"的劲儿还没下去呢！

回头看看办公室，阿谷尚未坐到椅子上，头伸着，眼睛向着他这边张望，好像急切地等待着什么的样子。何老师告诉自己，阿谷没有开玩笑，更不会存心骗他，没那必要呀！

往办公室左手走走，是一排教室，预备钟已经响过，学生都已进入了教室，准备上课了，长长的走廊里飘荡着歌声和朗朗的书声，没飘过什么人影；于是，何老师又到了办公室的右手，那是楼梯间，果然，楼梯间有一个人，是位女子，正在打着手机，格格格的笑杂在说话里。这个阿谷，也不说清楚，让我猜了半天！

这位女子的裙子真漂亮，连衣裙，米黄底，上面一些淡紫的小花，像是被谁的手随意撒上的，素淡、高雅，加上苗条的身段，养眼、养心，何老师不由想起昨天晚上吃饭的氛围。是她找我吗？可她是谁呢？

“何老师吗？”大概是听到了背后有声音，女子暂停格格格和说话，用手捂住听筒，“我是学部办公室的干事王玲。马校长叫你到他办公室一趟。”

“校长……叫我到他……办公室？”何必老师疑心听错了，竟然口吃起来。想问问清楚，可王玲又和电话那端的人说笑上了。

何老师额上沁出了汗，虽然此时是初秋天气里一天中气温最低的时刻，又有伶俐的小风。

我们的办公室在一楼，马校长的办公室在五楼。领导都喜欢把自己的办公室设在最高层，每天宁愿自己多跑好多级楼梯，也要把方便留给部下，马校长也是这样。看来天下所有的领导想部下所想、急部下所急的心思是一样的。

“叫我干什么呢？”一边上楼，何必老师一边思考，脑子转得飞快，“什么事呀？表扬我？不会，我还没做出丁点儿贡献呢，只不过昨晚和群众吃成一片、喝成一片了一次，也算不上什么贡献嘛！再说，这事校长未必知道，刚开学，千头万绪的，他哪有心思因为这区区小事表扬我呀？”

“请进！”敲门声刚起，校长柔和的声音就在门内响起，似乎早已等不及说这句饱含温情的话。

何必老师心里一阵温暖：校长真平易近人！

看到何必老师进来，校长忙从他宽大的大班桌后走到前台，示意他坐到沙发上，然后又非常自然地拿起水瓶倒水。

“马校，您不要客气了，我不渴！”何必老师慌忙站起身，想阻止校长的关怀举动，可遗憾的是他太缺少沉稳的大将风度，碰到了校长的手，差点儿将水瓶碰掉地上。

何老师尴尬极了。一个声音继续在脑海里翻腾着：“校长找我干什么？”

“今天叫你来呢……”校长似乎猜透了何老师的心思，他语气轻松地揭开了这次谈话的序幕，但同时他为了增加此次谈话的悬念或者重要性，特意顿了顿，以引发听者的思考。

何老师屏气凝神，等待着下文。

校长似乎话锋一转，又似乎没转："听说你们办公室的人昨晚上出去了？"

听说？听谁说？校长到底想说什么？何老师心里"咯噔"一下。

何老师赶忙称是。

"这很好嘛！开学之初，同事之间非常需要了解，这样才能有利于工作，也才有利于树立你的威信。人无信不立嘛！"校长果然是要表扬，可是，何老师不明白，校长把"人无信不立"用在这儿，似乎有点儿不太恰当……

这点儿小事，都是我应该做的，不值得校长表扬的。今后我一定要多和同事一道，加强联系，增进友谊。何老师心里很温暖。

"可是何老师，"校长又顿了顿，瘦削的脸上显出复杂的表情，表情后看不出是什么内容，但似乎又能猜得出来，就像厚厚的云层之上，虽然看不清，但知道有些什么东西一样。何老师知道，转折关系的复句强调的是"可是"后面的内容，原来校长要谈的主要内容在这儿！而前面不过是个引子，连内容提要都算不上！

何老师想起了自己以往在学生操行评语栏里惯用的句式。

心里"咯噔"了一下。何老师赶忙做出更凝神谛听状。

校长似乎转了话锋，又似乎还在原地徘徊："你们刚来咱们学校不久，对学校的情况并不太了解，暑期中的培训有些同志也没有参加，对学校的一些规定缺乏应有的认识，这样就难免会说一些不该说的话，做一些不该做的事儿。有些可是高压线呀，一定要避开哟！"校长的口气非常柔和，语速也非常平稳。

"一些"、"有些"，到底是哪些呀？何老师真希望校长掰开了揉碎了讲给他，然后他再传达给我们。可是，校长好像并没有要这样做的意思。

何老师又揣摩校长话里的意思，心里既惊又暖。

惊的是消息传得竟然这样神速，都快赶上"神七"了，真不愧是信息时代，什么事都掖藏不住，任何秘密都无处遁形。校长既然这么快就知道了，一定是原原本本知道了他们昨晚谈话的内容。

暖的是校长并没有要追究他这个办公室主任的意思，这可以从他的“他们”、“有些同志”上看出来，否则，校长就可以直接说“你”了。或者干脆说“你身为办公室负责人，是学校的喉舌和眼睛，一定要……”了，校长真是宽宏！真是民主！如此柔和的语气是他宽宏和民主的明证！在何老师的心里，校长从老板桌后和蔼可亲地走出来，屈尊坐到与他只隔一只小小茶几的沙发上和他促膝谈心的形象无比高大！

我一定要努力在这里……何必老师的老毛病又犯了！

“何老师，想啥呢？”马校长收起刚才所操的普通话，而是改作了他的家乡话，这让何必老师觉得倍加亲切。早听有人说马校长是他的同乡，难道他果然是？不然的话，马校长对他的家乡话怎么说得那样地道？要是刻意模仿的话……何必老师的眼前忽然想起侯宝林、马三立这一级的相声大师来。

人生四大快事是什么？久旱逢甘雨，他乡遇故知。洞房花烛夜，金榜题名时。今天何必老师至少遇到其中一件了，何其幸运也！何老师的思绪又游移起来，唉，真是对不住校长的礼贤下士。

“不要想啦！我并不打算追究这件事，这件事就到此为止，谁也不能再提。我只是想托你提醒你们办公室的个别人一下。请你回去告诉他们，要把全副精力放在工作上！”校长亲切地拍拍何必老师的肩膀，霎时，肩上热辣辣的，让何必老师想起初恋时梁莉拍他的感觉来。

何必老师当然知道，此时此刻，高一语文办公室里，剩下的五个人一定没有闲着，一定在激烈地商讨着一件大事：校长找何老师去干什么？现在诞生标准答案了，何必老师要回去告诉我们。

马校长张张口，右手稍稍举起来，似乎还想给何必老师说点儿什么。忽然，学部的另一位干事轻轻敲门后推门进来了。马校长冲他摆摆手，说：“你稍等一会儿，我要和何老师谈事儿。”学部干事退了出去。何必老师心里的热流再次涌起来。可是，不巧的是，校长办公桌上的座机响了，于是，他把举到半空的手放下来，不情愿地走到座机旁，一看到电话上的号码，他立即弯下腰杆，左手放在听筒上欲揭起来，同时伸出他干瘦的右手示意何必老师：你可以离开了！

何必老师草草收拾起没能继续聆听校长教训的遗憾，轻轻为他关上了门。这时，他听到校长恭敬地说一句：“李总您好……”

走在路上，何老师心里一直盘旋着一个疑问，谁把昨晚的事情透露出校长的呢？莫非是他？

“何老师何老师，你可回来了！马校找你干什么？”何必老师身形庞大，无意间形成了较大的目标，当他的身影刚出现在办公室门口时，办公桌正对着门、正在凝神发着短信的阿越，便最先发现了目标。他腾地站起来，拿着手机，迫不及待地为何老师打开门，边开门边大声嚷嚷。

何老师扫了一眼办公室，除了阿谷，大家都望着他。即使是阿谷，虽然眼睛盯着书，但耳朵支着呢！

“没什么，就是随便聊聊。”何老师走回自己的办公桌前，坐下，慢慢端起茶杯。

“仅仅是聊聊？谁信哪！”阿越真聪明，什么都瞒不住他，只是他不知道何老师仅仅是卖个关子而已。

阿越跑到何老师办公桌前，扶住何老师的肩头，像个女孩子一样地轻轻摇着。

“你就给我们说说吧何老师！我们大家可都快急死了，我们心田的禾苗都快干枯了，你可不能见死不救啊！”一着急，阿越普通话里的山东腔更加浓重。阿越的家在胶东半岛上，平时还行，一着急胶东味儿就冒出来了。

“急死的是你，可不是我们！”阿若忽然说。

“唉！”盛老师忽然发出一声叹息。

我心里一惊：盛老师叹息什么？是洞悉了一切还是故作深沉？是漠不关心还是另类的急切？

“马校让我提醒大家，要多了解学校文化，要尽快融进学校这个大家庭中来！”出于对马校长的敬重，何必老师的语气异常轻松，且只将校长的意思委婉地说出来。

“我明白了！”阿越忽然大叫，他从何必老师桌上拿起一本书，重重地丢在桌子上。

“阿越，你明白什么？快把我吓死了！”我对阿越发泄着不满。

“这还不是秃子头上的虱子？一定是有人向有关领导反映了咱们昨晚的事，并且把咱们昨晚的谈话内容也一并捅了出去！”阿越三步两步跳到办公室中间的空地上，“真是无耻！无耻至极！”

“阿越，轻点儿！”盛老师提醒他。

“是啊，别让其他办公室的人听见。”我附和。

阿越是山东好汉，血液的沸点较低：“怕什么？打报告的人就是无耻！在他面前我都会这么说。”说着，急速地在办公室走了几步，然后随手愤怒地打开窗子，“无耻，无耻！”说完又自言自语：“是谁呢？”

“反正不是我啊，我先声明！”阿若此时手上已拿着一个茶杯，他来不及喝水，急忙申明。

“这个叛徒一定混迹在咱六个中间！”阿越下完结论，又追问自己或者他人，“会是咱们中间的人吗？”

“思路还要再开阔些，想法还要再有创新些。”盛老师说得非常有哲理，但在阿越听来，纯属废话一句。

“是啊，要是昨晚和咱邻桌的人听到了呢？隔墙有耳嘛！”我说。

其实我知道，告密的人肯定是我们中间的某一位，甚至我心里已经有了目标，回忆起昨晚上某人的举动，我心里有了一些判断，但我不能说。

昨晚，其他五个人都沉浸在酒里，只有我算是一个冷眼旁观者，再说，我还算是个细心的女孩子。

“不会！我敢断言，那桌人根本就不是教师！看他们喝酒的架式就不像！尤其是最后……我敢肯定！”阿越信心十足，就差拍胸脯了。

我知道阿越“最后”后面未说出来的意思，是指那帮人喝酒时的内讧。

但我却觉得阿越的结论有些武断，想想我那几位同事昨晚喝酒的样子，好几十瓶“雪花”啊，旁人谁又能想到他们是教师？

“大家不要乱猜测了。不管是谁，都是可以理解的。他也许是在提醒咱们，让咱们注意呢！人在江湖，身不由己。咱们以后也要谨言慎行才对。当然，昨晚我也说了一些不该说的话，甚至是我勾起了大家对一些话题的争论。在这一点上，大家，尤其是我，应该向阿谷学习。免得有不必要的麻烦。马校已经告诉我，这件事情就到此为止，谁也不会再提了。”

于是，昨晚欢聚的一些片断不由浮现——

何必老师一把那个问题提出来，我就注意到，阿谷的神情有些恍惚。他挠着头皮，半天未开腔。在阿越的两次催促下，才说：“别看我比你们早来两年，具体情况我也不太清楚。只听人说，学校员工的年薪只是简单地分为几个档次，绝大部分的年薪都是一样的，不一样的仅仅是档次的区别。”

“这几个档次都是怎么分成的？就凭那十来分钟的讲课？”何必老师的话里有明显的担忧，也有明显的愤怒。

“好像是吧！当然也不排除有其他成分在。”阿谷收住了话头，匆忙喝酒。酒真是好东西，关键时候可以客串一下屏风的角色。

“举个model？”阿越把酒杯放在唇边，等着阿谷。

“对不起，我出去接个电话，回来再详细给大家说！”阿谷掏出手机，看看上面的号码，快步走了出去。

数分钟后，阿谷回来，阿越再次相逼：“举个model，阿谷。”

“你去想吧！”阿谷又干了一大杯酒，猛夹了几口菜，频率极高地夹，频率极高地咀嚼，似乎把阿越的问题狠狠吞咽到了肚里。

我们几个，除了盛老师以外，都有心事。

阿越就不用说了；何老师除了有如何让办公室成为最和谐的集体外，还有家庭原因；阿若则怕别人知道我们搞小集团，除此之外，后来我才知道，他的心事还不止这些；我还觉得，就连豪放的阿谷也有了心事，或者说，他本来就有心事，只是我现在还猜不透是什么；没有心事的只有盛老师一个人。盛老师之所以这样气定神闲，除了他一向的稳重性格、大将风度之外，还有另外的原因——当然我是后来才渐渐知道的。

没想到一个电话后，阿谷口气大变，人们都很诧异。谁的电话呢？让阿谷一下子变得讳莫如深的样子？奇怪。

“肯定有向领导推销的成分！注意，我说的推销，不反对你们把它理解成吹嘘！靠！”阿越，新婚幸福之中的阿越，北京的粗话也蹦了出来。可见，幸福也会产生冲动的副产品。一个蚊子撞在他脸上，他凶狠地用手把蚊子赶开，仿佛他赶的不是小小的蚊子，而是某一个他讨厌的人。

“事实是明摆着的，十五到二十分钟内，谁的讲课好，谁的工资会定得高；但在讲课之外，领导面前，谁的自我推销功夫好，谁的工资会定得更高！可惜呀！”何必老师故意卖个关子。此时他的眼里似乎幻现出一些人在领导面前拼命杜撰自己辉煌历史的画面：他拿出一大摞不知怎么弄来的证书放在领导办公桌上，弓身待领导慢吞吞看完后，又点头哈腰，面呈媚笑对领导说：“请领导多多提携，多多关照！”

“可惜什么？”连阿若也这被这个关子吸引了，身子不由自主倾过来。

“讲课好的人，往往推销功夫不好，或者不屑于推销；推销功夫好的人，往往讲课平平！”何必老师把杯子重重地放在餐桌上，啤酒洒了出来。

“长此以往，学校如何发展！”还是阿越。

“今晚欢聚，时间难得，咱们不谈国是，只讲喝酒！”盛老师高高举起酒杯，向大家示意。还是盛老师清醒，幸亏他及时闸住了大家愤怒的洪水。

“对，喝酒！壶中日月长嘛！”阿谷先和盛老师碰杯，后来与我们分别碰过，一饮而尽。

……

上午第四节，学部忽然电话通知，第五节在会议室开会！

“怎么又开会呀，前天不是刚开过吗？”阿越嚷嚷。

“让开就开呗！正好备课累了，换换环境。”阿若合上书本、教案，归置好桌面上的东西，把笔放进笔筒。

阿越白了阿若一眼。

“我有一个大胆的猜想！”阿越走到我办公桌前。

“什么大胆的猜想？”我笑他。

“今天上午的会肯定是临时加上的，肯定和一件事有关！”阿越得意地打了一个响指。

“和什么有关？”阿若也走过来。

“和……现在不告诉你，我有责任为领导保密！”阿越拿起我办公桌上的小镜子，照着自己梳得光光的发型。

四、众人的猜测

何必老师在马校长办公室里时的预感非常准确，在校长和他亲切交谈的同时，我们在办公室里的讨论果然非常热烈，大家都在被同一个问题困扰着——校长找何老师干什么？

何老师的脚步刚一离开办公室，阿越就迫不及待地问阿谷："阿谷，你知道不知道校长找何老师干什么？是吉是凶？"

阿谷像外国人那样耸耸肩，用一句与此动作极为匹配的话来回答阿越："I don't know!"

"你没看到是谁通知的何老师？"阿越对阿谷穷追猛打。

"学部干事王玲。难道你还寄希望于校长亲自请何老师吗？"

"免了吧！那样恐怕更糟！"阿越忧心忡忡地说。

"阿越，你聪慧的大脑认为校长找何老师是什么事？"通过这一段时间的接触，阿若也已经看出阿越是一个思维活跃、判断能力很强的人。

"我也说不好，就是觉得眼皮有点儿跳！是右眼皮！"阿越故弄玄虚。

"算了吧，阿越，别说你胖你就喘了！"连正在备课的盛老师也给阿越开玩笑。

"真是的，我觉得咱们这一次凶多吉少。好像应该和一件事有关！"阿越心情沉重得几乎拧得下水来。稍停，阿越说："大家不要追问我和什么事情有关了，我的思路现在正等待着实践这个标准检验。"

于是大家都不再说话，墙壁上石英钟的脚步清晰而沉重，大家都在盼着何老师回来，给大家乌云密布的天穹带来灿烂的太阳。

阿越甚至想到了校长要找何老师谈的那件事与李青的工作有着千丝万缕的联系。

“别吓自己了，凡事应该往好处想。”甩甩头，阿越又从另外的角度安慰自己。

听了何老师回来后貌似轻松的解释，阿越更加坚定了自己的预判：果然有人向有关领导告密！一切都再明白不过，马校长正是听了这个叛徒的通风报信，才把身为负责人的何必老师叫到了办公室。面对着何老师，校长极有可能不说什么严厉批评的话，反而可能会用非常柔和的话语安慰他，以稳住军心。等有了机会，校长会讲出来，用极严厉的口气恐吓般地讲出来！可是，校长会是这样的人吗？看起来那么和气的人、说话慢声慢语的人，会有这样深的用心吗？如果是这样的话，昨天晚上自己的谈锋最健、口气最严厉、不满的情绪最足，恐怕首当其冲的一定是自己！想到这儿，阿越仿佛看到了妻子李青盛满柔情的双眸，但此时这眸子里盛满着的却是埋怨！埋怨他嘴上少个把门的，忘记了言多必失的古训，忘了要把她安排进M学校的重任，忘了不该忘的一切！

尤其是学部通知今天上午第五节加开一个会之后，阿越心里更是紧张，更是自责。

他似乎已经知道这个会的内容是什么，否则，刚刚开过会，应该不会再来一次。但内心深处，他又不愿相信自己的预感是对的。他反复对自己说，这不过是自己的直觉而已，男人的直觉是不准的，甚至是相反的，和梦境中的情形与现实相反一样。

其实，在阿越思想的烈马难以驾驭之时，马校长思想中也有一匹烈马，这烈马也在踢腾着，让他难以控制。了解马校“身世”的人，会理解他的一切作为。当然，这些人中，暂时不包括我和何老师。

从刚刚走出他办公室大门的何必的表情来看，马校长觉得，何必这个新入职的老师并未真的把自己放在眼里，这还了得！何必是一个年级的备课组长，又是一个班级的班主任，还是一个办公室的负责人。如果这个人不和他一心的话，他作为校长的影响就会大打折扣了！表面上看，何必对他非常恭敬，无任何不合适的言谈举止，但马校长在何必某些不经意的动作上和眼神上，已经看出了这一点！

马校长看过何必的简历，何必的阅历非常丰富、资格非常硬。何必在原来规模庞大的公办高中里当过主抓教学的副校长，见识和气度自然非一般人能比，以后的影响力也非一般人所能比，可能前途也非一般人所能比。如果这个人有野心的话，那后果可就……马校长想到这儿，心里一阵阵发冷，尽管天气还很热。他很清楚自己的资历，更加清楚自己能走到这一步付出的努力，这其中的心血、汗水甚至屈辱都是局外人难以想象的。而何必，刚来一个月就带着人在背后说这说那，以后还不变本加厉？

怎么办呢？

马校长觉得，应该抓紧时间敲打敲打一些人，敲打的目的不纯粹是为了敲打，而是为了告诉一些人，你们的一举一动尽在我掌握，因此你们不要乱说乱动！敲打的对象和方式也要谨慎选择，比如目标是何必，但又绝不能直接敲打何必，否则就会适得其反，要敲打何必身边的人、无关紧要的人，这些人没有过硬的资历、见识不多，容易就范，只要这些人心里害怕了，他们就会反过来劝何必。这样的话，敲打何必的目的就达到了。

但要敲打只能在开会时进行，否则就没有力度，不能利用学校的办公系统，那会让人觉得小器，又容易显得过软，不但达不到目的，反而容易给人留下把柄，因为通过办公系统发送自己的观点会让一些人不怀好意地保存下来。

可是，刚刚开过一次全体教师会议，怎能再开呢？马校长发了愁。

他在屋里来来回回地走着，边走边挠头，一任头屑如雪花般飞下来。越想，马校长越觉得这个会应该加开，否则，就是对一些人的纵容，就是对学校的不负责任，就是不自信！

思路明晰了，灵感就容易迸发出来。果然，马校长想起了李总——李鑫媛打的那个电话。其实李总打电话并没有什么特别重要的事情，她只是随便问问开学以来高中学部的情况，以表示关心。但巧就巧在李总打那个电话的时间，不早也不晚，恰到好处。对，就借李总打电话这个理由开一个会！就让人理解成是李总让加开这个会的！李总打来电话的时候，何必还在自己的办公室，他刚走出门时，一定听到自己说“李总，您好！”这句话了，要是趁此机会开这个会的话，何必一定会认为是李总逼着他开的，只要何必和他们办公室的人相信这个理由了，其他人都好办！

想到这儿，马校长心里轻松多了，他瘦瘦的脸上露出了笑容。

接下来，马校长又具体思考了一下会议的议程问题，不能仅仅讲那一个问题，那样目标太容易暴露，所以，他又特地加上了一个问题，尽管他知道这个问题上次开会刚刚讲过，并且讲的时候自己重复了两遍。如果再重复，可能会让有些同志觉得奇怪，甚至有些同志会觉得他老了、不记事了，但总会有一些同志觉得之所以重复多次，是因为重要的！事到如今，也顾不得这些了。好在，有李总在当他的挡箭牌。

五、神秘的“第一个问题”

何必老师走出办公室门，正要往会议室走，忽然，他班的一个学生跑过来，气喘吁吁地。

“老师，我病了，要请假！”未等何老师问她，她就先说上了。

何老师停下了脚步。学生在他的心里是最重要的。

“李巍然，怎么啦？”何老师和气地问她，说的时候，何老师或许想起了马校长对他说话的口气。此时面前要是有个宽大的办公桌，何老师要是正在它后面坐着，他一定会像马校长一样走出来。

“我……”女学生眼泪已扑簌簌落下。

何老师慌了，看看她的脸色，像是发高烧。这可不是闹着玩的。

回到办公室，拿出请假条。由于刚开学，高一的学生还不大会填新学校的请假条，指导她填完后，何老师签上自己的名字。

但何必老师忽然想起，按照马校长的要求，请假条是必须经学部领导签字后方可生效，可此时，大家都在会议室开会，找谁呢？

只有一个办法了——自己亲自把她送出学校大门。

可是，开会怎么办呢？何必老师有些犹豫，刚来这个学校，又刚犯了错误。他知道，虽然马校长没有直接批评他，但也暗含了对他负责的办公室成员集体触碰高压线的批评。可是，学生的高烧……何必老师看看了学生的脸，红得让人担心。女学生的眼里也盛满了对病的惊恐和对老师的哀求。刻不容缓！

等何老师从学校大门返回到会议室的时候，他的衬衫都快被汗浸湿了。

一声“咚”的开门声后，同事们齐齐地将目光投向何必老师。由于着急，他的开门声太重了！何必老师觉得，身上忽然像被理疗的大功率灯光烘烤着一样。

幸亏马校长正专心讲话，没有工夫看他，或者，何必老师由于紧张，没敢看校长的眼睛。但我看到，坐在主席台上的学部领导——学部主任戴委国、副主任刘传义，生活处主任赵挺华不约而同地抬头看了何必老师几眼。

校长说：“第一个问题咱们就讲到这儿，来得晚的同志请找同办公室的人问问，补补这一课。下面我讲第二个问题，请大家认真记……”

哎呀，我真是……竟然错过了第一个大问题！第一个大问题是什么呢？一定非常重要！不然的话，校长不会让“补课”的，虽然校长没有明确点出迟到者的名字，但来晚的确实只有我一个！

自责像潮水涌来，何必老师的胸膛难受极了，耽误了第一个大问题！刚来这一个学校就开会迟到！高压线！幸亏，生病女学生的眼睛及时闪亮起来，闪亮的眸子好像在说：“老师，您千万不要自责，您那是为了我呀！”何必老师心里才好受一些。

“开学伊始，万象更新。各行各业都需要制订一个严格而清晰的计划，咱们教育事业更应如此！散会之后，大家要全身心地投入到制订教学计划中去。任课老师要有自己的教学计划，备课组要有备课组计划，教研组要有教研组计划，当班主任的也要写出班级工作计划……下周三交齐！”马校长掷地有声。

同事中间传出嗡嗡声。离我较近的同事在议论：“这个问题前天开会不是已经讲过了吗？怎么今天又重复一次？”

我也清楚地记得上次会议已经布置了这个任务，我现在正在加班加点地写计划呢。可今天……

“重复是因为重要，这你还不懂？”一位同事说，他果然和校长的预计不谋而合。

“嘘……”一个同事制止他们两个的争论。校长的眼光已经扫过来了。

那两位同事忙做出认真听讲的样子，真像是两个正在底下炫耀各自的玩具、忽然看到老师的目光慌忙收神的小学生。

好不容易散会了。

大家鱼贯走出会议室，何必老师恰好走在一位教他班课的女同事后面。“能不能问一下，马校讲的第一个问题是什么？”何必老师的眼里投出渴盼的目光。

“没什么……别理他！”女同事的手机响了，她对何必老师说声“对不起”，就稍慢几步，走到走廊窗子前接电话。

“没什么，别理他”，这是什么内容呢？何必老师真是迟钝了。

热，何必老师脑子实在转不过圈了。十二点已到，学生也放学了，他们纷纷涌向餐厅。

没有食欲，可能是天热的吧！当然，也可能因为开会迟到，误了听“没什么……别理他”。

蝉在叫，很卖力，很有节奏，很敬业。多长时间了，人们就因为在不同的学校挣命，为了生活拼命地工作，早已遗忘了什么是蝉鸣！随着蝉鸣一同被遗忘的还有很多：皎洁的明月、灿烂的朝霞、会眨眼的星星、勤勤恳恳的蚂蚁……欢乐的童年、快乐的青年、无忧无虑的心情！

但何必老师没心情细听久违的蝉鸣，他要到餐厅去，尽管他一点儿都不饿。此刻，他胃里满满的，心里乱乱的。他有事，他必须去，否则是不会安心午休的。

奇怪，办公室的五个人一个都没看见。难道他们都没有来餐厅吃饭？昨晚大快朵颐之后的后遗症？

何必老师不由哑然失笑：盛老师、阿若和阿谷都是学校的双职工，有家有室的，一般情况下只在家吃饭，现在家里肯定早做好了香喷喷的饭在等着他们，餐厅里怎么会看到他们的身影？阿越近几天迷上了聊天，此时恐怕正见缝插针地不知跟哪位女网友“老婆老婆我爱你……”地热聊，吃饭算什么？网络爱情更有营养！至于阿褛，一个女孩子，自己已经觉得身体微胖，深知保持体型的重要，吃不吃饭又有什么要紧？再说，昨晚加的那一顿，真可谓是饕餮大餐了，又焉能不再多付出一点儿减肥的行动？您别说，何老师对我的猜测还真准。

我之所以不去餐厅，一方面是因为减肥，一方面是因为刘一君，我们又吵架了，当然是在QQ上。他想让我放弃在M学校的工作，到北京找工作，这我可没做好准备。我好不容易找到的工作，怎能说扔就扔？再说，我抛弃自己的工作和他会合，他以为他是谁呀？我想到了阿越的妻子李青。往好里说，她是为了爱情；往坏里说，她给阿越和自己造成了多少烦恼啊！

我还觉得刘一君让我到北京找工作的话是假的，他根本就没打算这么做。之所以这么说，只是为了达到他的某一目的，把责任的皮球踢给我罢了。因为他早已料定，我根本就不会抛弃M学校的工作！是的，这么好的学校，我又有幸进来了，我一定要干下去。我要学习豫剧《朝阳沟》里的栓保："我坚决在M学校，干他一百年！"

好不容易，何必老师找到了一个较为熟悉的同事，他是何必老师的老乡。对，问问他！

何必老师用餐盘托着两块西瓜，到了老乡的餐桌。老乡见老乡，没有泪汪汪，而是很高兴，不自觉地往旁边挪挪身子。

"怎么没买饭？"老乡嘴无二用，连嚼带说，有些听不清。

"减肥！"何必老师充分发挥自己的想象，才弄明白老乡说的是什么。

"你女人呀！"老乡笑起来。

"男女都一样嘛！"何必老师啃了一口瓜。动作有些夸张，有些故作镇定之嫌。

稍停一会儿，不能操之过急。何必老师想起了阿越在开会前说的那句话："今天上午的会肯定是临时加上的，肯定和一件事有关！"何必老师隐隐觉得，阿越的判断是正确的，他很聪明，聪明的人直觉应该是准确的。可是何必老师又极不愿意相信，马校已经明确给他说了，他怎么会……那样和蔼可亲的领导，那样民主、那样体贴下属的领导，怎么会……

越是这样，何必老师越想搞清楚，马校所讲的第一件事究竟是什么，可他又怕真搞清楚了以后会失望……

“嗳，老乡，今天上午我送一个学生到大门口了，耽误了开会，到会议室的时候校长已经把第一件事讲完了。校长说让没听到的同志找人补补课，你说……”何必老师口气故作平淡，好像那件事真的无关紧要。

“问我？我压根就没开会！”何必老师还没有做完厚厚的铺垫，就被老乡打断。真是老乡，太不客气了、太随意了、太亲近了！

何必老师诧异极了：“没开会？怎么可能？要签到呀，要扣工资呀！”

老乡嘲弄地套用何必老师的句式：“你不会想办法呀？你傻呀？”

“想什么办法？”初来乍到，真应该早点儿拜拜山头。

“让人代签呗！反正也没人看！”老乡丝毫不在乎是否有人听见，拍拍何必老师的肩膀，“老乡，秘诀呀，免费提供的哟！”这句话后，他也正好吃完，端起盘子直奔放餐具的地方而去。

望着他的背影，何必老师愣在那里。西瓜什么味道？不知道。

中午，何必老师果然没有能够午休，脑子依旧很乱，甚至有些嗡嗡声，像小时候傍晚农村老家成群结队肆无忌惮的蚊子。他只想搞清楚马校讲的那神秘莫测又极端重要、亟待补课的第一个问题，他只想弄清楚心里的疑问，就好像一个沉冤许久的人急于知道真相、急于盼着昭雪。他想，只要到了办公室，疑问就会迎刃而解，心里的石头也就会落地。他甚至想刚从学校餐厅出来立即就到办公室，因为他预感到阿越应该在办公室里上网，甚至，他已经迈出了向办公室方向走的几步，但随即，又硬生生地收住了脚。

收住脚步的原因至少有几下几个：一、他确定不了阿越是否一定在办公室，阿越风风火火的，谁知道他是在办公室上网还是在住处给老婆打电话说情话？二、他不想或不敢太早搞清楚这个悬而未决的问题，尽管他上午曾经做过了两次努力，越想、越努力便越觉得自己勇气稀薄，越不想知道答案，就像盼望家乡思念亲人的游子“近乡情更怯，不敢问来人”一样，他怕弄清楚真相之后，反而会失去一些什么；三、他不想让阿越得意，如果那个呼之不出的问题果真如阿越所料，他肯定会自矜不已，而他的气馁恰恰会加剧阿越的自矜。

何必老师从来没有像今天中午一样盼着下午上班时间的到来。

墙壁上闹钟嘀嗒，像急促的心跳。

上班时间到了，大太阳像火一样，似乎和谁有仇，但何必老师并不觉得热，相反，他几乎是一路小跑地到了办公室，以他的庞大体型，真不容易。

路上，何必老师巧遇了马校长，见他跑这么快，校长关切地问："什么事呀这么急？"

"早点儿跑到办公室就不这么热了！"何必老师气喘如牛，但未减慢速度。

阿越果然在上网，何老师有些后悔。其他人还没来。

或许您会奇怪，以何必老师的水平和资历，他不应该这样谨小慎微的，而现在，他简直就是"走一步三摸脖子——小心过度"这句歇后语讽刺的那类人了。

人都在变，包括我，如果让我选择，我只愿选择透明的天真，但生活，唉，喜欢恶作剧的生活，有着多少捉弄人的法子啊！

刚来时，何必老师并不是这样谨慎，短时间内之所以有如此大的变化，缘于一个人的提醒。

须臾，大家先后来到。

"各位，大家抓紧时间写各种计划呀，下周三就要交了！"何必老师得先说话，算是抛砖引玉。

"我已经写好了！你现在要不要？"阿若天生就是一个受领导表扬的料。

"这么快？比火车提速勤多了呀！"阿谷开玩笑。

"当然，我只需要写一个教学计划就行了，不像你还要写班级工作计划；更不像何老师，除了教学计划和班级计划外，还得写备课组计划。无官一身轻呀！"

"阿若，这可不像你！"盛老师和他打趣。

阿越从电脑前抬起头："我怎么闻着一股醋味儿？"说完夸张地吸鼻子。

大家心知肚明，都笑起来。

“今天上午开会我迟到了，不知道耽误听什么重要内容没有，别误了咱组的工作进程就行。”这个头开得好，从写文章的术语中表述，这个铺垫来得自然。这句话后，何必老师一连暗暗自我表扬了好几下。

“何老师，你耽误了聆听最精彩的内容！”阿越声音高亢，声音里的得意像湿毛巾上的水，滴滴下落，若是用手拧去，简直要飞流直下三千尺了。

何必老师心里渐渐明白，但还装着不知，口气淡然地说：“什么？”

“领导说，有些年轻同志，来到学校好久了，还游离于学校文化之外，强不知以为知，说些做些与学校文化相悖的话和事情，捕风捉影，甚至不惜夸大和歪曲事实，这是极其危险的；领导说，学校的文化像一个灯塔，只要盯准它就不会迷路，否则就必然偏离正确的航向；领导说，有些办公室的同志言行需要检点，无论何时何地，都要保持慎独，若要人不知，除非已莫为；领导最后还特别指出，每一个同志，尤其是年轻同志，都要谨言慎行，换句话说，就是不准乱说乱动！哎呀，累死我了，领导的精神博大精深，我一时还不能完全而准确地领会，就先向你汇报这么多。但我不明白的是，为什么领导老是盯着年轻同志不放啊？”阿越口若悬河，但何必老师的心悬了起来。

不会的，他不是说这件事到此为止吗？他不是说谁也不会再提这样的事了吗？那样和气的领导？那样民主的领导？

什么东西塌了下来，发出清晰的、可怕的声音。什么东西呢？何必老师四下看时，一切都好。何必老师又打开窗户，将头伸到外面，没有，一切如常。迟到的人在急匆匆地往教学楼跑，忘了暑热，和往常一样；没有风，天上的白云悬停在那里，或许这正是它的意愿，和往常一样，若是有风的话，它轻轻飘动，飘过办公室窗前，依然如往常一样。什么东西呢？

“阿越，你别说，你猜的还真对！”我向阿越投来钦佩的目光。

“你指的是……”阿越绷着，故意的。

“装迷。”我扭过头，以此刺激阿越。

“噢，阿褛，难道你指的是今天上午的重要会议？”阿越恍然大悟。

“给你点儿阳光你就灿烂得不行了。”盛老师这下可是来了个通俗的。

“阿褛，你到底是什么意思啊？是夸我呢还是臭我呢？”不敢接盛老师的茬儿，阿越猛然向我大叫。

“什么什么意思？你听不懂汉语呀？”我懵了，阿越的包袱甩得太突兀。

“什么叫我猜的还真对呀？我那是猜的吗？我那是直觉！我那是预判！我那是智慧的结晶！我那是在长期注意观察生活和思考问题基础上的释放！猜，猜得出来吗？你一句话就把我从九段贬到门外汉的队伍去了！”阿越无辜地叫着，边叫边大步转圈。

我不理他，任他现眼。

下课了，几个学生来找阿谷，几个人说说笑笑、叽叽咕咕的，阿越才停下来。

而此刻，何必老师心里的滋味想必您一定能够设身处地地体会，他的眼前老是浮现出一个清瘦的身影、一张和气的笑脸，肩上还有着那火辣辣的记忆，据说肌肉的记忆比大脑的记忆要久远牢固得多。脑海里翻来覆去地还是那句话：“这件事情就到此为止，谁也不会再提起了！”“我不是要追究谁的责任”……这些话字字句句如珠落玉盘，绕梁三日，怎么会这么个结果？

人心不如水，等闲起波澜。何必老师心里涌起这句话。

他上午为什么那样对我说呢？先稳住我，再通过我稳住我的同事？或者，他怕我受了刺激之后在同事面前添油加醋、闹出更多更大的事端？那他作为一个学部校长，至于吗？再说，我是那样的人吗？或者，上午的话是领导的艺术？这艺术会将我和我的同事们置于何地？如果他上午给我说的是心里话，那样亲切的笑容、那样恳切的口气、那样熟悉的家乡话、那样平易的动作……越来越觉得不像伪装的，是什么原因导致他第五节的变化呢？难道是他接的那个电话？何必老师想起了马校挺直身子的那个动作，那句恭敬的“李总，您好！”难道是什么李总听说了他们昨晚那件事，知道了他们谈话的内容，横加干涉，逼着马校开的那个会？难道有人把他们吃饭的事情和吃饭时说的话原原本本报告了地位更高、权力更大的李总？这太可怕了！那个告密的人是谁呢？他怎么和李总认识呢？李总又是谁呢？

何必老师百思不得其解，他宁愿相信是李总干涉了马校长的行动，是李总逼迫着马校长加开了上午的会议，是李总提醒马校长应该强调会议上的那第一件事，事实上，马校长是无奈的。

“太压抑了！真他妈压死人了！”是阿越，他从办公桌后面拍案而起。

大家抬起头来看他，他的双眼放光，不，冒火。

阿越继续义愤填膺地说：“这是学校吗？这是哪门子学校！简直让人不敢吃饭、不敢说话，干脆学周厉王那时候道路以目得了！他把教师看成什么？机器？棋子？还是奴才？我他妈不干了，不想干了！”

阿若赶紧劝阿越：“别说了，阿越！上午的会你是白开了！让人听见还得了？上午刚紧过螺丝，你下午就大发牢骚，你这不是顶风作案吗？”说着，阿若先把门开开，伸出头看看外面有没有人，然后，走到阿越身边，拍拍他的头。阿越余怒未息。

阿谷也说：“是啊阿越，阿若说得对。你不要那么激烈嘛！”

“我是男人，我需要尊严，我渴望自由！谁践踏我的尊严谁就是我的敌人，谁干涉我的自由我就和谁干！”阿谷的劝解竟然又将阿越的火重新点燃，不但让阿谷始料未及，也让大家惊诧莫名。

“好啦，阿越，我理解你的心情，我比你的心情更乱更糟。因为我上午说了和你们在会上听到和看到的情形大相径庭的话，因此有一种被谁打了一耳光的痛感。这样吧，咱们都消消气，慢慢适应吧！咱们来到这里是为了挣钱养家，不是为了生气的。你刚刚说过，咱们是男人，男人需要尊严和自由，但男人也需要忍耐和很强的适应力。我做得不好，你也有潜力可挖。”何必老师看阿越越来越激动，就站起来和阿若一起劝他。

盛老师也过来相劝，阿越才不吭声了。

说实话，这一番折腾，我挺钦佩这年轻的山东大汉的，但作为办公室负责人，何必老师却不能公开支持他，这样无疑是火上浇油。

看看挂在墙壁上的闹钟，还有半小时就要下班了，又一个下午就要过去了。伸着懒腰，我走到窗前，不远处就是操场，高一新生的军训还进行着，一丝不苟地。有的练队列，有的在跑步，有的在唱歌。办公室有空调都不觉得凉爽，不知这些孩子可受得了？我甚至想，这样高负荷的军训，对这些孩子真的有好处吗？有必要吗？

“啪！”一下，门开了，几乎是被撞开的。一个女生跑了进来：“何老师何老师，咱班的王倩语晕倒了！”

六、小菜一碟的晕倒事件

等何必老师和那名女生跑到操场的时候，见一群人围在一起，人群自发地围成一个圆圈，试图挡住阳光，有男生还脱下了迷彩服的上衣，挡在上面。其实，这时候的阳光已经不强烈了。只是由于天气闷热，依然让人觉得难受。天上没有一片白云，要是有的话，它也肯定舍不得飘走，而是选择悬停在操场上空、悬停在同学们头顶，为他们临时撑一把伞。

“大家闪开，别挡住风！她只是中暑了，大家别害怕。”人群中有人指挥。

见到老班，同学们纷纷闪开。何必老师走进圆圈中央，只见两名教官正蹲在王倩语身旁，王倩语双目紧闭、脸色惨白、不省人事。

怎么会这样？天气这么热，难道不能暂停军训吗？像我一样，何必老师心里颇多不解：军训若以学生的晕倒为代价，军训何益？再重要的军训大过学生的健康吗？

同学们都看着老师，脸上是惊慌和求援的神情。同学们真是高估自己的老师了，他也没见过这种阵势呢！

一名教官附下身去，在王倩语的鼻子下面使劲地掐。噢，他在按王倩语的人中穴。果然，王倩语慢慢睁开了眼睛，脸上也渐渐有了血色。

“倩倩，你可醒来了，你快把我们吓死了！”同学们欣喜若狂。

“我这是怎么啦？”王倩语仿佛不知道刚才发生了什么。

“怎么啦？你就是想偷懒也不该这样啊！”一名男生给王倩语开玩笑。

“是啊，倩语，你就是反对学校的军训也不是没有其他方法啊，比如说给家长告状。”

“我说你们别那么没良心好不好？王倩语同学是在用类似人体炸弹的自杀式方法为咱们争取不军训的权利呢！”

同学们七嘴八舌地表达着对王倩语醒来的兴奋。

“王倩语同学，你应该趁这个机会给家长打电话，不参加军训！”

“给家长打电话解救的只是你自己，干脆，向学校反映，停止这种不人道的军训！”

“噢噢，不军训！噢噢，取消——军训！”异口同声，像谁在指挥着喊号子，抗议声回荡在操场上空，传得很远。

另一位教官对何必老师说：“王倩语同学就是体质弱，抵抗力差，其他也没什么。她可是个处处不服输的女生，可能正因为这样才导致了晕倒吧！”教官富有神采的眼睛里含着对王倩语同学的称许。

掐王倩语人中的教官说：“老师，其实我们也不想在这样的大日头下军训，我们倒没什么，就是同学们太受罪。可是马校长……”

“倩语同学，你表现得非常勇敢，你今天的军训任务已经出色完成了。如果你不反对的话，明天你可以休息一天！”教官用这种方式不露痕迹地打断了他同伴的话头。然后，他面向所有高一新生，用商量的口气说：“同学们，你们今天的表现非常好，给大家商量一件事，咱们今天的军训提前结束好不好？”

“噢！”所有的人都恨不得跳起来，身心的疲累和刚才的怨气倏然消散。

吃过晚饭后，何必老师要到教室去。班主任嘛，这时候是必须出现在同学们面前的。这时他看见了一个人——马校长，他在和王倩语低声交谈。

他们站在离教室稍远的走廊上，但正因如此，反而离何老师很近。

马校长找王倩语干什么？听不到他们交谈的内容，只看到校长脸上的笑容。王倩语头低着，看不到她的表情，只见她不时地点头。

“这么早就来了，何老师？”马校长很快发现了何必老师。

何必老师向校长点着头。

马校长轻轻拍拍王倩语的肩头，用非常和气的语调对她说：“倩语同学，你是个好孩子，懂事、识大体、顾大局。好孩子是会严格要求自己、会说话算话的。去吧，学习去吧！”

女学生跑回了教室，像得解放了一样。

何必老师也迈开大步，往教室方向赶。

“何老师，你等等！”马校长忽然喊住了何必老师。说实话，由于今天发生的事情，何必老师不太想这么快面对马校长，至少现在是这样的想法，但校长既然喊了，他只得站住。

他喊住我要说些什么？是今天上午未说完的事情？是开会时的第一个问题？是因为我开会迟到而批评我？何必老师有些惴惴。

马校长走近何必老师，步履轻快，完全不像是已过六十的人。

“何老师，今天这个事儿……”

啊，校长果然要向他解释那神秘的第一个问题的事情。何必老师心里一阵温暖：加开上午的会、强调尊重学校文化、违背了自己在下属面前的承诺，果然是马校长不得已而为之！

校长说：“今天这个事儿可大可小，要是王倩语同学给家长打电话了，声称自己在军训时被热晕了，会对学校的声誉有极坏影响。如果其他同学为这件事纷纷给家长打电话，这影响就更可怕了。我刚才已经找王倩语谈过了，她表示不给家长说这事。你可一定要做好工作，不要让其他同学乱传，以免被不怀好意的人或学校利用！这可是个原则问题、政治问题——何老师，你明白我的意思吗？”

原来如此！何必老师对校长既钦佩又有点儿小小的……失望。钦佩他如此有前瞻意识和忧患意识，钦佩他头脑如此灵活如此缜密，钦佩他防微杜渐的功夫非一般人可比……失望的是他并未就那件事作半点儿解释。是啊，在何必老师心里，那是大事，可是，在一个学部校长的眼里又算什么呢？

何必老师想当面给校长提一个建议，这个建议他认为非常重要，可又一想，干脆，用其他方法吧，比如通过学校的办公系统。

第二天，天气如昨天一样的酷热，可军训依然照常进行。

军训开始前，校长进行了一番热情洋溢的讲话；讲话前半小时，学部干事已通知所有高一班主任必须到操场去聆听校长的重要讲话。此时，校长和同学们一样，平易近人地站在骄阳下，用极富感染力的口气说：“同学们，我知道这几天天气非常热，可是，这正是咱们通过军训考验自己的大好机会！每一名同学都要对自己高标准严要求，要站在一个军人的高度来要求自己，接受大自然的挑战！有人给我提建议，能不能取消军训，能不能把军训安排在早晨和晚上，这些同志的心情我可以理解，但我要告诉大家，我不打算采纳这个建议……我相信，大家通过这几天酷热天气的洗礼，一定会脱胎换骨，成为一个新人的！”

看看同学们的表情，木然，由于班主任站在自己身边，显然，他们都压抑着自己的情绪。但仍然有声音不时从人群中传出：“脱胎换骨倒不至于，脱皮是肯定的！”“晒掉一层皮，再长出来当然是新人了！”“我们是学生，接受这样的考验有必要吗？”“姓马的是在把咱们往死里整啊！”

……好不容易回到办公室里，阿越终于又按捺不住了：“军人的高度？脱胎换骨？扯淡！我看这是对学生敲骨吸髓！”

“那为什么校长还要这样苛刻地要求军训啊？”我不解。是啊，领导的思路普通百姓如何会揣摩得准呢！

“为什么？这不是秃子头上的虱子嘛！让人看！让比他位高权大的人看，以取得他的领导的信任：看某某多会管理，看某某如何有领导才能！这是高升的梯子呀！”阿越又在张开自己想象的翅膀了，不过我觉得他飞的挺是地方的。

“阿越，不要那么偏激好不好？”盛老师说。

阿谷力挺阿越说：“我觉得阿越说的不是没道理。学生的任务是学习，这样喊喊口号练练队列的，毒花花的太阳下，何必呢？”

阿越和阿谷会心一笑。

何必老师没有参与我们的讨论，他仍在考虑几个问题：要不要提建议？怎么措词？听校长的口吻，类似的建议似乎已经有人给他提过并且被他否定了，那还有必要往枪口上撞吗？

“唉，要是学生家长知道了军训晒昏学生的事，他们会有什么反应？”我说。

“反应肯定很强烈！”阿若不是班主任，对这件事的好奇心与我一样强。

“会不会跟学校闹事儿？那样的话，有关领导可要吃不了兜着走了！”

“不会！”阿谷肯定地说。

“为什么？”我瞪大了眼睛。

“原因很简单，马校已经把事情巧妙地消除在萌芽状态了。”阿谷说。

何必老师思量再三，还是作出了一个决定！

一个好人、一个有责任感的人、一个爱学生的人，就应该是一个敢于向领导提建议的人！何必老师想起史书上那些敢于批龙鳞的勇者。

做完这件事儿，何必松了一口气。忽然，他又想到了另一件事情。

“各位，今天已经是本周的最后一天了，咱们利用这一段时间把咱组里的教学计划齐心协力订一订吧？”

竟然没人搭话。

何必老师声音提高了好几度：“离下周三越来越近，咱们组里的教学计划该出台了！各位，咱群策群力，把它搞定吧！”

稍顿，盛老师大声说：“何老师，七嘴八舌的也不容易统一意见，效率也低。你是组长，干脆，你就一个人代劳了吧？然后各发给我们一份就行了！”何老师的办公桌在办公室这头，盛老师在办公室那头，因此，要想让何老师听清，他必须大声说话才行。

这次阿谷的声音出奇地响：“是啊何老师，盛老师代我们说出了心里话！”

何必老师诧异道：“这么大的事……”

“正因为这事重要，所以趁你不在的时候，我们几个已经商量过了，可以说，全票通过！”

何必老师心里又腾起一股温暖，这温暖自心里燃起，渐渐向上，向下，占领大脑，冲撞两肋，直达末梢神经，渐至辐射周身。是啊，被大家的信任层层围裹着的他，又如何不全身心的温暖呢？

七、集体的智慧

盛老师说的没错，让何必老师制订《备课组教学计划》的的确确是集体的智慧。

在何必老师出去处理王倩语晕倒事件的时候，大家先对这事表示了一番既有同情也有愤慨还有担心的话。之后，办公室便有了一阵短暂的沉默。

忽然，认真的阿若问大家："你们的教学计划弄好了吗？"

阿越说："我的班级计划弄好了！"

"驴头不对马嘴！"阿若笑他。

"教学计划我等着抄你们这些高手的呢！"阿越不以为耻，反以为荣。

这时，富有责任感的阿谷忽然开了腔："说起来订教学计划，个人的倒是好办，可咱们备课组的咋办呢？"

"这好办！不是有组长吗？何老师的笔可不是吃素的哟！"阿越好像早就在考虑这件事了。

"明明是备课组的计划，怎么好让何老师一人去弄？"我驳斥阿越。

"哎，这倒是个办法！"阿若一拍脑袋，如梦初醒的样子。

"咱们个人的教学计划、班级计划，都是为了应景！是上级的上级检查的时候作为挡箭牌用的！随便写写交上去就完了，谁看呀！"阿越根据自己以往所在的公办学校来进行所谓的"以古论今"。

"这话我不赞成，咱们学校的事实是，计划一定要好好写，它极可能成为一个人评先晋级的砝码。制订后执行不执行是一回事，计划赶不上变化嘛；但写不写是另外一回事，这可是态度问题，不但涉及对工作的态度，更涉及对领导本人的态度！”阿谷郑重其事纠正阿越。

“反正我觉得这样不合适！人家何老师人挺好的，对咱们又那么好，怎么好意思……”我实在不理解这些男人。

“哎阿褛，你这话可不对！这是工作问题，你说的那是个人感情问题，个人感情怎么能和工作混为一谈？你也太缺乏组织立场和党性原则了吧？何老师是咱们的组长，咱们尊敬他；何老师又是个经验丰富的老语文，咱们信任他！让他代表咱们把计划搞出来，不正是对亲爱的何老师最好的尊敬和信任吗？再说了，一个破计划，要是几个人参与，你一言我一语的，你否定我我否定你的，既会降低工作效率，又不利于咱们备课组的安定团结！大家说呢？”阿越口若悬河。我心说，你阿越不当赵高真是可惜了！

“我说阿越同学，你要注意你的语言文明，不要随便使用一些意思模糊的字眼。比如，什么把备课组教学计划搞出来，教学计划是用来搞的吗？还有，什么一个破计划，计划还八字没一撇九字没一勾呢，怎么就成破的了？”不知怎么的，今天阿若的情绪特别高，一扫他以往的内敛和古板，变得像阿越一样伶牙俐齿了。

“那就这样吧，咱们已经达成共识了。大家都是从公办学校来的，公办学校都是组长一手操办的。我原来当教研组长的时候，全组的各种计划都是我一人来的；我做教务主任的时候，全校的教学计划都是我弄的，其他人谁管呀！再说，何老师的工作态度和工作能力以及在咱们心中的威望，都足以担此重任！”盛老师一锤定音，既不显山不露水地介绍了他的丰功伟绩，又堵住了大家的嘴。

我还想说什么，但最后只是轻轻摇摇头。

这时，何必老师正在操场上，担心地望着王倩语呢！

集体的智慧真好！

八、受到鼓励

直到军训结束，王倩语晕倒的事果然无人提起，她的家长也没来学校吵闹：一切都像没发生过一样，风平浪静。M学校这艘大船依然平稳地劈波斩浪，一往无前。

几天来，何必老师心里很是不安：马校长一直没有打开他提的那个建议，那个建议可是他经过反复考虑之后，积聚所有勇气、背负所有责任写成的呀！建议中，哪怕是一个标点符号都经过了慎重选择。可以说，那个建议是集天地之灵气、采日月之精华，是他才华和责任的集中体现呢！

每天，何必老师都在盼着，盼着校长打开他的邮件，他绝不是想得到校长的感激或者表扬，他只是不想让自己的辛勤思索付诸流水。

时间由于何必老师的渴盼而行动迟缓，像羸牛拉破车一般。

直到军训结束、正式上课后，何必老师习惯性地打开办公系统，惊喜地发现，系统自动给了他一条回执：校长读了他的那条建议。一刹那，他心里激动起来。

除了系统回执外，校长没有一个字的回复。随即，何必老师心里转而忐忑起来：校长看了他的建议之后，感觉如何呢？是喜欢、是诧异，还是愤怒呢？

星期三上午上班的路上，又偶遇了马校长，准确地说，是何必老师走得快赶上了他。像他这样的普通教师，上班总是脚步匆匆的，生怕迟到；而校长却可以一如既往保持踱步一般的优游……

有一次我偶然听到一位老师和校长的对话——

马校长看到一位身材如何必老师一般微胖的老师小跑着去上班，关心地问："跑那么快干嘛？"那位老师说："我不能跟您比呀，我去晚了您会批评我，您去不去都没事儿嘛！"

我注意到，校长的脸上浮起一层尴尬的云。

后来我才知道，这位老师之所以敢用这种口气调侃马校长，是有渊源的。

"哎，何老师何老师，我正打算找你呢！"何必老师放慢步子，和校长一前一后走起来。校长紧走几步，又赶上了何必老师，他们并肩走在了一起。

又找我？干什么呢？何必老师心里嘀咕。

"你那个关于军训的建议我看了，非常好！文笔优美，措词严谨，口气诚恳，可操作性很强。可惜呀……"

可惜什么？何必老师心里一紧，是不是又说相当于"但是"后面的内容了？

"可惜，你提得太晚了些，你看，军训都结束了嘛！唉，要是你早提这个建议，那个叫王什么倩的女生不就可以避免……"马校长的口气里蕴含着无尽的遗憾。

何必老师觉得天气更热了，让他有些喘粗气了。

有没有搞错啊？军训刚开始的第二天我就提出了那个建议，是校长没有及时打开，竟然说我提出得太晚了？何必老师真想给校长说出来，但最终没张开口。

难道马校长没注意建议发出的时间？有可能，他那么忙，哪能注意得面面俱到！

何必老师很快将委屈交给了太阳，让它快把它们蒸发掉。校长的确是繁忙嘛！在领导面前，不能太较真，要学会自我调节……他暗自提醒。

有一个念头刚刚产生，何必老师立即就把它无情地扼杀了：马校长不会是明知道这个建议已经提出很久，是他打开得太晚或者故意打开迟缓，就故意说他提出得不够及时吧？怎么可能呢？校长怎么会在这件鸡毛蒜皮的小事上跟一个普通教师要心眼？因此何必老师觉得，他扼杀这种想法是完全有道理的。

就这样，何必老师和校长并肩走进了教学楼大厅。

何必老师要左拐进他们办公室、校长要上楼的那一瞬间，校长忽然又说："何老师，我想告诉你，任何一个学校都需要你这样的人。以后你有什么想法，可以随时随地告诉我！既可以用学校办公系统，也可以当面给我提，最好是当面提！你提意见的口气越严厉，我越感激、越高兴！"校长上到一楼和二楼之间的楼梯上时，回身看何必老师还在原地没动，又说："就是你用往我门缝里偷偷塞纸条的方式，我也欢迎！"

校长口气轻松幽默，但又全然不像在开玩笑！

何必老师心里很激动，他觉得，那条建议虽然未能被校长采纳，虽然未能给学生减轻负担，但自己的选择还是对的！这不，校长不是已经再明白不过地表达他的意思了吗？

何必老师觉得，他是受到了鼓励。这鼓励将变成一种力量，推着他前进。

何必老师思维敏捷起来，他想起了"兼听则明，偏听则暗"这样的古语。他想，马校长肯定是知道这古语的。这不，他已经向他抛出"橄榄枝"了。

激动之余，何必老师全然忘了那位同事的善意提醒。

第二天，是马校规定的交各种计划的日子。

不知怎么的，这一天特别好，天不再那么热，有了凉凉的风，我们打开了办公室的窗子，关上了空调。俗话得好："打扇子不如自来的风。"空调再制冷，也没有自然的凉来得舒服。

按照上周末的约定，何必老师需要把我们备课组的教学计划发一份给学部，另外还需要给我们五个人各发一份。

打开学校办公系统，点击"新邮件"，增添附件，选择收件人，再点击"发送"，邮件发了出去，看着那个活动着的小沙漏，何必老师心里很愉悦。

发送之前，何必老师没有忘记在“留言框”里写了这样几句话：“各位，《备课组教学计划》我已经草拟完毕，特发给大家，请大家过目并予以增删。愿和谐愉快的空气时刻包围着我们每一个人！”想到邮件已经进入五位同事的邮箱，何必老师不知不觉吹起了口哨，口哨很瘪脚，算是庆祝一下吧！

然后，何必老师幽默地告诉大家：“各位，咱们组的教学计划我已经发到大家的办公邮箱中，现在它正在路上走着呢，很快即到，请大家开门迎接它吧！”

“好嘞！”大家纷纷操作自己的电脑。

风从窗口吹过来，何必老师觉得神清气爽。

“何老师，你过来一下，我有个问题要请教你！”几分钟后，盛老师从那端忽然说。

何必老师疾步过去。“请教不敢当。”何必老师继续着他的幽默。

“你订的这个计划有问题吧？本学期你按二十四周来定，有那么长时间吗？”

“有哇！我是在日历上查的。”

“那你把复习考试放假之类的时间剔除了吗？”

“都在计划里呀！我在相应的时间里分别都标上了复习、考试、放假字样了呀！”何必老师胸有成竹。

才从盛老师那儿回到自己的办公桌前，阿越又喊上了：“不对呀何老师，计划中这个作文题目太具体了不好呀！”

何必老师耐心地解释说：“我只是先做一个大致的计划，那些题目仅仅是一个范围或话题，到时候还可以变动，先应对上交计划的事吧！”

那边，阿谷也受到了传染：“何老师，我觉得你的计划中，把文言文单元安排得太长，上学年我们就没用这么多时间……”

何必老师赶忙跑过去解释。

阿若倒是没有问，何必老师在阿谷身边的时候，用余光看了看阿若，他之所以没提出问题，不是没问题可提，而是他正在网上闲逛，压根就没有打开邮箱！

“你们这是干什么？上周何老师让大家商量的时候，大家都怎么说的？怎么现在何老师辛辛苦苦做出来了你们都横挑鼻子竖挑眼了？”我实在看不下去，挺身而出，为何必老师打抱不平了！

我原不是性情激烈的人，但不巧正赶上心里烦躁。不仅仅是因为我的同事有明显“欺负”何必老师的嫌疑，更因为自己的私事。因此，碰到这不公平的路就想抖胆铲铲。

“阿褛，你怎么这样说？咱不都是为了让咱组的革命工作嘛！”阿越反唇相讥。

“是啊，之所以这样有问题就当面请教，正是出于对何老师的信任啊！”阿谷倒是很耐心，因为耐心，所以他的话更有哲理。

信任，这是信任吗？

要不是一个电话打进来，我还得与这些人理论。

九、醍醐灌顶的重要指示

最后，大家总算统一了意见，通过了我们的“集体智慧”——《备课组教学计划》。

办公室又恢复了平静。大家埋着头，备课的备课，上网的上网，沉思的沉思。阿越可能昨晚上和李青喁喁情话太久，趴在办公桌上小憩了。

忽然，一阵急促的电话铃声。何必老师激灵一下，揭下话筒：“何老师吗？告诉你办公室的人，立即打开办公系统，马校长有重要指示！”

此时，我正不知道怎么处理陈明灿的邮件：他不知从哪里下载了一个向人求爱的Flash，通过办公系统发给了我。Flash挺有意思的，但正是这种“挺有意思”让我看出陈明灿的求爱不真诚。承载着别人思想的Flash能准确表达自己的爱意吗？从垃圾箱里拾一支玫瑰能赢得本小姐的芳心？真是可笑！

还有，我昨晚给刘一君发的QQ留言，他没有回。恶狠狠看着他彩色的头像，我真想打他几个耳光。可北京太远，本姑娘的手臂不够长。

“又怎么啦，是不是洪水来了，提醒咱们躲进诺亚方舟里呢？”阿越一听“学部指示”几个字就气不打一处来。刚入职这么短的时间，他怎么就对有关领导仇深似海的，也真是奇怪。可转念一想，难怪，刚结婚的人，夫妻原本该在蜜罐里腻着的，可是他竟然只能在电话里听妻子的倾诉，或者只能发短信……

何必老师打开自己的办公系统，点击“收件箱”，果然，马校长的名为“敬告全体任课老师”的文件赫然在目。他正要打开这个重要指示，忽然，办公室的门半开了，缝里伸进一个人头：“请问何老师在吗？”何必一看，是教他班英语课的女老师张妍。

“有事吗张老师？”何必老师站起来。

“您能不能出来一下？”张妍怯怯的。刚毕业的大学生，尤其是女大学生，大多数都心理素质极好，待人接物的能力超强，脸皮超厚、厚到无形，张妍可算是个例外。其实，张妍可以说是一个很漂亮的女孩子，高高的个子、长脸、大大的眼睛，最关键的是，她还是个双眼皮！长发披肩，很惹人注意，和我比起来，张妍条件要好很多，她明明具备性格外向的所有条件，却……真令人感叹。

何必老师不好意思说要用眼睛“聆听”马校长的重要指示，就跟张妍走出去。越是脆弱的人，越需要人的尊重，越需要心灵的抚慰。

“何老师……”话未说完整，张妍就哭起来，何必老师完全措手不及，慌了。

“张老师，怎么啦？”何必老师想起家里的妹妹，没见过世面的妹妹，一说话就脸红、遇丁点儿事就哭鼻子的妹妹，需要他去安慰的妹妹。

为了不让办公室听力发达的同事听见后激起不必要的波澜，何必老师示意她走远些。

“咱班的两个男生，郭松和刘一革在我课上说话……”张妍抽抽咽咽地说。

何必老师松了一口气：原来如此。学生在课堂上说话倒不罕见，学生的眼光很毒、欺生，尤其对于脾气好的年轻老师更是如此。何老师的眼睛虚视着张妍的面庞，等待着她说下去。这种虚视，能给张妍一种她在被关注的感觉，但又不至于给她造成压力。

“我上前制止他们，可他们不听，还嘴里不干不净的……”

“啊！”何必老师知道事情不像刚才想象的那么简单。

“张老师，你没听错？”声音大了些，他四下望望。

“……”张妍只顾忙着哭，没有回答。

这还了得！

何必老师恨不得立马就赶到教室，把那两个给他脸上抹黑的学生狠狠地揪出来，让他们写检讨，在全班同学面前保证，回家请家长……不挽回张老师的面子，他班的英语恐怕就完蛋了！

可是，现在正上课呢！再说，还有一个重要指示……

“您放心张老师，我会尽快处理的。保证你满意！”得到何必老师的保证，张老师揉着眼睛走了。

停电了？不会吧？何必老师发现，办公室四个男的正在笑，阿越笑得最灿烂。

“看了吗？”何必老师没有目标地问。

“什么？”阿越装傻。

“重要指示呀！”

“敢不看嘛！”

“给我传达传达呗！”

“还是你自己看吧！要掌握第一手资料，这样效果才够好。”阿越跟何必老师逗趣。

“这不是停电了吗？”何必老师有些着急。

“何老师，不是我不给你口述，实在是领导的重要指示精神博大精深，我口头表达能力有限，恐怕有太多疏漏，贻害无穷呀！”阿越又开始贫嘴了。

下课了。

何必老师顾不得欣赏阿越的口才，疾步赶往教室。有经验的人都知道，高中阶段高一的学生最好管，尤其是刚开学的前两个月。可是，刚军训结束，才上几天课就这样放肆，若不严加整顿，长此以往、班将不班了呀！当班主任的人啊，什么时候才会省心呢！

其实，对于何必老师来说，这件事处理起来简直是小菜一碟。把郭松和刘一革叫出来，问明了原因，他们信誓旦旦地保证，绝没有对张老师骂骂咧咧。他们说，那时他们正在因一个问题小声讨论，可张老师误会成他们在说话，就强让他们站起来。他们顺从地站起来之后，觉得委屈，就嘀咕着说“我们又没说和课堂无关的话”，就引得张老师勃然大怒，并愤而离开课堂而去。

何必老师明白了，刚刚站上讲台的小年轻总容易犯这样的错误，遇到一点儿小事就无限放大，大惊小怪，不会解决矛盾，反而容易激化矛盾。这是一个年轻教师走向成熟必经的路段哩！但是，也不能明显地给学生撑腰，否则，他们班的英语……

何必老师分析了他们的错误，并推论了如果不解决这个误会不但对他们两个没好处，对他们班的英语学科都会贻害无穷，说得两个学生频频点头。最后何必老师非常自然地问他们应该怎么做，他们俩非常聪明非常配合地对何老师说他们会向张老师真诚地道歉。

这个问题轻松搞定，何必老师不由得哼起了歌。

推开办公室的门，一股音乐的巨浪汹涌而来：周杰伦正在PK王宏伟。阿越喜欢周杰伦，此时“双节棍”舞动，呼呼生风，棍影在办公室里闪动；而阿谷喜欢听王宏伟的《西部放歌》，哗啦啦的黄河水流淌在办公室的角角落落。幸亏我和盛老师、阿若没有放自己喜爱的歌，否则这音乐可就拧成麻花了……

“何老师何老师，为了弥补我无力为你转述领导指示的严重错误，我已替你把电脑打开了，以节省你的时间，你只要打开收件箱就可以了！”一看到何必老师走进办公室，阿越就表功。

“我可以作证，确实是阿越按下了你电脑主机的电源键！”阿谷百忙中不忘插上一句。

“各位任课老师，近来发现有老师在讲课时还是满堂灌、填鸭式。太落后了！自习堂上也是这样，让学生丝毫没有自主的时候，同志们，该放手了，否则就是犯罪呀！从今天起，学部要加强课堂检查的力度，发现再有这种情况，立即通报批评！我郑重地提醒大家，一节正课，你只能讲十五分钟！自习课一句都不能讲，要相信学生，要把宝贵的时间还给学生，那是组成学生生命的材料呀！”

什么呀，这样严厉的口气，敌我矛盾吧？

最后，马校长没有忘记来点儿有哲理的：“上乘的课堂是不讲，下乘的课堂是老讲；不讲的老师是天才，老讲的老师是庸才，满堂灌的老师是蠢才！同志们，你想怎么选择呢？”

“怎么样何老师？有何感受？”阿越求教似地问。

何必老师轻描淡写地对他说：“精辟，精辟！”

“啊，你说领导如此重要的指示净屁，小心我告发你哟！”阿越思维真是敏捷。这家伙，在他面前说话还真不能露出空档。

大家笑起来。

“我倒是有一种感觉，想与大家共享。”阿越自然地拢了拢自己梳得一丝不苟的头发，真诚地说。

见大家都看着他，他就更加得意：“以我看，有些领导根本就不懂管理，甚至根本就不懂教学！尽管我认真地对号入座后得出结论，我是介于庸才和蠢才之间的教师，但我还是对有关领导作出这样的高度评价。”

“阿越你这话不对，学校建成马校就来了，干领导也不是一天两天了，怎么说不懂管理呢？”阿若表示异议。

“是啊，马校长初入职学校时，就是个普通老师，他又怎么不懂教学呢？”盛老师也蹚进了阿若的战壕。

“这些我都知道。马校成为马校之前，不过是咱学校的一个普通教师，由于他教学不行，被学生反映到领导那儿，强烈要求更换老师，否则就集体转学。亏得他上下活动，学校不得已将他安排到教务处，干些检查教学的杂活。下半年不知怎么的，就摇身一变成了学部副校长，今年又升为校长！你说，无论是作为老师还是作为……”说到这里，阿越看到了阿谷的动作，他的右手食指正竖在嘴巴上。阿越噤了声。

啊？有这样的事？何必老师心里打鼓，这样如何得了？若果真是这样的话，学校究竟如何……这么好的硬件，这么好的软……

事实就是如此。我从那位跟马校长调侃的肥胖老师口里得知，他和马校长初来M学校时，一样是普通教师，当“马老师”差点儿被学生赶下讲台、在M学校无处容身之时，这位老师还曾向学校表达过自己对马老师的担心，富有同情心地建议学校网开一面。但岁月不居，时光若流，马老师成了马校长，这位普通老师还没有去掉“普通”二字，不过身材稍微胖些，头发稀一些，年龄大两岁而已。但因为这个原因吧，马校长对他很客气，他才敢对校长偶尔“出言不逊”。这也算是马校长“苟富贵，无相忘”的感人表现吧。

高一年级开始正式上课以后，大家都把精力投入到教学工作上去，办公室里就清静了许多，就连酷爱网络聊天的阿越也大大收敛。毕竟，刚来这个人人向往的地方，开学伊始，谁都想把前三脚踢好。古人云，新官上任还三把火呢，更何况我们都是普通教师？不，要是按马校长英明的分类，我们都和阿越同病相怜——介于庸才和蠢才之间，若说有区别的话，不过是有的更靠近庸才一些，而有的更亲近于蠢才而已。

何必老师也完全进入了一级工作状态。原因很简单，由于他以前教的都是高四（高三复读班），已经多年没教过高一了，对教材和学生心理都不了解，心里丝毫不敢大意。因为他觉得，无论是教材还是学生，对他来说都是挑战，若经受不了这样的挑战，他就对不起一个老高四语文老师的光荣历史；再说，他又是备课组长，理应起模范带头作用，成为同事们眼里名副其实的“带头大哥”嘛！

但让何必老师没想到的是，我跟阿越之间发生的一件事，像一块巨石，在他心灵的湖面激起了波涛。

这天晚上，没有风，天地间有一种让人急躁、令人压抑的味道。天完全黑下来的时候，还能听到校园里不时传出一两声似乎很惊恐的蝉鸣。蚊子不知得到了什么让它们兴奋的信息，玩命地飞。何必老师最后一次到教室看了同学们以后，忽然想到明天上午一到四节都是他的课（两个班的课都是连排），就想趁这个机会再熟悉一下课程，尽管白天就已经准备好。

走廊里磁砖很滑，可能是刚从强光下走出来的缘故吧，何必老师不敢走得太快。由于不想当蠢才教师，谁也不敢再讲课，每个教室都很安静。为了不影响学生自习，他慢慢走到办公室门前。扳扳门把手，锁上了，几位同事真好，已经养成了下班锁好门的习惯，何必老师心里一阵欣慰。

用钥匙打开门，何必老师发现办公室里有微微的光，仔细一看，是电脑屏幕的光——阿越的，他的电脑忘了关了。这要是让学校安检人员查到了，又该通报他们办公室了——准确的说该通报他了，谁让他是负责人呢！

何必老师正在纳闷间，忽然，微光里站起一个人来，不，是两个人！

是我跟阿越！

十、张妍老师的四次恋爱

如果说，每个人都是一本书，那么张妍老师这本书就多了些沉重的内容。

张妍以优异的成绩毕业于一所名牌大学。在学校期间，她由于开朗大方、能力超强，一度成为英语系的系花。慢慢地，张妍也到了恋爱的年龄，青春是一只美丽的小鸟，只是张妍的这只小鸟更加炫目、更加美丽。她目光远大，完全看不上学校的男同学，觉得他们幼稚，觉得他们配不上自己。她决心让感情的翅膀飞出学校的院墙，飞到更广阔的天地里去，那里一定有她心仪的白马王子。可是她忘了，骑白马的未必都是王子，有可能是养马的。但年轻美丽的姑娘有些单纯甚至幼稚的想法是完全可以原谅的。

张妍的大学时代一共谈了四次恋爱：

一次是和一个厅级干部的儿子，那是张妍大二的时候。他们的相识极为偶然也颇富传奇，一辆名车是他们的媒人。

那天，张妍和同学在街上闲逛，在一家咖啡厅前看到一辆非常漂亮的保时捷跑车。当时张妍刚入大学不久，并不知道它的牌子，只是觉得漂亮。

她舍不得走了，站在跑车旁边，连同学喊她四遍她都没有听见。

半个小时以后，车的主人出来了。是个小伙子，二十多岁，身材不高，人也不算英俊，这让张妍有些失望。她觉得，能开得起这样漂亮跑车的人一定是长得英俊非凡的，像骑着白马的王子一样。

就在张妍失望的时候，小伙子的眼睛却被什么东西点亮了！他向着张妍走来，眼前这个女子自然的美丽像火把，引燃了他的激情。

“你真漂亮。”小伙子的眼睛喷着火，但他的口气好像一点儿都没有夸张，完全不像是在称赞一个人，而是在客观描述。

张妍很高兴，也很害羞，这让她的脸红得像——用一个俗气的比喻——苹果一样。从小到大，张妍当然听惯了人们的称赞，但毕竟这是一位陌生的男子在称赞他，况且他还开着如此豪华的跑车。这种酒醉一样的红，无限地增加了美丽姑娘的魅力。

“词太俗。”娇羞无限的张妍竟然没有忘记她的聪慧幽默和敏捷。

“虽然俗，却是我真心的表达。”小伙子看定了她，似乎要用目光把她揽住。

“我叫言方，能邀请你上车吗？”小伙子大方地做出一个极英伦的姿势。

“言方！好有创意的名字！”张妍心跳了跳。

“不，我要回学校了！”张妍转身欲走。

“你是大学生？哪个学校的？”言方的眼睛更亮了。

张妍情不自禁地说了学校的名字，说完之后她就后悔了。

“呀，了不起，名牌大学耶！”言方毫不掩饰心里的惊奇和羡慕。

张妍感到奇怪，一个开着如此漂亮跑车的人，还羡慕别人上一所名牌大学？真是！

最终，张妍还是上了言方的跑车，到星巴克消费了一次。

那一次，让张妍终身难忘。出身于普通工薪阶层家庭的她，星巴克对于她以前不过是传说而已！

之后，言方开车把张妍送到学校门口。

走了好远，当张妍回过身来看时，见言方还倚在跑车旁，含情脉脉地向她挥手。

一种陌生的温暖漫过了张妍。

与此同时，许多道目光也包围了张妍。

这目光既有羡慕，也有嫉妒；既有崇拜，也有鄙视；既热烈如火，也冷酷如冰。

张妍感觉到这目光的存在了，但她不在乎。甚至，她很喜欢，很得意。

以后，张妍和言方就天天见面，感情日深。

这以后，张妍才知道言方是一个副厅级干部的儿子。她觉得惊奇，也觉得不可思议。一切都像梦一样。

最后两个人同居了。

她觉得，言方的温柔像一把火一样，她即使是一块坚冰也被他融化了，于是，她真的沉浸在欲仙欲死的爱情里。

直到言方的妈妈见到张妍。

言方的妈妈窦英，四十五岁，名校毕业，外企高管。脸色白净，皮肤紧致光洁，保养极为精致，穿着考究，一丝不苟，极有风度。只是，她的表情有些冷。她静静地坐在客厅里的大沙发上，等待着言方和张妍回来见她。

门铃响过，保姆开门，是言方，后面跟着一个漂亮的女孩子。

“妈！我跟张妍回来了！”言方殷勤地向妈妈打着招呼。

在张妍听来，有些不舒服，因为言方和妈妈说话的口气就像跟她说话的口气一样，带着沉重的撒娇。

“方儿，你可回来了。小王，快给言方弄吃的！”窦英亲切地拉儿子贴着自己坐下，疼爱地为儿子拍拍衣服。其实，言方身上什么也没有。张妍注意到，这种距离是恋人之间坐的距离。再紧的话，就坐到腿上了。

“妈，这是我给你说过的张妍。”言方给窦英介绍。

“阿姨好！”张妍觉得，自己已经尽量讨好言方妈妈了，可说出来以后，觉得根本不像是讨好。可能是不习惯或者心里不太舒服吧！

言方妈妈好像没听见一样，继续给儿子说话。

言方暗暗地捣了妈妈一下，百忙中又给张妍递了个安慰的眼色。窦英好像才注意到客厅里多了一个人，冷漠地向张妍点点头，并没有让坐。

进入客厅之后，张妍就为这大得难以想象又豪华得难以想象的客厅震惊了。这种震惊使她十分不舒服，她一时找不到任何感觉，这种氛围像童话故事一样，遥远，不可信，但又逼真，令人无可怀疑。张妍无所适从。加之言方妈妈的态度，让张妍更加不知自己要怎么做。她非常后悔答应跟言方回他家，这太草率、太贸然了！太不符合她心高气傲的性格了！再加上面前的这个美若天仙却冷若冰霜的贵妇人！张妍产生拂袖而去的念头，但接收到言方安慰的目光后，她的心里好受了些。

不料，这以后的情节发展，越来越逼近张妍的底线！张妍顺从地接受言方安排坐在沙发上后，言方妈妈窦英的做法更加出格，让张妍更加难以忍受！

张妍注意到，贵妇人的手里拿着一张纸，打印的。她没有直接交给张妍，也没有让保姆或言方递给张妍，而是放在张妍旁边的大茶几上，并用眼神示意张妍看。这时，张妍心里涌起一个成语：颐指气使。

饱含屈辱地，张妍起身拿起这张纸，刚看到映入眼帘的四个大字，张妍就气得浑身发抖，把纸放下了！

这四个大字是：约法三章。

张妍愤怒地跑了出去！临出门时，她把愤怒发泄在门上，门代她狠狠地表达了这种愤怒！

窦英脸上露出不易觉察的胜利者的笑容。

她对言方说："方儿，看到了吧，这样没教养的女孩怎么配成为咱家的媳妇？"

言方也愤怒地对妈妈说："妈，你也太过分了吧？你这样对待人家，任谁也受不了！我看，摔门而去还是轻的，这恰恰证明她是个好女孩，是个有教养的女孩！"

"什么有教养？什么好女孩？别傻了方儿！她还不是为了咱家的地位？"

儿子像野兽一样气冲冲地在客厅里走来走去，窦英又劝慰儿子："方儿，别生气了，妈一定尽快给你挑一个和咱们门当户对的好女孩。以咱的条件，你就是想找个外国女孩，妈的公司里有的是！"

"我不要！我除了张妍谁都不要！"儿子咆哮着。

这次是张妍的初恋，初恋以屈辱告终。自此，张妍再也没见过言方，连他的电话都不接。最后，她换了号码。

第二次恋爱，是和一个在报社工作的小伙子。

这一次和上次截然不同。不光小伙子，即使小伙子的家人非常喜欢张妍，把她当女儿一样宠爱，当领导一样尊敬，当神明一样膜拜。但张妍却总觉得缺少点儿什么，终于，在相处了一学期多之后，在长时间住在小伙子家之后，在两个人郑重地谈婚论嫁之后，张妍还是和小伙子分了手。

这次恋爱，是张妍大三时候的事。

大三下学期张妍还有一次匆匆的恋爱，不过这次更加短命，仅仅三天，三天就“寿终正寝”了！

那是和她学校美术系的年轻老师，早就听说年轻教师的才华和名气，也听说年轻教师身旁的女孩多如牛毛，但初始时张妍并不以为然。她甚至认为，年轻教师身旁之所以会聚拢那么多的女孩，就是因为他有魅力。后来，在主持学校文艺节目时，张妍和这位年轻教师走近了，于是，和其他女孩一样，她也深深地为这位老师非凡的风度所吸引，年轻老师也用火辣辣的语言向张妍表白了自己的爱意！

很多人或事都是这样，雾里看花的时候，觉得无限迷人，可走近之后，尤其是低头嗅时，才觉得，不过如此。

走近这位才华横溢的年轻教师的第三天，张妍就果断地掐断了自己的这次恋爱。

那是因为身为教师的恋人给张妍提出了一个要求，让张妍给他做人体模特！这让张妍忽然明白，原来这位老师之所以主动请求做自己的恋人，纯粹是为了寻找免费的漂亮模特，或者按他的理论高雅点说，是为了艺术！

三次恋爱的打击，使张妍改变了许多，成熟了许多。她告诉自己，恋爱的频频失利，是痛苦，也是幸运；是命运使然，也是自己的性格所致。如果正确处理的话，没准儿还是财富呢！她不再像以前那样外向，更不像以前那样张扬，像完全换了一个人一样。不再参加学校、系甚至班级里的任何活动，把心完全从外面收回来，潜心学习了。

在紧张的学习里，在找工作的双向选择里，在设计、打印和投递简历的忙碌里，在对工作的担心里，大四以“神七”的速度飞快度过。

直到接到M学校的大红聘书。

当然，到M学校工作之前，张妍匆匆接受了苦恋她四年的高中同学李耸峰（在另一所高校上学，也符合张妍不找同校生做恋人的原则）的爱慕，并把李耸峰拖油瓶一样也带到了M学校。

这些曲折原委，只有极少数人知道，何必老师当然全然不知，他只是张妍所担英语课班级的班主任罢了。但不可否认的是，热心的何必老师不管张妍性格外向还是内向，他都会同样处理她给他痛哭着讲述的那件事。不同的是，因为张妍老师的内向，使何必老师觉得更加紧迫而已。

值得提一笔的是，人不能全盘否定自己，否则就真的会丧失许多。比如张妍，曾经具备那么强能力的一个女孩子，曾经那么活跃、奉行舍我其谁准则的女孩子，在痛苦地自我全盘否定后，能力极速下降，加上完全不适应M学校的工作和管理，竟被两个小毛孩子轻易地给气哭了！

多么不可思议啊，人生！尽管许多了解张妍的人会不约而同地觉得还是现在的她更好些，内敛、单纯、娇羞，更像个女孩子了。况且，由于她的内敛、单纯和娇羞，无意间显示了她的成熟，但仍有一些人认为，若能动用钟馗的方法把前后两个张妍中和一下，就近乎完美了。

十一、难忘的教师节

我跟阿越正凑在一起看视频，忽然，办公室里亮如白昼。白昼里，赫然站着何必老师！

“何老师，你……你怎么来了？”我猛地站起来，在何必老师的眼里，我的面孔一定煞白。

何必老师没说什么，眼前的景象一定把他吓住了。此刻，他的脑子忽然像灌进了大量的水，短路了。

阿越很快调整好了以往嬉皮笑脸的状态：“何老师，什么风又把你吹回来了？”

我听得出，阿越声音里做作的成分非常浓酽。

“噢，我忘了拿本书。”何必老师装模作样地走到办公桌前，随手拿起课本，走到门口。

忽然，何必老师又回过头来，用平生最平静的语调对阿越说：“走的时候别忘了五关……”

阿越殷勤地接上话头：“知道。关门、关窗、关电脑、关空调、关电源。放心。”其实，此时窗子和空调根本没开。

其实，我跟阿越除了看视频外，并没有干什么。在这个环境里，外面就是学生的书声，还不时地听到脚步声，也干不了什么。再说，我也不想跟阿越干什么。包括阿越，也未必想跟我干什么。但有一点儿我也不太明白，当阿越约我到办公室的时候，我为什么会答应，要在以往，我都在住处休息，给刘一君打电话或QQ聊天呢！我更不明白，当阿越从里面用钥匙锁门并且关上灯时，我为什么没有阻止。

人哪，真奇怪。

我想，此时，何必老师心里盘旋的也是这个问题。

第二天上午，何必老师连续作战，我没见他出现在办公室；但下午，我偷偷地观察何老师，发现他神色凝重，再也没有了往日的潇洒。我想，他是因为我的缘故吧。无意间窥破了同事的秘密，他一时间不知如何处理了，他背上包袱了。

我想，我得尽快把事情的原委向何必老师解释一下。不但为了我，也为了何老师。

就在我决心越来越定的时候，何必老师走出了办公室。

他是想理一理自己的情绪，好决定该怎么办吧？

操场边，远远地，张妍向何必老师走来。偏西的太阳光下，她的肩上有一层淡淡的阳光，飘逸的长发随着她的脚步移动一起一伏的，阳光也随着秀发的一起一伏而一漾一漾的，这让人想起涌动的大海或者金黄的麦浪。

“何老师，谢谢您！”张妍满面春风，全然褪去了那天惨淡的愁云。

“不用，我其实什么也没做。”

“不，何老师，您做了很多，我能想象得出。”张妍报以甜甜的一笑，飘然而去。不远处，有一个小伙子在等着她，是李耸峰。

我见过这个李耸峰，他看我的眼神让我不舒服，不像是一个男同事看女同事的眼神，更不像是追求了多年的爱情终于尘埃落定的眼神。我总觉得，他和张妍之间似乎缺少什么，或者说，似乎要发生什么。几个月之后，他们之间的突发事件就证明了我的这一判断。可见，我的眼神还挺毒。

操场上，几个小学生正在踢足球，他们的笑声像轻灵的鸟儿一样飞在秋天辽阔高远的天空里。

于是，何必老师索性站在操场外铁丝编成的网墙边，以手抓住铁网，欣赏起了孩子踢球的矫健身姿。

教师节快来了，学部正在准备一些活动，以迎接和庆祝这属于教师的日子。

这种活动包括检查教案和作业，让老师们上公开课。马校长说，正因为教师节快到了，咱们更应该努力把每一项工作做到最好，只有这样，才能对得住教师节这个美丽的节日。

领导就是领导，和普通教师想的果然不一样，果然比我们站得高看得远。

检查作业是个非常枯燥的活，检查教案也是如此。

检查教案分两步走：第一步是自评。学部给每位教师都发了一张教案自评表，上面分了许多小项，从形式到内容应有尽有。每一小项都进行量化，每位老师要根据自己的教案情况给每一小项打分，最后得出总分，交到学部去。

这可让我们犯了难。

给自己打多少分呢？打得多了，比如满分或者接近满分，领导看了可能觉得你这个人不够谦虚，只看到自己的长处甚至夸大了自己的长处，忽略了自己的短处，这样的同志就不值得培养，因为你已经产生了自满情绪，可以提升的空间就不多了；但要是给自己打少了呢，领导可能又会认为你缺乏自信，或者认为你没准儿真的很糟糕，否则，自己给自己评判就打那么低，要是他人打分肯定会更惨。

难怪就连阿越也迷惘地说："靠，这叫给自己的教案打分吗？这是借教案自评之机来考察老师们的心理承受能力。同时，这次自评又成了一块试金石，或者一块照妖镜。领导真是高明啊！"

我们几个人为此进行了慎重的商量，最后，大家达成了共识——给自己打一个较为保守的分——80到90这个区间内。高了可能成被枪打的出头鸟，少了咱也不甘心哪！

教案检查的第二步是，备课组长互相检查并打分。高一和高二互相评，高三因为高考任务压头，免检。

两个年级的老师之间极少有联系，这次忽然来这一招，怎么办呢？

这样又容易出现问题：打高了呢，不好。你给高二打分高，万一高二备课组长给你高一打分低呢？领导一下子就看出来，高二整体上比高一的教案好，反之亦然。打得低的话，容易得罪人，并且一得罪就是一个年级，后果严重啊！何必老师问大家，应该怎么打。快嘴阿越说，当然应该压低些，高二肯定也会这么做的，这叫心照不宣。阿若说，应该客观些，好就好不好就不好，不夸大不缩小。阿越反驳他说，什么叫客观？标准是什么？你说你客观，他却说你心长偏了、胡乱打分，你怎么办？再说，你客观了，他高二要是不客观怎么办？

最后，何必老师只得问盛老师，希望他能给出个主意。

盛老师思考着，右手食指和中指快速地弹击着桌面，诚恳地说：“我觉得，你还是按自己的感觉打吧！”得，等于没说！

何必老师对这件事极有感触，当领导真不容易！像他这样的小到可以忽略不计的领导就难成这样，不知道马校长是怎么捱过刀口舔血的日子的。

正在我们都掐不准脉的时候，何必老师的手机忽然响了，一个陌生的号码。

接听以后，何必老师笑了。

“何老师，是不是要发奖金呀？”盛老师可能是觉得刚才出的那个主意缺乏点儿操作性吧，这次主动出击，跟何老师搭话。

“你们猜，刚才是谁？”

“看你刚才的欣喜神情，不会是胡主席吧？”阿越来了精神。

“不——是。我的号码还没来得及告诉胡主席呢！是庹老师。”

“庹老师？高二备课组长？我明白了！同病相怜呀你们！”阿越果然反应机敏。

按照庹老师的约定，何必老师和他相见了，两个人进行了一番推心置腹的交谈，在轻松愉快的氛围中，二人商定了给教案打分的方案，甚至包括打分的区间。真是事在人为！难怪医生看病要会诊、法官审案要有合议庭、教师上课要集体备课呢！这下何必老师真算是尝到了交流沟通的妙处！

面前有了方向，何必老师就少了在黑暗中摸索的痛苦，一挥而就。

几天之后，我给何必老师带来了一个令人震惊的消息："何老师，你知道不知道，高二给咱的教案打得分很低？"这个消息是我从程功那里得知的，他为了"爱情"，便把原本不该公开的"机密"当作礼物送给了我。

何必老师吓了一大跳："怎么可能呢？我是按照当初约定的程序走的呀，莫非庹老师他另辟蹊径了不成？"

紧接着是阿越的轰炸："何老师，上当了吧？猎人再聪明也斗不过狐狸了！他妈的，什么玩意儿！"阿越愤怒地击打着桌子。

盛老师说："没关系。不经一事，不长一智嘛！"

阿谷心平气和地说："不就是一个教案分数嘛，这不是学校每年涨工资会考虑的因素！"

"怎么会呢？教学常规中每一项的积分都很重要呀！记得上次写教学计划时你说过，教学计划是评先晋级的要件，这次怎么又变了？"我向阿谷发难。

"据我得知是这样。"阿谷语气坚定，不容置疑。

"那涨工资看什么？"我不明白。

"看……噢，这是另一个话题，和教案互评无关。"阿谷说话真是主旨鲜明。

我好奇心无处释放，只得噘着嘴，好堵住要问的问题。

"他妈的，我找他们去！"阿越"腾"一下站起来。

"阿越，你找谁去？"何必老师赶忙制止。

"该找谁找谁！冤有头，债有主！我不能便宜了那些出尔反尔的厚颜无耻之徒！"阿越口气里充满了火药味儿。

"那样的话，你就把一群人都卖了！"何必老师说。

"把谁卖了？"

"你想啊，教案互评的结果是不公开的，咱们怎么知道了呢？原因很简单，有人透露——谁透露、又透露给谁了呢？这样，学部某干事和咱们的阿褛很快就会暴露在光天化日之下。并且，高一和高二通气，约好打分区间的事也遮掩不住了，那么，何老师就难辞其咎。在何老师和庹老师双方都承认有打分约定的前提下，人家高二庹老师是幡然悔悟，最后仍然坚持了打分要客观的原则，可能会受表扬，而何老师可能会受处分。还有更可怕的，如果庹老师压根就不承认有约定这回事，何老师就百口莫辩了……阿越，你说呢？”真难为盛老师，条分缕析地讲了这一番道理，阿越乖乖坐回到了座位上，兀自气鼓鼓的。

从此，高一和高二结下了仇。

领导此举，到底是为什么呀，是为促进教学还是为制造矛盾？是实现教师民主自治还是黔驴技穷？我这个小菜鸟猜不透。

9月9日那天上午10点，教学楼大厅黑板上写出一个通知：教师节不放假，正常上课，晚上学生照常自习，19：30全体老师在教工餐厅举行茶话会！每个办公室至少出一个节目！

这下，教学楼里炸开了锅！

十二、多事之秋后的茶话会

第三节刚下课，我们在办公室里就听到大厅里学生在起哄，大家像由谁指挥着一样，齐声喊着什么，只是喊的内容听不太清。阿越跑出去问一个经过的学生才知道，通知刚出台不长时间，就被有些不理智的学生窜改为：经慎重研究决定，教师节放长假，直到国庆节过后才到校学习，请大家先做好离校的准备，各任课老师要布置好学生的假期作业。

不少同学明知是恶作剧，仍然兴高采烈，庆祝着这个恶作剧的发生。很快，学部干事笑着将改动后的通知擦去，留下空空如也的黑板，好像也挺欣赏这匿名者的杰作。同学们像歌迷在追逐自己的偶像一样围着黑板，说着笑着，整个大厅像开了锅。

这时，内部电话响了，阿谷接听后传达给大家：各班主任立即到教室去，向学生讲述通知被改动的事情，并给学生讲清两个道理：一、恶意改动通知是违反M学校学生管理规定的严重错误，学部一定会严肃处理；二、学部要彻查改动通知的学生，查出之后立即除名！

“这不是一件事吗？”何必老师有些奇怪。

“是一件事，但一件事分成两件事来做，正说明它的重要性！”阿谷在电话机前还未走，颇为幽默地插了一句。

“唉，山雨欲来风满楼呀！”阿越边发着感叹，边和其他三位班主任一块儿向各自教室走去。

何必老师刚到教室，就被同学们团团围住。他们七嘴八舌地问诸如“教师节为什么不放假”之类的问题。关于学生的疑问，何必老师已和其他几个班主任达成共识，只对学生说“不知道”“不清楚”“解释权归学部”之类的话。因为他们确实不知道，这也不算欺骗学生。

何必老师向学生讲了学部让传达的两件事后，学生更是气愤，有的同学当着老师的面大声议论：

“这也太霸道了吧？难道那个猪忘了自己也是老师吗？”

“他是什么老师？他是老师的败类、是老师的敌人、是咱们共同的敌人！”

“咱们学部官虽然多，但当家的只有一个。”

“哪一个？”

“就是最不把学生当人看的那个瘦肉型的猪！”

“灭了他！”

同学们群情激愤，一个个像是待燃的炸药。

使尽浑身解数，软硬兼施，好不容易才安抚好了学生。刚从教室出来，何必老师的手机就响了，原来是学部通知班主任到会议室开会。学部会议室也在五楼，离校长仅一墙之隔，何必老师不明白那么重视身体锻炼和关心下属的校长，为什么在会议室地址的安排上改变初衷。等何必老师赶到时，会议室里还没几个班主任，他们在轻声议论，在猜测今天的会是什么内容。

马校长坐在主席台上，面如寒水，清瘦的面庞此刻显得更加威严。

“今天请大家来，是告诉大家一个消息。”大家面面相觑，眼光里都是兴趣和疑问，校长继续说，“今天上午我的办公室门底下塞进几张纸条，有的纸条口气非常严厉，有的语言还很不文明，甚至不堪入目。还有通知被人改动的事情，都是性质非常严重的问题，马上大家回去以后，让学生现场写一段话，立即收上来。”

大家议论纷纷。

“干什么？”

“不是要对笔迹吧？”

校长显然听到了大家的交谈，他皱了皱眉头说：“大家议论得不错，就是要对笔迹！找出肇事者！”

“肇事者？还凶手呢！”大家议论得更厉害了。

“这样做不妥吧？”

“这不是军统和克格勃擅长的吗？”

“咱们能鉴定出来吗？应该聘请专家来！”

校长往下压了压手：“我认为，如果不把这样的害群之马找出来，势必会影响学校的正常教学秩序！大家用最快的速度议议，然后发表一下看法。”

会议室反而静了下来。

几分钟后，校长示意大家踊跃发言，但没人响应。

“庹老师，你说说。”校长开始点将了，他先点了庹老师的名，足见庹老师在领导心目中的位置。

“我还没有考虑成熟，即使说了也不会很恰当。第一位发言者应该开个好头，让思维敏捷的人先谈吧！”庹老师非常有风度地把这种机会让给了除他以外的所有人。

“李老师。”李老师是高三的一名班主任。

李老师挠挠头皮：“我个人认为，让学生特地写一段话来对笔迹，好像不妥。”

大家好像一下子开了窍：“是啊，万一学生意识到了什么，故意写和平常不同的笔迹，咱又不是专家，又怎么能看出来？”

“这样也是对学生的不尊重啊！”

“会让人产生不安的情绪，更会扰乱正常的教学秩序。”

“那你有什么看法？”马校长非常感兴趣。

“学生交的不是有作文吗？那可是笔迹最真实的反映，语文老师在对笔迹上又都是行家。”从他慷慨地把语文老师推到风口浪尖上的口气上判断，他肯定不是语文老师。

校长很兴奋：“好！就把学生作文本作为突破口，找出写辱骂纸条和改动通知的人！”

“马校长，我对此有一点儿想法。”是何必老师。他再次把那个人的提醒抛到了九霄云外。

马校长移移身子：“噢？说说看？”

“我觉得对笔迹的做法是不可取的。”站都站起来了，索性痛痛快快说了吧！反正校长不久前刚鼓励过他，就不要让校长失望了吧，“因为，既然学生要写这种口气的纸条，就极可能事先把写字习惯尽力改变了，这样的话，咱们又怎么对得出来？可以预料的结果很有可能是，徒然增加了语文老师的负担，换来的却是失望。再说，学生写纸条和改通知好像并没有太大的恶意，又没有造成太大的损失，不如不追究。不追究，反而能够显出学部领导的大气和宽容，说不定能产生意想不到的效果。”

“大家说呢？”校长和气地问。

没想到，大家纷纷点头，好像不约而同地等何必老师这个傻冒说一样。

何必老师离校长较近，仿佛看到校长眼里飘过一丝颜色不清楚的云彩。

“既然这样，就采取大家的建议，免于追究。”

各班主任都做好了要散会的准备，有人已迫不及待地站了起来。这一周，会开得够稠密的了。

“等等，事儿还没完呢！”校长制止道，站起的人又不情愿地坐下了。

“犯错误的学生是不追究了，可放假的事我还想听听大家的意见。”

会议室里一时间很静，能听到空调送风的咝咝声。

尴尬的静默之后，马校长没有采取刚才提问的方法，他对与会者说：“学部关于教师节的安排已报经学校批准，不能改动，还需要在座的各位给学生耐心做做工作，哪班出了事，由哪班班主任负全责！至于和放假有关的其他事情，就不劳各位费心了！”

中午放学时，黑板上赫然多了一条《关于教师节放假通知的补充说明》。说明称，由于教师节不放假，学部可以考虑在国庆节假期上适当延长。

“好啊！总算识相点儿了！”

“真的假的呀？”胸中丘壑太多的学生表示怀疑。

不管怎样，这样事算是摆平了。

班主任虽然为未放假憋屈，但还是松了一口气。

下午上班的时候，办公室的几个人漫无目的地谈论着上午发生的闹剧。这时，阿谷的手机响了，他“好！”“对呀！”“是是是！”“您放心吧！”“谢谢！”了一通之后，急急忙忙走出了办公室。稍顷，从办公室门的玻璃上，我看到阿谷带着几个学生匆匆走过，有一位学生的脸上似乎带着怒容；阿谷呢，好像边走边和这位学生讲着什么。

教师节这天，果然结结实实上了一整天的课，充分体现了节日应该更加实干多干的前瞻管理理念。晚上，学部给老师们举办了一场小小的茶话会。

去之前，人们免不了一番猜测：没有放假的教师节，设在餐厅的茶话会，该不是学校请老师们吃饭吧？人们越想越觉得有道理，仿佛闻到了浓浓的香气扑鼻而来。

可判断力强的阿越却不以众人构想的宏图为然：既然是茶话会，当然不会是聚餐；要是聚餐的话，谁也不会以“茶话”二字冠之。你想，谁有头发愣装秃子呀？

看来，阿越分析得还真是有理。

阿越还说，至于为什么安排在餐厅，完全是因为餐厅有现成的桌椅，且有足够大的空间，有利于“茶话”。

到底是什么性质，到时候就知道了。大家的心里，今晚的茶话会便有了神秘的色彩。

事情胜于雄辩，阿越的判断又一次被证实。擦得铿亮的餐桌上，只放着这几种东西：饮料、矿泉水、瓜子、花生、橘子、块糖。对了，还有烟。

“茶话会”，名副其实。

人们开始议论：“真涩！”

有人打趣他：“是不是从今天早晨开始就不在家吃饭啦？”

“你以为我像你那样？”这个人思维敏捷，反唇相讥。

一边说，一边可没忘吃喝。嗑瓜子、剥花生的声音杂乱地发出来，要是闭上双眼，此刻的餐厅就是一个巨大的蚕室。

座位的安排是以办公室为单位，一个办公室一排餐桌。同事们吃喝的同时，各办公室准备的节目也在按学部排好的次序表演着。我们办公室报的是阿谷的独唱——《说句心里话》，他唱得真棒，一副好嗓子。

高二语文办公室参演的是庹老师的诗朗诵——《我骄傲，我是一名光荣的教师》。

“我骄傲/我是一名光荣的教师/天空赋予我高远的志向/我骄傲/我是一名光荣的老师/我的胸中奔涌着炽烈的岩浆……”庹老师的普通话里虽然有残余的家乡味，但语调铿锵、感情充沛，尤其是经过功放处理音箱扩大以后，更是具有震撼人心的力量。

“假大空，不怎么样啊！”阿越把一颗奶糖放进嘴里，咂摸着，也似乎同时咂摸着庹老师的朗诵，“普通话也不准，诗句的处理不够恰当。他是跟赵忠祥学的吧，故意把不该断开的都断开，可人家老赵被认可了，他可是有东施……”

阿谷刚刚唱完，感情还在峰顶上，就及时地提醒阿越：“小声点儿，不要随意评论。庹老师可不简单……”涉及到名字的地方，阿谷声音很自然地低下来。

其实，在庹老师的诗朗诵和众人的谈笑声、嗑瓜子声中，根本就没人能听见。

“怎么个厉害法？他是九头鸟？有三头六臂？或者是外国进口的超人？”阿越依然那么激烈，真像他的名字。

“这个……以后你慢慢就知道了。”阿谷也嗑起了瓜子。

何必老师斜坐在固定在地板上的铁椅子上，没有参与他们的议论，也不太想吃喝东西，只是偶尔机械地把一个花生米或瓜子撂进嘴里，没有味道。上午发生的那件事儿让他心里一直发堵，胸口老是压着一块巨石。

十三、牙刷事件

上午，何必老师正为教师节不放假之事生气，原本打算好了教师节回家和妻儿团聚一天，再看看妈妈，她的腰疼病一直是他心里的石头之一。

甚至，何必面前已经多次浮现出妻子温柔的面庞，儿子懂事的样子也让他归心似箭。

谁料……唉！

阿越正在发信息，今天发得更多，手机的短信提示铃一会一响。肯定是发给他的爱人李青的。是啊，他的心里更愁苦呢！

忽然，内线电话响了。今天该我值日，电话也该我接。“何老师，找你的！”放下电话，我喊何必老师。

“喂，您好！请问哪位？”何必忙把不快掩饰起来，声音柔和。

“噢，生活处。请问有什么事……现在正上课呀！放了学不行吗？……就这么点儿小事，竟然让学生耽误课？……噢，是马校长规定的。可是这规定合适吗？……要在执行中理解？……噢，再见！”

何必老师猛地放下话筒。

“混蛋！”何必老师大怒，“什么玩意儿！”看来他实在是忍不住了。

“怎么啦何老师？”阿谷问。

“怎么啦，还不是没事找事！”何必老师没好气。今天，谁惹他他跟谁急，妻子在离他很远的地方朝他笑，她的眼睛是多情的湖水，漾着温柔的波光。

“又是生活处那帮子人吧？”阿越趁接发信息的空档问。

“学生早晨离开寝室时卫生未打扫好，最突出的表现是，我们505寝室有几名同学的牙刷放错了头。生活处要我通知这几名学生去收拾寝室，还抬出校长压我！”

我很感兴趣：“牙刷放错了头？”

“你还不知道呀，生活处有规定，牙刷必须按规定放在杯子里，有毛毛那头必须朝上，否则就要扣分。”阿越介绍。

我笑起来。

“笑什么，阿褛？”阿越问。

“没什么。笑他们认真呗！”

“少见多怪，咱学校这样认真的事情多着呢！”阿越感叹。又一条信息来了，他忙转移注意力。

“我不去，我不能因为这点儿荒唐的事情就耽误学生的学习，否则就叫……为虎作伥！”何必老师气极，也忘了说话的分寸，像阿越一般激昂慷慨起来。

第二节下课，几个男生来找何必老师。

“何老师，我们不能做课间操了。”

“为什么？”

“生活老师派人通知我们说，我们必须现在就去收拾寝室，否则就要扣咱班的量化分！”

“扣就扣吧，我不在乎！”何必老师余怒未息。他一腔愤怒无处发泄，只得以脚跟为轴，在办公室原地转圈子。

“老师，我们还是去吧，因为这点儿小事影响咱班的名誉不值得。”

“可是，你们不做课间操，不还得扣咱班的分？”何老师无奈。

“老师，也顾不了这么多了。”学生安慰自己的老班。

何必老师目送着这几个懂事的学生，他嘴里还在嘟囔着。

他忽然想起昨天阿谷亲自带着几个学生匆匆走过办公室门前的情景。原来遇到这种事的不只他一个！可是阿谷怎么没跟他说呢？这个阿谷，真是名如其人，胸怀若幽深的山谷。

不知道生活老师会如何向校长汇报，不知道他们在汇报的时候会怎样添油加醋，不知道马校长会对他何必有怎样的看法，不知道下次开会的时候校长会不会在全体老师会上不提名地批评。唉，事已至此，由他们去吧！

何必老师有些后悔：都是这教师节闹的！

"何老师，你咋不吃不喝呀？"我发现了何必老师在发呆。

"是啊，这可是一年一度的教师节茶话会呀，过了这村可没这店了！"阿越也提醒他。

"我知道何老师为什么这样。"阿若反复抛接着一个橘子。

"为什么？"我追问阿若。

阿若看看盛老师和阿谷，笑着说："问阿越就知道了。"

"啪！"阿越把手里的一块奶糖拍在餐桌上："正说着何老师，干嘛又捎带上我？是不是觉得我他妈好欺负？"

大家都不再作声，纷纷把嘴的功能全部转移到吃喝上。

茶话会终于散了，何必老师松了一口气。他到教室转了一圈后匆匆回到住处，他想快点儿独自拥有这宁静的空间，以便静静地享受思念的味道，然后给妻儿打个电话。忽然，何必老师手机响了，是阿越打来的。

按照电话里的提示，何必老师来到了一家饭店。他笑了，还是上次他们聚餐的那家嘛！

阿越已经到了，他的旁边还坐着阿谷。

"何老师，知道你不痛快。"阿越表情有些暧昧，"咱们同病相怜哪！——阿若这蔫家伙说得还真对！"阿越感叹。

"那你还跟人家阿若急？"阿谷笑他。

“正因为他说得对，我才跟他急。被人戳到疼处了嘛！”阿越在表演这样一个把戏：把两根筷子的一端抵住啤酒盖子凸出的部位，左手紧紧握住瓶子的颈部，让大拇指正好挨着筷子下面，右手用力往下一压，呲地一声，啤酒盖子即被撬开。阿越表情轻松，动作娴熟，何必老师看呆了——没想到清瘦的阿越竟然有这一手！

“阿越想跟你叙叙。”阿谷热情地招呼何必老师坐下。何必老师注意到，茶话会后，阿谷又换了一件雪白的半袖衬衫。

“你放心何老师，今晚我请客！”阿越豪爽地说。这让何必老师想起那次阿越一杯接一杯猛喝的样子。这样豪爽的一个人，会有什么想不开的事呢？

菜上来了，四个凉的，很清爽：花生米、凤爪、牛肉片、拌千张。

啤酒还是上次喝的雪花。

何必老师也不再客气，一扫茶话会上的郁闷，和阿越、阿谷对着喝起来。满满的啤酒杯里，爱人梁莉甜甜的笑容轻轻荡漾。

“我心里比他妈黄连还苦啊，谁知道呢！”可能是人少吧，阿越几瓶啤酒下肚就开始话多起来，完全没了那次的海量。

这次才知道，原来阿越的妻子学的是财会专业，他刚入职到M学校时，曾听说学校财务处有一个女同志快休产假了，就央求有关领导给疏通疏通，让李青补上那个缺。领导答应后，再没有下文，极有可能不了了之。

“阿越真是不容易，刚刚结婚就和爱人离得那么远。”阿谷呷了一口酒。

“阿越，机会总会有的，就看你怎么把握喽。你就不能适应一下这大形势、想想办法？”何必老师觉得，应该给阿越提个醒。

“何老师，你是不是提醒我，让我给有关领导表示表示？我阿越是这样的人吗？”阿越又何尝没想到这些，但他实在做不出来。

出于人道，何必老师才说了这些话。其实，他也知道，对于阿越来说，无异于废话。但其他的话，他就说不出来了。他还和妻子每天都在受着相思的折磨呢，哪儿有资格劝慰阿越？

前天妻子来电话说，她又新接了一个经济纠纷案件，不知道顺利不顺利、处理这样的案件会不会有风险?

想到这儿，何必老师走出去，拨通了妻子的电话。在私密空间打电话的计划落空，索性就增加透明度吧!

“小莉，在干什么呢？”心跳得紧，好像他和梁莉初恋的时候，就像他刚和梁莉结婚的时候。

“准备答辩词呢！又喝酒了吧！”四百里外的妻子似乎闻到了酒气。

晚风吹面，凉凉的，何必老师甩甩头，心里清醒了许多。或者，原本就不曾喝多，自己不过是被对妻子的思念所醉。

心里一阵温暖，一阵惭愧。

……

听了妻子打的包票后，何必老师松了一口气，他重回到饭店里。

奇怪，远远没有那晚喝的酒多，可是阿越的舌头已明显短了。

他下意识地按亮放在餐桌上的手机屏幕，两眼死死地盯着它看，眼珠一动不动地，傻了一样。何必老师顺着阿越的目光看去，手机屏幕上有一个女子的照片。

忽然，何必老师心里涌起一个疑问，一句话冲口欲出，但还是被他压下了。漆黑的办公室、紧闭的房门、电脑屏幕的微光、阿越和我的独处……在何必老师的心里挥之不去。唉，看来，我真得向何老师坦白我当时的心境了。

这以后的喝酒过程，就显得有些沉闷了。原因非常简单，阿越喝得舌头不灵便了，思维也不太敏捷了；何必老师心里有疑问但说不出来；阿谷本来话就不多。当然，更明显的原因是两颗装满了思念的男人心。

“回去吧，明天早晨还有辅导呢！”三个男人几乎同时说。

夜风轻柔，拂着滚烫的面颊，何必老师觉得很舒服，似乎白天的烦躁轻淡了许多。想必阿越和阿谷也是如此。

有时间应该找阿谷谈一谈，今天，何必老师忽然觉得，阿谷是一本非常有意思的书，他想读，他应该走进这本书。

十四、和阿谷的单独谈话

何必老师是一个心里存不住话的人，他想和阿谷谈谈的念头像春天的草芽般疯长。茶话会喝过酒的两天以后，终于有了这样的机会。

那是一个上午。

盛老师、阿越、阿若三人都有课，我被张天然打电话约出去了。张天然在电话里告诉我，他要请教我一个问题。我让他在电话里说，他说不是一两句话能说清的，必须当面说，这样也更能显出诚意来。我知道他是醉翁之意不在酒，就没有揭穿他。这个教生物的张天然，似乎像古生物化石一样古板，但愿他不把我当成亿万年后人体化石的前身。和陈明灿不一样，他几乎和浪漫绝缘，连下载的Flash求爱文件都不会发给我。

这样，办公室就剩下了何必老师和阿谷两个人。

办公室一下子静得太多了，墙壁上的石英钟原本声音轻轻的，可现在竟然听得非常真切。

“阿谷，你讲到哪一课了？”何必老师觉得，不能单刀直入，应该迂回包抄。

“咱们的进度一样。”阿谷在判学生的作文。

“阿越呢？”何必老师慢慢向目标靠近。

“他？应该八九不离十吧？咱们用的是同一个进度表啊！”

“阿褛呢？”何必老师觉得，应该突出男女主人公。小说、戏剧都是这样。

“她可能和盛老师的一样。何老师，你是备课组长啊，怎么反过来问起我来了？你是不是想……”

“是的，我想问你一个问题。”

“正好，我也想跟你说一个事！”

何必老师知道，时机到了。

这时，办公室开了一条缝，学部干事王玲再一次探进头来：“何老师，校长找你！”

和阿谷的谈话只得中断。

走在去五楼的路上，何必老师知道，东窗事发了！

我可真幸运啊，刚入职这么长的时间，就和校长有过两次亲密接触了！回来的路上，何必老师一边下楼梯，一边自我解嘲。

越想越觉得事情没那么简单，尽管校长的口气依然和蔼可亲。校长说：“听老师和同学们说你这一段的工作表现非常好。”

何必老师心里直打鼓：校长是什么意思？从什么时候开始调查我了？他调查我的目的是什么？除了调查我以外还有谁？这其中有没有生活老师？是对新入职教师一般性的调查还是专门针对某事对某人的特殊调查？

这时校长接着说：“你刚来咱学校，对有些制度还不太了解，当然，对学生的要求你更不了解，这都是非常正常的。其他老师也不了解，包括那些已经来了一两年的同志。不在其位、不谋其政嘛！但我要说的是，其实，要是多想想的话，很多东西还是可以理解的。比如——制度。”何必老师觉得，校长说到这里，口气已经变得非常严肃，不，已经非常严厉了。尽管耳朵接收到的信号是，校长的口气仍很和气。

一定是生活老师告了我的状！何必老师断定。

这太可怕了！这么小的事都可以捅到校长那里，要是再大的话，恐怕李总就会知道了。或者，胡主席也会知道。

何必老师想着，一只脚差点儿踏空。他趔趄了一下，抓住了楼梯，幸好未崴到脚。

这个生活老师是什么模样呢？何必老师想着，进了办公室。

办公室里，大家上课已经回来了，阿谷身边还有几个学生和他亲热地交谈着什么。热热闹闹的，可何必老师的心里乱乱的，他再也没有了和阿谷单独谈谈的机会，更没有了这样的心思。

和学生热烈交流的间隙，阿谷向何必老师眨了一下眼睛。何必老师不明白，这一眨眼意思是什么？是让他别再提刚才的事？刚才他们什么也没来得及谈呀？是告诉他以后有机会再谈？是有意为之还是偶然的生理反应？

不明白。但何必老师仍然投桃报李一般，向阿谷一眨眼。

阿越接听了一个电话后，兴冲冲地跑了出去。

“砰！”一声门响后，大家抬起头来。

“遇到什么好事了吧？以前没这样过。”盛老师说。

原来，是学部干事给阿越打电话，马校长找他。

阿越到五楼校长室外的时候，校长正在屋里打电话，阿越没有敲门，耐心地站在门外等候。

阿越的一个山东老乡碰巧经过，看见阿越，很是奇怪：“阿越，干啥呢？偷听校长的悄悄话？”

“嘘！”阿越示意同乡嘴下留情。

校长终于结束了那个像澳大利亚海岸线一样长的电话。阿越上前敲门。

“请进！”马校长的声音听起来有些哑。

“噢，是姬老师！我等你半天了！”

阿越有些意外，但还是觉得很温暖。

“姬老师请坐！”校长从大班桌后出来给阿越倒水，阿越忙起身制止校长，没有向何必老师那样碰到校长的手。校长给他自己倒了一杯水，捧在手里，然后又踱回到大班桌后面。

“受学校之托，有两件事要让你知道。一件好事，一件不太好的事，你先听哪一个？”校长有意让气氛轻松。

阿越心里砰砰直跳——什么事儿呢？一下子来了两件，有好有坏，先听哪一个呢？阿越极强的口头表达能力忽然彩气球被针扎了一下，气全没了。

“我……我听您的！”有点结巴。

思忖几秒钟，校长笑着对阿越说：“我还是先让你吃那个味道不太好的葡萄吧！是关于你爱人的事。最近学校经过多番努力，还是没能给你爱人找到一个财会上的职位，学校领导让我代表他们向你表示歉意。并请你不要气馁，以后还有机会，这你可以放心。”

阿越虽然有些心理准备，因为这事情已经向有关领导反映好长时间了。阿越甚至觉得，领导已把它忘了，所以由失望而气愤，由气愤而无所谓，渐渐平复了自己。可今天亲耳听到没有机会的消息，阿越还是一时难以接受。就像一个意念中已然死过一次的人一样，总觉得对于死已经习以为常，可一旦面临危险，还是免不了恐惧。

“马校长，怎么可能呢？很多人都看见，财务室那个女同志快请产假了呀！”阿越不死心。

“姬老师，你想得太简单了呀，你们教语文的一定知道这个成语——僧多粥少，我只能给你说这么多。”

“那样的话，我到学校找李总去！”阿越口气倏然变得强硬，他霍地站起来，这才是他的性格。

马校长不曾提防，也从大班桌后站起身。

“姬老师，我理解的心情。这样吧，待我给你说了第二个问题以后，如果你觉得还有找李总的必要，我也不拦你。”校长喝了一口水，“学校经过慎重考虑，决定聘你任学校初航文学社总编辑，全权负责社里的一切事务。这可是对你的莫大信任啊，是我反复推荐才有的这个结果——也算是对那个不如意的事情的补偿吧！”

阿越心里一阵平衡，那么多语文教师，学校只选中了他，说明他在领导心里的分量，最起码也是领导对自己在M学校语文届实力的肯定！

阿越手抓得紧紧的，手心里满是汗。他知道，和妻子生活在这一亩三分地上的愿望已成为破灭的肥皂泡了。

“您放心马校长，我一定好好干。”阿越想，只要自己努力，爱人李青到这儿工作是迟早的事。

“好好好，我果然没看错你！”校长的眉毛扬起来。

看校长的余光扫了东墙上的闹钟，阿越知趣地站起来：“马校长，您忙，我走了！”

“去吧！好好干，学校不会亏待肯干的人的！”说着，校长已埋下头去。

这几天我心里烦躁极了。

前天上午第三节课，天气有些闷热，教室里又停了一会儿电，同学们纷纷拿起书当起了纸扇。先是一两个人小心翼翼地扇，边扇边不住地斜眼看正在讲课的我，当他们觉得我对这种行为无声地默许了，这种举动便像几年前的SARS病毒一样迅速在教室里传播开来。讲完课后还有十分钟下课，虽然未摆脱校长庸才和蠢才的理论，但到底还是给学生当堂留了一些时间。于是，我就安排学生写这一课的生字生词。几分钟后，当我巡视转到一个男生身边时，这个认真写字的男生猛然抬起头来，把正写的东西忽地一下掖到抽屉里，眼睛里竟然盛满了惊恐！我疑惑起来：写这样认真，还怕什么？

“请把你刚才写的东西拿出来。”我向那个男生伸出了手。

不料，那个男生满面通红，无论如何也不愿意拿给我看。

“拿出来！”我更加怀疑，莫非他在做其他科的作业？

该男生又往抽屉里掖一掖。

我生气了，我是很少跟学生生气的。我伸手把那个东西拿了出来。

我只看了纸上的字一眼，就满面通红！

我怒不可遏道：“出去！”同学们不知发生了什么，面面相觑着。只有那名男生的同桌在狡黠地笑。

男生委屈地走出了教室，这时，下课的音乐铃正好响了。

我粗暴地从背后推着男生，把他往办公室里推。后面有好几个同学在看热闹，后来被我严厉的目光阻止。

到了办公室门外，我没有让那名男生进去。

“你说怎么办吧？”我问那名男生。

男生的头勾得低低的：“老师，我错了。”

“错了？你知道这是什么性质的问题吗？”

“老师，其实，我没有什么恶意……”男生很委屈。

“这还叫没恶意？要不是我及时发现，一旦被其他人看到，你想想是什么后果？我要给你班主任说，让你回去反省几天，然后把家长叫来！”我的口气严厉得吓人。

“老师，你饶了我行吗？我挺喜欢你……的课的。”男生面色苍白。

“饶了你，就这么轻松？”我正说着，忽然看见程功向这边走过来，于是，就对这名男生说：“你先回教室吧，回头我再找你！”

“程功！你干什么，鬼鬼祟祟的！”我没好气。

程干事有些羞涩：“阿褛，我……没事转转……”

“要转到其他地方转去，别在我们办公室门前转！”

“可是……可是……这是我的必经之路呀！”程干事的伶牙俐齿变得笨拙无比。

他脸上淌着汗，手足无措的样子，显得很无助、很可怜。

“我告诉你程功，别以为昨天我值日的时候你利用职务之便给我们办公室打了个第一我就会对你怎么样！我不稀罕！”

“哪有啊，是你打扫得好嘛！”

“程干事，我奉劝你以后多干点儿正事，不要做些掏力不讨好的事！”

“还有，不要再在我住室的门把手上插花了，我尴尬，我讨厌！”

程功落荒而逃。

我怒气冲冲地回到办公室。阿越眼尖，一下子就看见了我手里拿的那张纸。

“阿褛，这是什么？”

我欲把纸放进抽屉里。

“慢慢慢，让我们瞻仰瞻仰！”阿越情绪似乎极好。

我只得拿给他看。

“哎呀！哎呀！阿褛，你真幸福！”阿越大惊小怪。

“说什么呢！人家快烦死了！”

“用的是反语修辞吧？大家过来欣赏欣赏！”除了盛老师外，人们都围过来。

这是一张精美的纸，硬硬的，纸上印着一片美丽的草地，绿绿的草，红红黄黄的花，还有一方池塘，池水清澈极了，一对青年男女并肩坐在池塘边，他们的倒影映在水里，水里还有白色的云朵。精美的纸上还用黑色碳素墨水描了一句话：“吕老师，我爱你！”字虽然稚嫩，但描得一丝不苟。

“哎呀，真是好浪漫！是程功的杰作吧？”阿越问。

“哪儿呀，是一个男生！我正想告诉他班主任，让他回家反省呢！”

“别别，可别这样！这样不人道！”阿若也给我开玩笑。

“是啊，人家学生可是一片真心呀！”阿谷的话更是露骨。

“阿褛，我觉得阿谷说得对。学生是一片真心，他们也不懂什么。此举倒是给你提升了人气！哪个女孩子不希望有人喜欢她呢！”大家纷纷表示赞同。

我笑了，有些羞涩。是啊，哪个女孩子不希望有人喜欢她呢？不管这个人是美是丑、年老还是年轻、尊贵还是贫贱，都是女孩子的资本呢！可以说，喜欢女孩子的人哪，是“韩信将兵，多多益善！”

“开什么玩笑呀阿越，讨厌！”忽然，我收住笑容，猛地把纸夺过去，放进了抽屉，并上了锁。

众人不解，又怎么啦？刚才还好好的？唉，女孩子的心哪！

我想到了刘一君，他对我不冷不热的，倒是学生上心了，还有那个程功，讨厌的、可怜的程功。

几天来，我一直在盘算着这件事：是不是跟班主任说呢？若是不了了之的话，现在“我爱你！”之类的事情已经出来了，恐怕以后不知还会发生什么出格的事情；若是追究的话，该怎么操作呢？

还有，我跟阿越“单独”待在办公室的事，发现者已经不是何必老师自己了，还有一个人。我该怎么向他们解释呢？我在办公室显得无精打采的，眉头紧锁，嘴唇紧闭，失去了往日的热情和勤快。

“程功！”阿越蓦地叫了一声，众人一看，果然见程干事在门上的玻璃后探头探脑。

“学部检查来了，大家各就各位！”阿若提醒大家。

“没事！程功检查没事。”阿越毫不在乎。

“为什么呀？”阿若不解。

“自己想去吧！”阿越向他做个鬼脸。

十五、无果的感情

看到大家的目光齐刷刷射向了自己，程功索性推开门进来，大大方方地跟大家打招呼。

“程干事，鬼鬼祟祟地干什么呢？即使是领导授意你检查各办公室的工作情况，也没必要这么神秘莫测吧？”阿越的年龄和程功相仿，开玩笑就比别人来得干脆许多。

“没有。我只是偶然路过你们门前，偶然停下步子罢了。”程功表情不太自然。

“是什么人或东西吸引住你了吗？”阿若可能觉得放过这个机会是一种错误。

“什么人？你吧！”阿若的难题被程功像蛛丝一样轻轻拂去。

程功说这句话时，不经意地往我这儿瞥了一眼。

“我？我要是能让你情不自禁地在我们办公室门前驻足停留，那我们不就成同志了吗？”阿若的嘴忽然翘起来。可能是受了阿越刺激，对程功的爱情充满好奇吧？

“是啊，我们就是同志啊，是M学校的革命同志啊，难道你不愿承认吗？”别说，程功的思维能和阿越媲美了。

我忽然抬起头来，用别人难以发现的眼神看了程功一眼，程功浑身一抖，对大家说：“不跟你们闲聊了，免得耽误你们的革命工作！”

程功打开门要走，又转过身来：“看在我和阿越谈得投缘的份儿上，我有义务向你们提供一个信息，学部有关领导对你们办公室有些看法，准确地说是对某些人有看法。欢迎大家对号入座！”

程功刚走，我的手机就响起了信息提示的铃声，我看了以后，皱了皱眉头，随即又舒展开来，立即把信息删除了。信息的内容是：“阿褛，你不要担心，和你没关系。”发信息人是程功。

我考虑再三，觉得出于为那个男生的思想和学习着想的目的，还是应该给他的班主任反映一下。于是，我就步履轻快地找到了班主任，向他讲了那个男生在课堂上不做老师布置的作业、在纸上胡乱涂画的事情，建议班主任好好调查调查，必要时可请他家长配合，对该男生进行批评教育，否则，这种毛病可能会像雪球一般越滚越大。反映时我有意略去了该男生在纸上涂抹的具体内容，但敏感的班主任还是意识到了一些什么。他表示，一定要把这件事调查清楚，以免该生犯更大的错误。

自从校长找阿越谈过话之后，阿越的情绪时好时坏。他已经清楚地知道与爱妻在同一个地方工作无望，难免生出不平之意；但同时，阿越又是一个非常开朗的、心中的阴霾容易被风吹走的人，很快就会调整过来，加之校长安排给他的那个光荣又艰巨的任务给了他力量。他在给爱妻发信息、当众发牢骚和与众人插科打诨之余，已经着手开展了文学社的工作。

阿越先是把所有的老会员召集到学部办公室里开会，中心议题有三个：一、选出新社长。由于原文学社社长已经升入高三，已不适合再担任领导职务，需要推选出选出新的社长；二、给老社员分组并选定各组组长。阿越把他们划分十个组，还印发了名单；三、制定新的文学社章程，规定今年文学社的任务；四、商讨吸收高一新社员作为文学社新鲜血液的问题。

阿越工作的时候，真是个拼命三郎的角色，真不愧为拼命三郎的同乡，令人钦佩。

要不是与阿谷的一番对话，阿越真会把这个拼命三郎永远当下去。

这天，办公室里只有他和阿谷两个人的时候，阿越忽然问：“阿谷，这个文学社总编辑是个什么玩意儿？”

“它不是玩意儿呀，难道你还不知道？虽然不是一级政府，但也是学校非常重要的一个角色嘛！”阿谷顾左右而言他。

“校长对我说，让我干这个活儿，是他极力推荐的结果，是对我莫大的信任。是这样吗？”阿越喜欢刨根问底。

“是……吧！”阿谷答得拖泥带水，这是可以理解的，由于他未受到过这种莫大的信任，自然就没有过这种经历，拖泥带水反而是真实的。阿越这样想。

“那阿谷，我想问你，你知道不知道，这个所谓的职务有没有补助？”

“据我所知，以往的文学社总编辑是没有补助的。”这下阿谷回答得很干脆。

“什么？白干？”阿越烫伤似地叫起来。

“前天学校曾经找过我，但我推掉了。”阿谷心情复杂地说。

“我上当了！我不干了！我不能被人当猴耍着玩！”阿越“啪”地把笔丢在桌子上。

大家都回来了，阿越才暂时停下发牢骚，又掏出手机，发他的信息去了。

大家都不再说话，办公室很静，闹钟的脚步升华着这种静。

忽然，办公室外的走廊里响起了脚步声和说话声，一个浑厚的男声说：“高一语文办公室，就是这儿！”于是，他敲了敲门。

“请问，吕老师是在这儿办公吗？”一个高大的男人站在门口问。

“我就是！您是……”我扭过身，对着门口。

“我是王波的家长。是来向您告别的！”

“什么……告别？王波他怎么了？”我很诧异。

“你过来说吧！”男人冲着门外。

一个细细瘦瘦的男生出现了，他就是“吕老师，我爱你！”的作者——王波。

王波慢慢上前，对我恭敬地鞠了一躬：“吕老师，我要转学了，谢谢您的教诲和宽宏大量！”

我上前扶住王波，惊异地问：“转学？为什么？”

“不为什么，您就别再问了。”王波又鞠一躬，转身就走了。

走时，王波的父亲颇有风度地代儿子向我表达了歉意，并索要我的手机号，出于礼貌，我给了他。

看着父子俩有些落寞的背影，我僵在那里。

阿越问：“这就是那个对你表达爱意的男生吧，长得还挺精神呢！”

我没有理他。此刻，我的心被自责占满了。

原来，我找王波的班主任反映了情况后，班主任对王波进行了严肃的批评，先是让王波在班里检讨，后又逼着他叫家长来把他领回家反省，这样反复折腾数次，王波就成了全班同学嘲笑的对象。尤其是王波同桌又把他受批评的“猛料”向大家公布后，王波更是觉得抬不起头。于是，摆在他面前的就只有一条路——转学。

其实，在决定转学之前，王波和他的父亲还想到了另一条路，转到其他班去，当他父子俩找到马校长，提出转班的要求以后，校长很爽快地答应了。

“没问题，我很快安排！”

王波父子很感激地走了。

可是第二天，当王波再次找到校长时，校长的口气就变了。

“不行！”校长的口气斩钉截铁。

“为什么？昨天你……”王波瞪大了眼。

“昨天我是不了解情况。”校长又恢复了往日的平和语气。

王波还想说什么，校长拍着他的肩膀说：“王波同学，我给你提个小小的建议，仅供你和你的家人参考。像你这种情况，转到其他班不是解决问题的根本办法。最好的办法是——转学。只有到另外一所学校去，才会对你有好处。你明白吗？”

“可是校长，我不想转学。”王波羞涩地对校长说。

“这是最好的办法了，你想想，同学们都知道了你的事，你在这个已经对你不利的环境里，还有心学习吗？”

不得已，王波就采纳了校长的“小小的建议”。

我觉得，王波是被我害了！我要是不把事情反映给班主任，班主任就不会让王波在全班同学面前检讨，也就不会让他请家长，当然也就不会使他在同学面前抬不起头来，就不会导致转学的后果。唉，我心情又沉重起来。

最让我想不明白的是王波离开我们办公室前说的一句话：“吕老师，我真的没有恶意，或者以后你会明白的。”他已经转学了，我们还有“以后”吗？这“以后”是什么时候？我会“明白”什么？

我笑笑，现在的孩子啊，都说大人话，人小鬼大。不管它了。

“干什么呢，唉声叹气的？”阿越注意到了我痛苦的表情和长长的叹息。

我干脆趴在了桌子上，那个孩子的面庞又浮现在面前。

“是不是觉得那个叫王波的学生转学是你的责任呀？大可不必！或者说，与你关系不大！”

我抬起头，看阿越是如何鼓捣三寸不烂之舌的。

“首先是王波的错，如果不是他写了不该写的东西，就不会如此；如果他不是在课堂上写，也不会如此；如果他写了以后不让你看到，也不会如此；你反映给班主任之后，如果班主任采取正确的方法，而不是让王波检讨、叫家长，也不会如此；如果校长同意他转到其他班，也不会如此；如果校长向王波班主任了解情况时班主任不是添油加醋地汇报，也不会如此；最关键的是，如果王波不是全免生（由于成绩好而被免除全部上学费用的学生），也不会如此！”阿越口若悬河。

“为什么王波如果不是全免生就不会如此呀？”对于阿越的分析，我频频点头称是，这个阿越，太厉害了！但我还是抓住了阿越的最后一句。我觉得，这个分析有问题：学校不是应该珍惜好学生吗？

“为什么？太简单了！”阿越又抿了抿头发，“正因为他来咱们学校没拿一分钱，所以如果他走了，学校不但不受什么损失，还会省一笔钱；可他要是一个一年交给学校两万块钱的高价生，就大不一样了！民办学校，谁敢轻易弄走一个为学校拿钱的学生呢？”

这家伙，别管他说得对不对，你都会觉得他说得有道理。我的心情好了很多。

反正，王波走也走了，也许换个环境真的会对他有益。

“谢谢你，阿越！”我发自内心地说。

由王波这件事上，我深有感触。人的心是一件最精美的瓷器啊，一不留神就会把它打碎。一旦打碎，连粘接到一块儿的可能都没有。我不由想到了程功，其实，程功这小伙子挺好的，脾气好，待人真诚，貌似很可靠的样子。可是，我的心已经被人打碎，拼接不到一起了，又如何能接受他呢？否则，如果早一点儿遇到程功，或者会是另一番样子吧？想到这儿，我脸上热起来。从这样的角度说，程功有什么错呢？毕竟，我和刘一君并没有结婚，他有追求的权利；更何况刘一君现在不知为什么，对我越发冷淡。以后或许我应该对程功好一点儿，免得再像伤了王波一样伤了他。

有机会的话，找程功好好谈谈。我暗下决心。

下班时，阿谷悄悄告诉阿越，别忙着走，他马上有事要和他说。他们要说什么呢？和我有关吗？我心里嘀咕。

十六、一节课引发的疑团

我们都走了，办公室里又只剩下了阿谷和阿越两个人。

“什么事阿谷？”阿越直截了当。

“我想跟你谈谈文学社总编辑的事。”

“怎么？你想干？”阿越逗他。

“不，我劝你干下去！”阿谷的声音没有转圜的余地。

“为什么？凭什么要我跟他白干？”

“干了对你有好处！”

“有什么好处？我看不出来。”

“最近的一点是，不会因为你辞去总编辑的职务让领导生气！远的嘛，如果你干得有声有色的，你在学校领导心目中的分量就会大大增加，这也就意味着，你爱人来学校财务上班的砝码也会大大增加！”跟阿越说话，阿谷干脆利落，毫不拖泥带水。

阿越点头，心里涌起温暖——为阿谷的关心。

“阿谷，你的意思是说，这个活儿，我他妈还非得干不可了？”

“是。如果当初没落到你头上，你就不必考虑这个问题；可现在……”

“你是不是在暗示我，这个东西就像一块石头一样偏偏砸中我了；就像一泡鸟粪一样落在我头上了？”阿越颇感委屈。

“我没这么说。也不能算是什么坏事，值得一干。”阿谷解释。

“不，我不干！”阿越又激动起来。

“我还是那句话……”阿谷看着阿越的脸。

“学校要是给我一分钱的补助，就可以证明他承认和重视了我的劳动，可现在是一分钱没有，我的劳动还有什么价值可言？”

“道理我就不给你说了，刚才已经说过。”

“我知道这个道理，也理解你的心情。可我就是心里不平衡，你知道我不是为了这几个钱！”

“我明白，阿越。我听往年的文学社负责人说过——”虽然没有人，但阿谷还是四下看了看，“虽然学校没有一分钱补助，可是，只要你想想办法，还是可以改变的。比如说……”

“你是说，这里面仍然有油水？”阿越完全没想到。

“听知情人说，社员所缴的费用——买资料的费用、印刷的费用、参赛的费用……项目可多可少，数目可大可小，谁知道呢？”

阿越的眼睛被阿谷的话点亮了。

“那——我就干？”阿越猛地挥挥手，像下了决心。

天气渐渐转凉，但由于中秋节和国庆节快到了，人们的热情反而比以前高涨。

为了迎“双节”，学部决定，抽查各班的作业！

我们办公室又忙碌起来。

于是，我们在紧张的备课、上课之余，又加入了一种工作：督促学生补作业！

所谓补作业，具体到语文这一科来说，就是作文，不外乎这样几种情形：

一、如果作文写的篇数不够，就要让全体学生补够篇数，以应对检查。怎么补呢？抄一篇现成的文章即可。当然，学生抄好后老师还要补上批语日期等。

二、如果某些学生的篇数不够，则需要具体到他本人，让他追上大部队，不能拉全班后腿。

三、如果是属于老师的问题，如老师批改不够认真，评语写得过少或没有评语，作文里面没有圈点，则由老师增加批语和圈点，批语尽量不少于六行，多多益善。

……

做如此重要的工作的间隙，阿越忽然问：“阿谷，学部所说的‘抽查’是个什么概念？”

“以往年的经验，所谓抽查指的学科的抽查。”阿谷也忙着补批语，匆忙回答。

“也就是说，有的学科不查、有的学科查喽？”我问。

“是这样。”阿若回答。

“那什么学科查什么学科不查呢？”我和阿越几乎同时问。

“现在谁也不知道。”

“有规律可循吗？”

“不好说。”阿谷似乎不想回答这个问题。

“那我就不补了，免得抽查不着遗憾。”阿越放下正补批语的笔。

“我也不补了。”我附和。

“据我观察分析，咱们语文是躲避不过的。”阿谷胸有成竹。

“为什么？莫非有什么猫腻不成？”阿越又抓住了阿谷话里的漏洞。

“据我所知，有的学科老是不抽查。因为，我见过那些学科的组长不断和有关领导出去吃饭。”阿谷慢条斯理地说。

“啊，你的意思不是说，哪个学科组长经常请有关领导吃饭就会得到很多好处吧？这也太黑了呀！”阿越大叫。

“可能是一种巧合吧！”阿谷无奈。

“何老师，咱组请过有关领导吃饭吗？”阿越问。

“没有。”何必老师老实作答。

“唉，命苦。继续补批语吧！”阿越作晕倒状。

我忽然想到这样一个问题：开学初我们组的那次聚餐，马校长之所以那么小题大做，是不是因为何必老师没有请马校参加，马校听到告密后心理失衡了？按道理讲，哪个组聚餐会彻底绕开工资的事儿不谈呢？可他们为什么都平安无事？值得深思。

果如阿谷预言的那样，高一语文作业被抽到了！

作业终于补齐并上交学部之后，大家的心情有了片刻的轻松，但随即又沉重起来。谁知道检查的结果是吉是凶呢！

生活的涓涓细流被一些小石头挡住了，原本滑滑的流动变得艰涩起来。

三天之后，阿越班的语文课代表匆匆找到阿越：“姬老师，咱班的作文学部不让抱回来！”

“为什么？”阿越跳起来。

“不知道。”

“我去看看！”阿越疾步赶往学部。

学部办公室在二楼。长且宽的桌子上，接受完检查的作业本乱七八糟地放在那里，有的班级已经抱回，剩下的已经不多。阿越仔细看看堆放的作业本，没有他们班的。

“找你班作业吧姬老师？”王玲干事笑靥嫣然。

阿越点点头。

“在五楼。”王玲神秘地向上指指。

阿越不明白，眼神里盛满了疑问。

“在校长办公室。”王玲边在电脑上打字边说。

在校长办公室？为什么？聪慧如阿越，也实在想不明白。莫非是自己班的作业质量高、批改得认真，被校长当作了典型？或者相反，被当作批评的靶子？阿越想立即到校长室把作业抱回来，但走到四楼后，他又折下来，下了一楼。

不管是典型还是靶子，都需要时间来巩固不是？既然校长好不容易让人把作业抱到他办公室了，就让它们多待一会儿吧！

办公室里，程功进来，像一片羽毛一样，悄无声息。

“阿褛不在。”阿若和程干事开着玩笑。自从观察到程功爱慕我之后，程功就成了阿若开玩笑的对象。有时候，阿若会在程功面前自称“娘家人”，告诉程功一定要注意处理娘家人的关系，程功每每都只是笑笑，似乎是信服地点点头。但这一次，程功没笑。

“我知道。我是看了她的课程表以后才来的。我找阿越。”

这时，阿越进来，头低低的。

“阿越，我是来向你告别的！”程功看着阿越笑。

阿越吃惊道：“告别？到哪儿去？”

“我爸妈想让我在他们身边工作。现在，他们终于为我联系好了一所学校。我已经在办辞职。”

阿越没说什么，既然人家已经有了新单位，且又能达成父母的心愿，他又能说什么呢？

上前，阿越拍拍程功的肩膀：“祝贺你，伙计！”

走到门口，程功对阿越说：“晚上有空吗？”

“干什么？”

“我请你吃饭。”

“不，我要为你送行！”阿越坚决地说。

检查作业的同时，教师间的听课活动也在如火如荼地进行着。

高一推荐的是盛老师，他讲的是《烛之武退秦师》；高二是校长提名的——当然非庹老师莫属，讲课内容暂时保密！

听庹老师课的那天，教室里挤满了人，走廊上也有人在探头探脑，教室实在坐不下了。为了能容纳足够多的听课者，学部决定让班里发言不积极、成绩不太好的学生到另外一个地方去自学，大概有四分之一吧，以腾出空间，但仍然容不下。不光本学科的老师一个不落，其他学科的老师也慕名来了许多，更令人觉得精神振奋的是，连学校董事会的领导和学校的执行领导都来了！入职以来，我从来没见过这么多领导，更没见过这么高层的领导，因此，置身于这么多领导和同事之中，我们都对庹老师的课充满了期待。

离上课还有三分钟——庹老师已经开始讲了，他这节课最后一节，下课后就是午餐，一般人是不会选择这节课来上公开课的。此举实在体现了庹老师非凡的气魄。

“各位领导，各位同仁，同学们，”庹老师开始讲课了，“由于内容太多，可能会晚下课几分钟，请各位领导、各位同仁和同学们做好晚点儿吃饭的心理准备！”

庹老师气定神闲，语速快慢适中，声音高低适中。底下的人纷纷点头。

接下来，庹老师非常潇洒地在黑板上写上了几个字：

赤壁赋——苏轼

没有使用学校发达的多媒体设备，全凭一张口讲。

接下来，庹老师给学生和听课的领导和老师范读了一遍课文，当然用的还是带着浓重家乡味的普通话，依然如那天茶话会上的诗朗诵一样，抑扬顿挫，疾徐有度，饱蕴感情，充满自信。底下的人频频点头称是。但在阿越听来，庹老师读得颇为瘪脚，比诗朗诵还要瘪脚多少倍。因为诗歌可以使用的口气、语速等等，散文未必适合，但遗憾的是庹老师把一篇散文创造性地用读诗歌的口气和语速演绎了出来，真是令他的鸡皮疙瘩掉了一地。

阿越不明白，为什么马校长特意点名让庹老师讲这次非常重要的公开课，更不明白盛老师讲课的时候，领导不见一个，而庹老师却受到如此优遇。阿越忽然想起那天茶话会上阿谷低声呐出的那句话：……庹老师不简单……阿越想，怎么个不简单法呢？作为一名语文老师，坦率地讲，庹老师远远谈不上出色，又不会使用多媒体，教学理念也不先进，课堂结构陈旧，课堂气氛沉闷，可阿谷为什么高度评价他不一般呢？阿越深信阿谷的话，也深信庹老师肯定有什么不简单的地方，可这种不简单在哪儿呢？

有这些念头，阿越就愈发觉得时间过得慢。教室里由于人多，一前一后两个1.5P的壁挂式空调简直形同虚设。阿越瘦，尚且热得厉害，汗流满面，真令他钦佩那些肥胖的领导。如果没有足够的爱才之心、没有礼贤下士的刘玄德精神，是坚持不了的。

更令阿越奇怪的是，庹老师作为一名老语文（庹老师本人年龄并不算大，45岁，正处于从事教育最好的年龄阶段），在这么重要的课堂上竟然出现了常识性的错误！比如，他介绍苏轼是宋代四大书法家之一，把“苏黄米蔡”中的黄庭坚换成了秦观秦少游。在介绍苏轼的哲理诗时，庹老师吟诵了苏轼的著名哲理诗句“不识庐山真面目，只缘身在此山中”，但他不知为何竟然将王安石的诗句“看似平常最奇崛，成如容易却艰辛”不露痕迹地移到了苏轼头上！遗憾的是，好像听课的人大都没有注意，或者没有听出来，或者，即便有人听出来了，也不敢怀疑权威，而在怀疑自己的知识错误。就像买了一双普通鞋，不合脚的时候，人们会怪鞋不好；但如果买的是一双名牌鞋，不合脚的时候，人们会自嘲自己的脚长得不标准。

阿越偷眼看何必老师，一看之下，他差点儿笑出声来：何必老师脸上的汗更多，T恤有几处已经洇透，皱着眉，不知是听出了庹老师的错误还是像他一样熬着时间、盼着快快下课。阿越又偷眼看了看阿谷，阿谷的脸上倒是非常平静，不显山不露水的样子，既像是司空见惯，又像是非常入神。

领导更是正襟危坐，有一位阿越不认识的领导不时地掏出纸巾揩汗。唉！这位领导何苦受这么大的洋罪呢！阿越不明白。

下了课之后，我一定向阿谷讨教一番庹老师的“不简单”！阿越兴奋地想。

终于下课了，果然像庹老师事先声明的那样，比下课铃响过的时间推迟了整整八分钟！庹老师真是料事如神！

大家带着满足的神情往楼下走，边走边议论。所谓满足，不知道是因为受到了太多的教益还是终于盼到了吃饭的时间。虽已仲秋，但中午的太阳仍然非常热，太阳满脸怪异地悬在教学楼前空旷的广场上，这种怪异更增加了它的酷热。

下午上班的时候，阿谷有课，阿越没有瞅到机会，急得什么似的。好不容易等到阿谷上完课了，阿越的心早已被一只无形的手抓挠得难以忍受了。

“阿谷，还记得吧，茶话会上你说过一句话——庹老师可不简单？”阿越耍了一个小聪明，他没有问阿谷“你记得吗？”而是将“吗”换成“吧”，以防备阿谷很自然地回答“没有啊！”“我说过吗？”之类的话。

即使是这样，阿谷仍然一脸茫然地说：“我说过吗？那天很乱，早就忘了！”

“你说过！”阿越口气强硬。

“没有吧？”阿谷申辩。

“别管你说没说过了，你就给我讲讲庹老师究竟怎么不简单吧！你知道吗阿谷，此时此刻，我的心里比当年盼初恋情人的约会还急，比现在盼李青的短信还急！”

阿谷打了个哈欠说：“有些事呀，还是不知道为好。”

“辛哥，一种药的广告是你好我也好，我化用这句广告词来告诉你：我好，你也好。现在我最好的事情就是你能解除我的疑惑。否则，我让你的耳根永远不能清净！”阿越几乎在恐吓了。

“好，我告诉你！你见没见过庹老师经常拿着手机在没人的地方打？”

“见过。不过，这能说明什么？”阿越的眼前现出庹老师清瘦的身影，在教学楼后的空地上、在操场的跑道上、在通往图书馆的幽径上，边走边接打电话，脸上漾着笑。

“能说明什么？你和爱人刚结婚不久，又是两地分居的前提下，你每天都打那么长时间的电话吗？”阿谷反问阿越。

“那哪能呢？我是长途，得多少钱呀？”阿越叫道。

“你知道庹老师的电话那端是谁吗？”

“这不废话嘛！我什么都不知道，我要是知道，还厚着脸皮问你干吗！”阿越耐不住性子了。

“想不想知道？”

“你就别卖关子了！真受不了你！还想敲我竹杠还是咋的？”

“好，我就告诉你，可是你千万要保密！”

“当然，我发誓！”阿越表情严肃，手势却幽默地故做敬礼状。

阿谷看了看我们几个，拉着阿越就往外走：“到外面说去！”

阿越只得乖乖地随着阿谷。刚拉开门，学部干事王玲正好赶到，差点儿撞个满怀。

“二位帅哥，你们想吓死我呀！”王玲惊恐加撒娇地大叫。

“美女美女，对不起对不起！”两个人慌忙道歉。

“姬老师，我奉命来找你。校长请你到他办公室抱学生的作文本。”王玲向阿越笑笑。

阿越知道，暴风雨就要来了。

“阿谷，那件事待会儿你再告诉我。”阿越脖子一梗，拿出革命志士慷慨赴死的气概，大义凛然地匆匆往校长室走去。

十七、检查作业风波

校长室很高，校长室很远，但在阿越心里，校长室是那么低，那么近。很快，阿越就走到校长室门前。

“请进！”校长熟悉的声音响起。

“姬老师啊，请坐。”阿越看见，就在校长室那个长沙发前面的玻璃茶几上，放着一摞作文本——他们班的，孤零零的，显得楚楚可怜。

“我抽查了几个班的作业，当然，各科都有，包括你班的作文。总体印象不错，学生写的次数足，书面工整，尤其是你的批语，每篇都好几行，非常认真，对学生作文的评价也非常准确，我很高兴。”校长说着，用手轻拍那摞孤零零的东西。

阿越想，看来自己班的作文是被作为好的典型留下了。和校长并肩坐在一起，阿越有些纳闷：难道自己的预感不对?

阿越看着校长的表情，什么也没看不出来。既没有喜悦，也没有怒气。校长的脸是一个异常高明的故事，看不出结局。

校长继续说：“我发现了一个东西。”说着，校长站起来，走到他的大班桌前，从桌子的右边、电脑挡着的那个地方，拿出一个本子。走回来递给阿越。

阿越看完一篇，汗毛直竖；又看完一篇，汗都下来了。

忽然，校长说：“你先找这个叫李新的同学好好谈谈。一定要稳住他，像什么都没有发生那样，千万不要让他有丁点儿察觉。余下的事情按我教你的方法处理。”然后，校长低声向阿越交待了一番。

校长的话把阿越乱纷纷的思路拉回，他慌忙点头。站起身，抱着那摞作文本向门边走。

“姬老师，等等。那本作文你别拿走，我还有用！”校长再次平静地说。

阿越心里暗暗叫苦：倒霉！苍天怎么这样没眼色，偏偏给他安排李新这样的学生？李新啊李新，你怎么偏偏在学校检查作业的时候写这些东西？校长啊校长，你怎么偏偏抽查到我班的作文？

这事该如何处理？校长的态度虽然和气，但看了这两篇作文后，他心里肯定不是和气那么简单。只不过，他的心里是一片大海，我难以走进里面，难以看清罢了。我该怎么办呢？

不能来硬的，校长安排得非常清楚；否则可能会事与愿违，甚至酿成大错！如果真是这样的话，后悔可就来不及了。阿越甩甩头，告诉自己，事情既然已经发生了，害怕是不行的，冲动更不行，那只会让自己丧失理智，错过处理问题的正确路口。可是，正确的路口在哪儿呢？

阿越想立即赶往教室、叫出李新的想法改变了，他决定，先冷一冷，先到办公室积蓄一些力量。

在办公室，阿越仍然不动声色地和我们说话、玩笑，但心里却波涛汹涌，难以遏制：

这两篇作文，一篇《写给心灵的一封信》，以书信的形式，以给自己的心灵交谈的口吻讲了对一个校长的看法。作文中，该校长不学无术，混迹于一个著名的民办学校之中，由一个平庸至极的普通老师，依靠溜须拍马之术当上了校长，在教学管理中，毫无管理艺术可言，管理方法简单粗暴，完全是一副封建家长的嘴脸，实行一言堂，关起门来做土皇帝，把学生视若自己升官发财的台阶……文章最后还作了一系列假设：如果他是董事长的话，他一定把该校长开除，最少最少让该校长去当打扫厕所的清洁工！

可以说，李新同学的文章，字字句句都充满了对马校长的映射，都在发泄对马校长的不满！

这样“可怕”的作文，马校长看了之后竟然那么平静，还安排阿越一定要谨慎处理，阿越真是钦佩！

第二篇是《我的故事》：作文讲自己是一个自闭的孩子，从小就觉得活着没有什么意义，曾经无数次想过自杀，并试图在家里的围墙上跳下来，以结束自己的生命，结果仅仅是摔断了腿。后来上了学，小学、初中、高中一路走过来，对学校的生活更是深恶痛绝，只想快点儿结束这上学的年龄。李新在作文里表示，如果自己有一支枪，自己会像马加爵一样，先杀死自己憎恨的老师和同学，然后再开枪自杀！

现在，阿越明白了，为什么校长郑重交待他，一定要谨慎处理，否则后患无穷！

更让阿越更冷汗频出的是：对于李新同学的这两篇作文，他不但事前没有发现，没有及时给当事人做任何思想工作，更没有向有关领导有过一句话的汇报，而是在作文后分别批上了大大的“认真”“以后请继续努力！”这样肯定的话！这说明什么？至少说明一个教师批改作业不认真，根本就没看学生的作文，就安下批语，这是一种什么态度？在这种态度下，如何能够干好本职工作？学生如何能够学到真正的知识？更别谈什么做人的道理了。

阿越真是恨自己：马虎！这样长长的两篇作文，这样具有不安定因素的炸弹，自己怎么能够不及时发现？

对自己的怨恨积累到一定的程度，阿越的心里甚至涌起了“死有余辜”“罄竹难书”“擢发难数”“千夫所指”之类的成语。

此时，阿越更加钦佩校长的气度了：什么叫泰山崩于前而不惊、河海决于后而如常呀？什么叫虚怀若谷、高山景行呀？校长为他做了最形象的诠释！本来，因为李青的事情阿越对校长还存有诸多不满，但看到出了这么大的事情以后，校长对他仍然非常和气，非常信任，他心里不由得涌起士为知己者如何如何的念头。他决定，按校长的既定方针办！

在马校长的运筹帷幄下，以下的事情阿越办得如阪走丸，异常顺利。

他先给李新同学的家里打了电话，说李新同学有了非常严重的疾病，这种疾病如果不及时医治的话，会害人害己。李新家人当即在电话里表示，立即赶到学校，把李新接回家！

挂上电话，阿越又以一种和时间赛跑的紧迫感快速赶到教室，叫出李新同学。告诉他，他的家人很快就来，接他回去。当李新同学奇怪地问阿越为什么的时候，阿越说，我也不清楚，到时候咱就知道了。事实上，高中生想家的念头是非常强烈的，他们的学习太过紧张，时刻都想回家歇歇，李新当然也不例外。因此，当他听说可以回家时，既怀疑又兴奋。这一点完全在马校长和阿越共同的意料之中。

接着，阿越又按照校长的授意，给生活处赵挺华主任打了电话，请他共同处理李新的事情。阿越觉得，这件事情，充分体现了他潜藏着的决断能力，干净利索，毫无拖泥带水之痕。一时间，阿越真是有点儿佩服自己了。

李新同学走了，带着他的极不安定的因素，也带走了阿越心里的担忧。看着李新和他的家长写满疑惑的脸庞，阿越忽然觉得心里颇不是滋味儿——孩子嘛，不就是一时想不开、写了两篇文章吗？难道把心里的想法写出来不比闷在心里让它们发酵或者生根发芽要好得多吗？难道一个孩子把心里的想法写在作文上，不是体现了对阅读者尤其是对语文老师的信任吗？他这种信任最后得到什么回报了呢？阿越忽然对自己产生了怀疑：自己这样做对吗？校长的面授机宜对吗？

阿越还想起，当他和赵主任亲自把李新和他父亲送出学校大门时，李新忽然问他："老师，我什么时候可以回学校呢？"还未等他答话，赵挺华主任已经替他解围："先不要想这些，回家好好休息，要听爸爸妈妈的话。好不好？"赵主任的话语异常恳切，令人不得不听。果然，李新听话地连连点头。

李新他回去了会怎样？还有，校长把李新的作文本放在他办公室做什么？他说他还有用，这种用途是什么？这件事平息之后，校长会不会对他有什么不好的看法？

阿越心里像堵了一个什么东西似的，难受，却又无以言表。

懒洋洋地回到办公室，阿越没有一丝轻松感。既不再搭理我们几个，也不再问阿谷关于庹老师电话那端是谁的问题。

站在窗前，阿越忽然发现，一下午未曾走出教学楼，竟未发现现在正在下雨。雨下得不算很大，但雨脚密密的，像他的心事；伸出手去，雨即亲密地落在他手上，将它作为自己停留的世界。虽然才是公历的九月半，但阿越却已觉得这雨凉凉的。

阿越觉得，这雨正将他的心灵淋湿。

两天以后，雨停了，出了太阳。但阿越的心里却丝毫没有晴朗的感觉。

想想李新的目光，阿越依然有一种难以排解的自责；一想到马校长对自己的宽容，以及校长不动声色处理李新这件事的大气，让阿越不由钦佩又加感激。只是他仍然放不下一件事：李新的作文本还在校长办公室，不知道校长留着它有何用途。阿越感觉到，本周的例会上，如果没有意外的话，校长将对教案和作业的检查情况进行总结，表彰先进，督促落后，甚至校长会点名表扬一些表现特别突出的老师，当然也不排除批评一些表现不佳的老师的可能。他在这次活动中的表现如何呢？阿越真的说不清楚，但从李新的作文批改上来看，足以看出他不认真，不是一般程度上的不认真，而是相当相当不认真。想到这儿，阿越又心里焦躁起来。窗外的地面上还有些湿，磁砖铺成的广场上积水未干，走过积水旁边的人还小心翼翼的，生怕踏进水中弄湿了鞋。在窗前无聊地站着的阿越看到，他们的身影清晰地映到积水里。

阿越忽然想起，李新也是全免生；接着便想起自己一段时间前阐发的理论。于是，阿越不由一阵苦笑。

9月17日，教学楼大厅黑板上又写出一条通知：

各位老师，明天上午8点钟到学校大礼堂开会。到时学校办公室组织专人签到，逾期不到者按缺课三天论处。

通知还特别指出，为了体现高中部的团结一致，展示高中部老师的风采，开会时务必统一着装。通知甚至还具体到穿学校发的哪一件工装。

十八、出人意料的专题会议

9月18日，是个星期六，因为开会，今天的休息又要泡汤了。因为据有经验的人说，这样大规模的会议往往是开到近12点的时候，下午还要讨论。

开什么会呢？大家议论纷纷。要知道，M学校规模宏大，一学期还难以召开一两次全体教职员工会议，除非有非常重大的事情，一般是以处室、学部为单位召开。

“这还不容易想到吗？”阿越头脑总是很灵活，他暂时抛弃了心里的不快——管它呢，是福不是祸，是祸躲不过！

“想到什么？难道董事长已经跟你商量过？”阿若近来喜欢和人斗嘴。的确，斗嘴能给人带来快感，尤其是胜者。

“想想明天是什么日子？”阿越不着急，用了启发诱导的方法。

“什么日子？”阿若算开了，“今天是9月17日，明天就是18日。9月18日！九一八——国难日！”阿若大叫一声。

“Very Good！恭喜你答对了！”阿越竖起大拇指。

“你的意思是说，明天召开全体教职员工大会是为了纪念九一八惨案？我看不像。”阿谷慢条斯理地说。

“说出你的理由！”阿越很自信。

“我没有理由，只是感觉。你要说是一种经验也行。前两年就没开过纪念九一八的专题会议。”阿谷的面部表情和声音表情都很平静。

“以前是以前，我们应该想到事情是每时每刻在变化着的，我们应该允许领导进步。古人云，涉足急流，抽足再入，已非前水。谁能管得住领导今年单单为纪念九一八这个不平常的日子开一次会呢？这既是学校提升教职员工爱国情怀的需要，也是申请省示范性高中的需要嘛！”阿越振振有词。

“我保留我的意见。”阿谷不和阿越较劲。

“要不然你们打个赌？”我也来了兴致。

阿若支持这个提议。

“开个会还打什么赌嘛！”何必老师笑着制止大家。

“这样吧阿谷，咱不赌钱和东西，那太俗气了不是？咱打点儿精神赌好不好？”阿越另辟蹊径。

“划出道来！”阿谷当然不示弱。

“要是我赢了，轮到我值日那天你替我，反之我替你，不管该谁替谁值日，一定要保证质量，否则下次再加罚一次。怎么样？”阿越的脑瓜果然灵活。

“一言为定！”阿谷夸张地和阿越击掌。

第二天，大家在学部通知要求的时间之前已到了大礼堂。当我们办公室的人稳稳坐在指定的位置上之后，大部队才陆陆续续地到来。

这时，我注意到，除了高中部的老师外，其他处室或学部都没有穿工装。他们穿的衣服各式各样，尤其是女同志，更是色彩艳丽，的确，他们的服装使他们更精神。顺便说一下，入职以后，学校很快就给每一位员工发了工装。所谓工装，顾名思义，就是工作场合必穿的服装，但平常工作的时候，没要求必穿，只在一些重大场合，比如开会，才要求穿，且也并不是每一个学部都作统一要求。工装共两身，一身是长袖的白衬衣，深蓝色的西裤；一身是短袖的天蓝色T恤——学校领导称之为文化衫，黑色西裤，衬衣和T恤上都印着学校的名字和广告词——M学校，清华北大的摇篮。我还注意到，会场周围并未张贴和九一八相关的标语，就连主席台上方也未悬挂与之相关的会标。我隐隐觉得，阿越的值日可能要加倍了。

大家都到齐了，大礼堂空无虚席。

8点半到了，会议还没开始，主席台上也没到一个主持的领导。

“不像是以纪念九一八为主题的会议呀？”阿越也有些怀疑自己先前的推断了。

“别慌，8点的会9点到，10点不耽误听报告。”阿越自己劝慰自己，劝慰的理由是他在公办学校时候的经验。

8：40整，主席台上来了主持会议者——全学校抓总务的副校长——罗群。“啊，不会吧，怎么是他？执行校长和主抓教学的校长呢？学校董事会的成员呢？原来都是一拨一拨的呀？”阿越几乎要大叫了！

时间在一分一秒过去，这时，阿谷忽然明白过来，他悄悄告诉阿越：“再有十多分钟会议就要开始了！”

“为什么？”阿越把手里的记录本放在腿上，问阿谷。

“如果学校领导的思路没有改变的话，我想，这次会议应该在8：58准时开始！”

“为什么？”阿越以前掌握的知识好像就剩下这么多了，而这点儿知识恰好够他用来询问阿谷。

“今天是9月18日，会议开始的时间又选在8：58，取‘就要发’‘发我吧’之意嘛！”

“原来如此！为了所谓的吉利，特意选这样的日子和时辰，迷信、浅薄、愚昧！国难日啊，可怜的国难日，竟然成了一些人发财的吉日了！”阿越悲痛欲绝。

两个人正在讨论，主抓总务的副校长开始讲话了。

“各位同事，今天把大家请到这里来，是有一个非常非常非常重要的事情需要大家付出辛勤的劳动。”总务副校长一连用了三个“非常”，看来这个会真是非常重要了。

什么？请到？还付出辛勤的劳动？到底是什么议题呀？

“大家知道，四天之后是中秋节，国庆节说话间就到了，咱们学校种的苹果也成熟了。为了赶上双节，卖一个好价钱，学校决定，从明天起，全体教职员工在工作之余积极投身到紧张的苹果采摘之中。马上散会之后，大家务必在今天上午把自己能够参与苹果采摘的时间报给所在单位的领导。每个人每周不得少于两个半天，越多越好，上不封顶。当然，我就是不讲明大家也应该有这样的心理准备，由于时间紧、任务重，以下两个周的双休日可能大家都不能在家休息了，全天候采摘苹果。散会！”讲完，总务校长即宣布会议结束，倒是一点儿都不拖泥带水。

“我是来教学的，不是来摘苹果的，为什么要让我干这样的体力活？”路上，阿越气愤地问阿谷。

“年年都这样，你习惯了就好了。其实，挺好玩的。”阿谷正在和另外几位同事边走边聊，见缝插针地回答阿越。

“学校没有专业采摘苹果的工人吗？”

“肯定有，但据说这些工人每到这时候大都被辞退了。”

“为什么？他们的采摘技术不是更熟练吗？”

“技术熟练是次要的，主要是……”

“啊，让我们采摘完全是免费的！我明白了！”

旁边，几个人议论着从阿越身边走过。

听着他们的议论，阿越好像也明白了。他知道，来到M学校，自己的身份不仅仅是一名语文老师，还是个廉价的体力劳动者，是一个棋子、一个工具，仅此而已。什么时候、什么地方需要，他就会被人在那个时候用在那个地方。

阿越觉得，这个特别而短暂的会议，真是让他大开眼界。原来只听说或者在书上读过老师和学生以学习为辅，以学军、学工、学农为主的事情，他正遗憾自己年龄小，不曾赶上，可没有想到，现在他竟然在这儿赶上这样的好时候了！

离教学楼还有一段距离，阿越就看到同事都站在大厅里，马校长站在楼梯半腰。感到人都回来得差不多了，马校长开始给讲话：“各位老师，今天的会议非常重要，大家一定要认真对待，绝不能在这样的事情上犯错误。不能给咱学部丢脸，要为高中部争光！”

校长讲着，边抬起右手比划着进行强调。

有些老师议论，似乎在表达着自己的不满。

“我知道有些老师不太理解，尤其是刚入职时间不长的老师。你现在和原来在公办单位不一样了，要适应这样的改变，否则你永远不可能成为一个民办学校的优秀员工！老板给我们拿着钱，甚至可以说，老板养着我们，我们就要绝对服从老板的领导，要听从老板的使唤。这是天经地义的事情！”校长在楼梯上口若悬河地表达着对老板的忠诚。底下，阿越和大家议论开了：“到底谁养活了谁呀？”

回到办公室，阿越仍然余怒未息：“我大学毕业，辛辛苦苦工作，倒成了吃软饭的了！真他妈的黑白颠倒！”

盛老师说：“阿越，其实，摘苹果和收学费一样，都是学校的收入，都与咱的工资紧密相关。说白了，就是自己给自己干活。想开了，你也就不再委屈了！”

“可我就是想不开！”阿越气嘟嘟的，连盛老师的账也不买了。

“要是下雨了怎么办？”何必老师问盛老师。

“下雨了当然不能采摘了。一是不能保证采摘人员的安全，二是不能保证苹果的干净和不受损伤。”盛老师入职一年了，采摘苹果已积累了一些经验。

“恐怕后一个原因应该放在前面吧！但愿老天有眼，下七七四十九天雨！”阿越接着盛老师的话头。

“那样咱们的工资发起来就危险了！”盛老师笑着告诉大家。

经过简单商量，高一语文组很快确定了采摘苹果的时间，并通过办公系统报给了有关领导。我们确定时间的原则是，尽量避开周日，这样也许可以休息一天，在办公室成员同时没课的时间里选出两半天用来摘苹果。

在这样的大是大非面前，我们办公室绝不能落于人后！

办公室有了一段紧张后的沉默，颇像风雨过去了，太阳还没有出，云彩刚刚被撕开一道窄窄的缝。

“程干事走了，大家知道吗？”看大家忽然像失去了目标似的，何必老师忽然问大家。

“啊？程功他真辞职了呀？为什么？”阿若还有点儿不相信。

“是啊，我亲眼见他在校门口坐的车，提着大包小包的。”何必老师生怕大家怀疑他。

“那样咱办公室就不那么热闹喽！阿褛，你知道程干事为什么走吗？”阿若忽然问我。我正在看书，猛不防被人一叫，吃惊地抬起头来。

“啊，什么？”

阿若这次换了种句式：“我是问你知道不知道程干事辞职的事。”

“他辞职不辞职，关我什么事？我怎么知道？”我没好气地抢白阿若。然后，关上门走了出去。

我得收拾一下自己的坏心情。程功走的时候我知道，他给我打电话了，还邀请我参加，但被我拒绝了。不是我小气，是我没有勇气。我一直认为，他的离开与我有关，是我伤透了他的心。于是，他才这样毅然决然地走了，在我已经下定了决心、即将跟他好好谈谈的时候，在我对他的好感越来越多的时候，在刘一君跟我的心理距离越来越远的时候。

“无聊。”阿越小声骂着谁。自从和程功吃过告别饭以后，他心里什么都知道，但他一点儿都不想说。

“你们知道程功为什么会辞职吗？”阿若故弄玄虚。

“因为你跟他吵架了？”阿谷打趣他。

“是因为她。”阿若努了努嘴，朝着我的桌子。

“你有什么根据？”何必老师觉得需要打击一下阿若，免得他继续嚼舌头。

“据说，我是说据说，咱们的阿褛在单身宿舍楼打过程功一个耳光，程功觉得颜面扫地，加上爱情无望，就忍痛告别M学校。”阿若口气神秘。

“你这是道听途说吧，典型的路透社风格。背后议论人是要被风吹断舌头的！”盛老师冷不防来了一句，把阿若重重噎了一下。

“信不信由你们，反正我不负责任的！”阿若看提不起大家的兴致，就埋下头去对付桌上的一本书了。

阿越眼前不由现出和程功喝告别酒时的情景来——

程功炯炯的、满含智慧的眼睛似乎含满了泪水，他口气沉重地说：“阿越，咱们是关系最铁的哥们儿了，我走之后，你不要把我刚才告诉你的事情给其他人说，尤其不要让阿褛知道，我怕她心里有歉疚！”

“这还让你安排我？我嘴上把门的多如牛毛！”酒精的作用下，阿越为了表明自己的可信，竟然把自己绕进去给骂了。

那天晚上，他们都喝多了，只有他们俩。直到快11点半了，他们才相互搀扶着从大排档上回到学校。

“幸亏当时没有阿若。”阿越有些庆幸。

阿若不吭声了，大家都各自干着自己的事情，办公室里有一点儿沉闷。

一个好奇又涌进阿越脑海：采摘苹果到底是怎样的一种情形呢？他甚至有点儿盼着摘苹果的时候快快来了。

“我们摘苹果那天可不要下雨呀！”很奇怪，好玩的阿越想法变得就是快。学校里闷得很，整天得待在办公室里，住处、办公室、教室、餐厅、厕所五点一平面，压力大得透不过气，烦都烦死了，这样的前提下马校长还不断强调工作纪律，大谈特谈高压线危险之类的恐吓话。这会是李总办M学校的初衷吗？也许苹果园里的空气要清新得多。

十九、不争气的屁股

按学部的规定，由于今年中秋节和国庆节相距九天，因此不能兼顾。加之要采摘苹果，因此，中秋节不再放假。但考虑到师生上课的时间已经很长，决定把国庆节的假由增加为十天，9月30日（星期四）离校，10月10日（星期日）返校。

今天是9月21日，星期二。上午，是我们办公室采摘苹果的时间。天公仿佛听到了那天阿越的祈祷，分外配合：天空像完全伸开了的蓝绒丝绸，平整而纯净，一块白云没有，显得高档而精致。有风，不软不硬、不热不凉的风。

采摘苹果的同事还真不少，大家步行来到苹果园里。幸亏学校离苹果园并不远，走路权当是大赛前的热身。

在苹果园前的空地上，技术人员先对我们这几十号人进行了一番简短的培训。

技术人员是个男的，四十岁左右，个子一米六左右吧，人精瘦，脸膛很黑，牙很黄，有一颗还在不说话的时候不安分地露出唇外，显出极有个性的放荡不羁。我们胡乱地站着，有的还在打打闹闹，但技术人员不管这些，自顾自说道：

“各位老师，大家都是有知识的人，按说我不该教大家什么。但俗话说隔行如隔山，还是应该强调一下为好。因为据调查，由于采摘不当，造成果台芽或残果梗刺伤梗注的很多很多，严重者甚至达到20%以上，使大量的优质果因此而变成劣质果。无意之中降低了果园收入，造成不应有的损失。因此，咱们必须按照科学的方法采摘。

“一、采摘前要充分准备：首先要准备好采果用的工具，如果篮、果筐、果梯、运输车辆等。果筐、果篮中要垫上麻袋片、蒲包或塑料泡沫等软料。果梯要牢固，高度要求能够到树顶部的果实。这些咱们已经都准备好了，不劳各位老师操心。参加采摘的人员把指甲剪短，带上手套。”

听到技术员这几句话，有人议论道：“这么麻烦！” 也有人说：“早说呀，现在剪指甲晚了！手套也没带。”也有人说：“没事找事！”

技术人员说：“剪指甲戴手套的事就免了，免得大家嫌麻烦。”

大家笑起来。

技术人员继续培训：

“二、要讲究采摘方法：苹果果实的皮很薄，稍不注意就会发生刺伤、碰伤。由于果实已经成熟，果柄与果枝很易脱离，很容易碰落、摔坏。因此，对果实一定要轻拿、轻放。采摘时用手轻轻握住果实，食指按住果柄，然后向上掀，使果柄与果枝从离层部位断开，轻轻取下果实。当果柄不断时，不要硬拉，以免将果枝（特别是果台副梢）随果实采下，要尽量少碰落树叶。摘果的要领是：“握果好像拿鸡蛋，食指压把（柄）往上掀，右手采果左手接，轻轻放入采果篮。”

说着，该技术人员还随手给大家做一个示范，他的动作非常熟练，手指也非常柔软，一举一动都拿捏得恰到好处。

然后，他又给大家讲了一些注意事项，大家纷纷点头。

开始采摘了。采摘苹果和上次开茶话会一样，以办公室为单位。大家七手八脚地领到了各种工具，阿越搬着果梯走在最前面。

我们走到一棵苹果树下，树下累累的果实让大家惊叹不已。有的果实已经成熟，红彤彤的，骄傲地挂在枝头，不论是颜色还是味道都非常诱人；更多的还泛着青色，隐身于枝叶之间。

“咱们就对付这棵，我看着这棵顺眼！”阿越把果梯架在一根粗大的树枝上。

何必老师放下果篮，就要登上果梯。

“何老师你先别忙！”我制止了何必老师。

“为什么？”何必老师有些奇怪。他是办公室主任，身先士卒是应该的也是必须的。

我笑而不答，其他人心领神会，笑起来。

其他办公室采摘苹果的战斗已经开始了。

“你要是上的话，我怕有人有意见！”阿越做着鬼脸。

“谁？谁有意见？技术人员？没有规定谁上梯子呀？”

阿越思维太具有跳跃性，难怪何必老师赶不上节奏。

“不是技术人员，是……是果梯和果树它们兄弟！”阿越夸张地晃着果梯。

“噢，我明白了，你是说我身体重，怕梯子和果枝承受不住。有道理！”何必老师恍然大悟。

“回答正确，加1000分！”阿越说着，敏捷地爬上果梯。

阿越谨慎地采摘着苹果，边采摘嘴里还念叨着技术人员强调的注意事项：

“当一个果台上有双果或多果时，采摘时要用双手，一手托住一手摘，或选最易摘的一个先采下，再逐一摘下其他果实，否则会采一落一，或全部落地。采果时要从下到上，从外向里，高处要用梯，禁止晃落或打落。阿褛，我说得对吗？”阿越很得意。

果梯摇晃着，阿越身体也随着摇晃，可阿越一点儿也不害怕。

“小心阿越，不要出师未捷身先落呀！”我提醒他。

“没事儿！我是谁呀，我身轻如燕啊！”

初时，大家采摘得非常认真、非常谨慎，严格按照那位技术人员培训的要求来采摘的。但干着干着，大家不耐烦了。

让大家不耐烦的是另外一拨人。

他们大概是果园里的人，本身就不干活，只是到处在树下转悠，或者你把他们看作监工也可以。遇到哪个人一下子摘下两个苹果，他们就大叫：“要一个一个摘！”看到有人一不小心拽断了一截果枝，他们就更大声地叫：“小心点儿，咱们要摘的是苹果，不是果枝！”尤其是看到有人一不留神使苹果脱手掉落到地上时，他们就像被谁打一耳光似地尖叫：“这可是一级果，别糟蹋了！”

于是，大家慢慢地就烦了：是啊，你们不干，我们免费给你们干，你们还指手划脚、横挑鼻子竖眼的，老子还不想伺候了呢！

从此以后，大家的态度就发生了变化：天空好像不那么蓝了，风好像不那么适宜了，苹果园的景致好像不那么好玩了，又红又大又甜的苹果也好像不那么诱人了——管它呢，反正也不是自己的，和自己有什么关系！

这样，果枝断的就多起来了，苹果不小心掉地上的事屡见不鲜了，有人更加豪放，见一个果枝上结几个果子的，不管成熟没有，一股脑摘下来，或者干脆故意连果枝都掰下来！当然，有人更绝，用一个小断枝故意在苹果上扎一下，然后放进篮子里去，有的干脆不顾苹果没有洗，就平易近人地用嘴咬上一口，然后再放进篮子里或扔到野草深处。

一个小时未过去，苹果园的气氛全变了！

这还不算那些以各种各样的方法磨洋工的事情！

特意选在国难日那天开会的领导、特意掐着钟表等待着8：58分才让会议开始的领导、时时处处想着“就要发，发我吧”的领导，有谁会想到这些呢？

这时候，意外发生了！

一阵风吹来，果梯摇晃得更加厉害。阿越由于爬得太高了，一不留神，一下子从梯子上摔下来！我一声惊呼，我的惊呼又激起了采摘苹果的其他同事的一片惊呼！阿越摔倒的很不是地方，附近碰巧没有什么野草，而是赤裸的泥土，刚下过雨不久，还颇有些湿，因此，阿越洗得干净的文化衫上沾上了很多泥土，不光摔倒的姿势不够潇洒，沾上泥土后的衣服更加重了阿越的狼狈。

要命的是，果梯压在了阿越的身上！

何必老师慌忙跑上前，将果梯挪开，阿越躺在地上，疼得呲牙咧嘴的，坐不起来了。

看到有人出了事，大家纷纷跑过来，关切地问这问那。监工也紧张地围着阿越。学部带队的张干事掏出手机，给马校长打了电话。

下面是他们的电话内容：

张：马校长，咱们学部的姬老师出事了！

马：啊？出什么事了？碍不碍事？

学校外，校长和老婆正逛超市，听到张干事的汇报，不由得把老婆撇在一旁。

从口气中，张干事听出来马校长非常着急，不，是非常焦急。

张：从果梯上摔了下来，现在还不知道伤势怎么样！

马：你怎么那么不小心哪！这下高中部可把人丢远了！

张：……（因为不是他摔下来的，所以他不知道如何回答校长的这一责怪。当然，校长的意思是，你既然是带队的领导，你怎么没有预想到这种事情呢？但情急之下，张干事脑瓜也不太灵光了）

在他们对话的时候，阿越已经被我们慢慢拉着，艰难地坐了起来。

“阿越，感觉怎么样？”何必老师担心地问。

阿越动动胳膊，没事；伸伸腿，没事；动动脑袋，好像也没什么事，本来就没摔到脑袋嘛！阿越的举动让我想起古人张仪，当被楚相国昭阳怀疑拿了和氏璧后，他死不承认，因而被打得遍体鳞伤。回到家，张仪问妻子：“我的舌头还在吗？”妻子说：“在哩！”张仪高兴地说：“舌头在就好，我的本钱还在，我就会出人头地！”

“除了一个地方疼，其他地方好像不碍事。”阿越小心地回答。

“什么地方？到医院检查一下吧！”我很担心地说。

“哪个地方？噢，这个地方还真不好意思给你说！”阿越口气转轻松，果然没什么大事。

大家松了一口气。

我们都知道，阿越说的那个地方，是屁股。摔下来时，屁股重重地落在地上，阿越虽然清瘦，但毕竟一米八的大个子嘛！

“阿越，真的，需不需要检查一下？”何必老师还是有些担心。

“就不麻烦医生了吧！”阿越没事儿似地笑道。

这时，张干事还在和校长通话。

张：马校长，您就不要担心了，姬老师已经站起来了，看起来他好像没事！

马：这就好，这就好！对了，哪个姬老师？

张：不就是那个——阿越嘛！

张干事压低了声音。

马：我猜就是他！成天毛手毛脚、跟油炸着似的。既然没什么事儿，那就继续干吧！但是，你要在语言上安抚安抚大家！

张干事唯唯答应。

张干事合上手机，笑着对大家大声喊道：“马校长让我向大家传达他对大家的亲切慰问，尤其是对姬越老师的亲切慰问！既然姬老师福大命大造化大安然无恙，咱们大家再继续干吧！”

阿越摸摸屁股，非常非常疼，甚至比刚才更疼了。这是符合医学之道的，先是由于猛地一摔，神经摔麻木了，现在又慢慢恢复了知觉。他心里充满歉意，更充满温暖，因为他的不慎摔下，让马校长为他担心，同时，又由于校长对他一个普通年轻教师的担心，才让他温暖。这温暖，将是他不仅做好苹果采摘工作、更是做好教学工作的无穷动力。

这以后，阿越爬果梯的资格被大伙剥夺了，爬果梯的高空作业任务就由阿越换成了稳重的阿谷。是啊，何必老师肥胖，盛老师年龄偏大，阿若有恐高症，我是女将，阿谷还真是最佳人选。

下午，我们组都有课，不能采摘。但苹果园的管理人员一直让我们这拨人干到下午1点才让回去。这时，又累又饿的我们连骂的气力都没有了。

第二天早晨是我们的早读辅导时间，需要5：15起床，但经过昨天上午采摘苹果的考验，我腰酸腿疼，床似乎成了一个巨大的引力场，连坐起来都困难了。

不知道他们怎么样？

二十、算不算工伤

何必老师的手机忽然响了，一看号码，是阿越的。不好！

霎那时，何必老师的身上来了劲儿，浑身的酸痛忽然像被蒸发了一样无影无踪。

他赶忙按下通话键："喂，阿越，怎么啦？"何必老师的口气非常急切，他知道，阿越肯定有麻烦，否则不会这么早给自己打电话。

"你替我给学部请两天假，我不能去上课了！"阿越显见疼得难受，声音都变了。

"需不需要到医院？"

"不用，就是屁股摔了一下，睡了一夜后痛得下不了床了。对了，不知怎么的腿也凑热闹地疼了起来。先歇两天再说吧！"

"那，好吧！"何必老师觉得，自己必须起床了。

"何老师，谢谢你！"阿越忽然说。

"谢什么，应该的！"何必老师知道阿越说的是什么。

"阿越，你现在怎么样？"李青的声音有些异样。

"青儿，什么怎么样？"阿越有些吃惊。

"你还瞒我！你不是……"李青的口气有些奇怪。

"噢，不过是屁股摔了一下。没关系，已经好多了！"阿越心里痛起来，他不想瞒李青，自己亲爱的妻子，自己朝思暮想的爱人，但他必须瞒她，他不想让她有一丁点儿担心。因此，他的口气故作轻松，但只要稍微一动弹，臀部就钻心地疼。

“阿越，我恨不得现在就飞到你身边！”李青的话让阿越心里一颤一颤的，青儿，青儿，由于我不争气，让你担心了。明天就是中秋节了，是中国传统的团圆节，他是多么盼望李青能在他身边啊，可是，又怎么可能呢？

他问李青：“青儿，你怎么知道我摔了？”

“是你们办公室的何必老师告诉我的。”李青的话语里明显带着对阿越隐瞒病情的责怪。

……

放下手机，阿越回忆着昨天晚上李青和自己的通话，回忆缓解了臀部的疼痛，回忆使阿越觉得，这次受伤使他离李青更近。李青的口气是那样温柔，李青话里的关切让他心醉，尤其是李青克制着自己的感情，但阿越还是听到或者感觉到，电话那端，李青在啜泣，她为了自己的受伤而痛苦地哭了，这都让阿越觉得幸福。但同时，阿越又觉得惭愧，觉得自己无能。自己离李青这么远，遇到什么事情难以照顾她，难以为她分担忧愁。空荡荡的房间里让李青一颗孤零零的心在承受着思念之苦，而自己对此却无能为力，自己是让李青痛苦的罪魁！他不知道自己错在哪儿了，以致让领导对他提出的让爱人进入M学校财务处的要求不予支持。莫非是自己干得不好？莫非是自己不够出色？莫非……幸福和惭愧交织，使疼痛更加剧烈，加上休息不好，阿越觉得，骨头像是散了架，竟然丧失坐起来的能力了。

何必老师是个有心人，偶然的机会里，他看到了阿越山东老家的联系方式，身为办公室主任的他觉得这个信息应该有用，就记在了自己的手机上。昨天晚上回到学校后，何必老师偷偷往阿越在山东的宅电上打了电话，接电话的是阿越的爱人李青，当他听说阿越摘苹果受伤之后，急得都快哭了。

结束和李青的对话，何必老师心里翻江倒海起来。他想起李青的话语，深深地为阿越高兴，又为这一对恩爱的年轻夫妻不能朝夕相对惋惜，为学校有关领导不能为这一对夫妻作出成人之美的举动遗憾。然后，他又想起了自己的妻子梁莉，明天就是团圆节了，可是自己却在外地。于是，他又拨通了梁莉的电话。在与梁莉的对话里，何必老师知道了梁莉的那个案子胜算很大，这是他不太关心的，他关心的是梁莉和孩子的身体状况，现在他知道了，他们娘儿俩很好，他才放了心。

匆匆忙忙来到学部办公室，何必老师向学部张干事详细讲述了阿越因受伤而不能上课的消息，并代阿越办好了请假手续。

“可是，这两天阿越的课怎么办呢？总不能让学生老是上自习吧？那样学生会不耐烦的！”何必老师忽然问到这个问题。这下可把张干事难住了。

“以往这样的情况都是让学生上自习，让人代课极为困难。别说我只是一个小小的干事，就是除校长以外的其他学部领导安排起来都意见、矛盾一大堆。”张干事面露难色。

何必老师知道，这是M学校独有的现象，其他学校多是人人抢着代其他同事的课。

M学校实行的是年薪制，老板李总的意思再明白不过，只有年薪制才能真正留住老师，才能解除老师们的后顾之忧。想法虽然好，但大家都知道这想法不符合现在的社会形势。在M学校，由于工资已经定了，学校又不愿意多开出其他额外的费用，因此大家的积极性会在教学的必需环节上大受制约：比如考试，从命题到监考到评卷都是无任何补助的，大家的热情不高。上课也是这样，比如像何老师这样的老语文，受领导错爱，担两个班的课，有的老师由于种种原因只担一个班的课，但两个班的课和一个班的课工资是一样的，甚至还没有担一个班课的老师工资高——如果他入职时年薪定得高的话。有些特殊的人物，由于种种原因一时之间没有担课，也安安稳稳、轻轻松松地拿着和担两个班语文课的老师相同的工资。这种大气候下，学部临时安排让人代课的确很难。

何必老师不明白，在竞争如此激烈的今天，M学校怎么会实行这样吃大锅饭的工资制度！

“何老师，干脆你回去想想办法，让你们组内的人辛苦一些把阿越的课上了得了！”张干事向何必老师真诚求助。

“这个……我试试吧！”

吃罢早饭，何必老师早早来到办公室，其他人也先后来到。

“阿越病了，请假两天。学部难以把他的课安排下去，就把权力下放给咱们了，让咱们代阿越上课。大家说……”何必老师果然像对张干事承诺的那样，用试探的口气给大家说这事。

“这事，学部都解决不了，咱能解决了吗？”盛老师首先质疑。

“我有课，我的课和阿越的是一样的，不能代。”阿若收拾着课本，好像要去上课的样子。

阿谷给何必老师提建议：“你试试把阿越的课和同担那个班的其他科的老师换换怎么样？”得，阿谷也间接表明了立场，何必老师也就闭上了向阿谷求助的嘴。

“给其他课老师调课更难，且不说学部不允许，即使允许，在咱们学校，人人都想早点儿按自己的计划上完课了事，有谁愿意打乱计划和别人调课呢？”盛老师说得有理。

我盯着小镜子，对何老师说：“我要不是怕镇不住学生，我就给阿越上这两天的课！”

何老师说：“阿褛，我知道你的心意。但让你代课也不合适，领导知道了也不会允许。”

本来何必老师想自己替阿越上课，但必须先跟其他课任老师调课，听了盛老师的话后就打消了这个念头：初来乍到的，就别碰这一鼻子灰了吧！

“学部遇到这样的情况，都是让学生上自习，这已经成了一条不成文的制度。既省了学部领导调课的麻烦，又不打乱其他科老师的计划，还给了学生自主学习的机会，一举多得，何乐而不为呢？”阿若说得头头是道，这可不是他的习惯。

何必老师想，看来是自己多事了。在这一亩三分地上，多事的人是要处处碰壁的。

可何必老师心里的担忧又一次涌起：这样正常吗？这样有利于学校发展吗？

唉，不在其位，不谋其政吧！

结果是，阿越的课变成了自习。

中午，大家不约而同地前往阿越的住处去看望他，顺便提着学校发的中秋礼物——月饼。不愿意代课是一回事，那是学校体制的问题，可这丝毫不影响大家对阿越的牵挂。

看到强撑着为他们开门的阿越，我们慌忙上前扶住阿越，并把他搀到床上。

“怎么样阿越，你的‘殿’部？”阿谷学一个典故中念别字的女医生的口气和阿越开玩笑。

“不好意思，我这不争气的屁股让大家操心了。请大家海‘幽’！”阿越也学阿谷的口气，故意把“海涵”的“涵”读作“幽”。

大家都笑起来。

“我的课怎么处理的？”阿越境界真高，屁股疼得不能下床还惦记着工作。

“别操心，都处理好了。”大家可不想告诉这其中的曲折。热情中的年轻人啊，谁忍心让他失望呢！

“何老师，我就算不算工伤啊？”阿越忽然想起一个问题。

“对呀，这涉及到扣不扣工资的大事呢！”阿若接着说。

何必老师难以回答，把求援的目光投向盛老师。

“这是领导应该考虑的事。”盛老师出语惊人。

“我觉得应该算！或者说，必须算！否则不就白摔了吗？”我斩钉截铁。

但是，我的回答和盛老师的回答效果是一样的。

“你要是校长就好喽！”阿谷感叹。

这时，阿越的手机响了，他的铃声是周杰伦的新歌《超人不会飞》。

“是马校。”阿越紧张起来。

“接呀，亲切的关怀来了！”大家怂恿他。

“姬老师，病情怎么样啊？”马校长在电话里关切地问。

“谢谢马校关心，我好多了！”阿越受宠若惊，拿着手机的手有些抖。

“那就好，那就好。姬老师我跟你说，养病要紧，课的事你不用操心，自有学部安排。好吗？”校长的话如三月的春风，阿越要流泪了。

接听完校长的电话，阿越更是觉得内疚、觉得自己不争气。这都下班了，校长还想着一个下属由于不小心而导致的小病，这是一种多么令人感动的事情啊!

上班以后，我要加倍……阿越暗暗报着决心。

两天之后，阿越的屁股顺利康复，又能上班了。这是一个星期五，很阳光的天气，阿越正赶上学部的全体教师例会。

这次例会，使阿越对马校长又有了新的看法。马校长是一部内容极为丰富、味道独特的书，值得阿越反复地用心地研读。

二十一、庹老师的秘密

当我们办公室的成员走进会议室时，看到会议室前面的黑板上早已用粉笔描上了这样几个大字：“M学校高中部教案作业检查暨“三课”活动总结大会。”大字分两行写成，上一行是“M学校高中部教案作业检查暨‘三课’活动”十七个字，用细细的仿宋字体写成，后面四字写在下一行，用更大的镂空黑体写出来。显得醒目、气派、庄重、严肃、一丝不苟。

会议还没有开始，大家都还在说说笑笑，没有主题的谈论，仿佛长时间不曾相见似地，大多数人的脸上不知怎么地都漾着喜气。是啊，每天都局促在一两间办公室里，大家的确很少能有在一起谈论什么的机会。看到黑板上的字，“大病初愈”的阿越心里不由打起了鼓，他似乎隐隐约约地担心什么。可一想到两天前刚接到的那个电话的口气，他又打消了自己的担心。

上课铃响过，会议开始。

今天会议的第一个议程是由学部副主任刘传义宣读教师节和国庆节这个区间内高中学部举行的教案和作业检查，以及“三课”活动中涌现的先进集体和先进个人。

我注意到，表扬的先进集体中有高二语文组，事由是教案认真规范。

“三课”活动的先进个人中，有庹老师和盛老师。

何必老师和阿越坐得近，他斜视了一眼阿越，正好阿越也在看他，两个人的眼中都蕴着疑惑，阿越的眼里还有类似愤怒的东西。

一串长长的名字宣读之后，是第二个议程，由学部主任戴委国总结这次教案作业检查及“三课”活动的优点和问题。

有意思的是，戴主任和刘主任都是东北人，东北话本来就有着自己独特的韵味，但不知怎么的，他们竟然不约而同地放弃了自己最熟悉的方言，生硬地操起了另一方言——马校长的家乡话。

最后一个议程是校长作最后总结。

校长的总结主要分三个板块：

一是教案检查中的问题。

鉴于有的备课组教案整体上认真规范、有的备课组却集体落败的情况，校长建议落后的备课组一定要积极而虚心地向先进备课组学习，取长补短，尤其是备课组长，一定要起模范带头作用，带头向先进组的组长学习。

我知道，校长这是在委婉地批评我们备课组，也是在批评何必老师，校长也为我们明确指出了学习的对象。

二是作业检查。

“我要好好谈谈作业检查。”校长重重地说。

阿越心里跳得厉害，他知道，刚才的担心要来了。

校长推了推眼镜，喝了口水，继续说：“有些老师，我指的是文科的老师，具体哪一科我不再进一步讲，批改作业极不认真，不能体现一个教师应该对学生认真负责的工作态度。突出地表现在，学生作业里有明显的错误，甚至有原则性的错误，也看不到，闭上眼睛，乱批评语。这种老师，不论你是年轻的还是年老的老师，不论你是刚毕业的还是有着丰富经验的老师，不论你是平庸的还是有才华的老师，都是不可原谅的……”

阿越头“轰”地一声，似乎什么都听不到了。

其实，校长讲完这一块内容后，还讲了第三块内容，那就是关于中秋放假的问题，但阿越像中了魔一般，什么也没有听见。

如受刑一样，阿越终于捱到了会议结束的时候。

第二块内容中，校长还对本次三课活动进行了进一步总结，还重点提到了关于多媒体的使用问题。

校长说："可悲的是，我们中的有些老师，离开了多媒体就不会上课了，每天都把大部分备课的精力放在做一个花里胡哨的课件上，似乎只有做成一个课件才是备课，而把教学法中要求的备学生、备教法、备教材等等因素放在一边。所谓上课，也不过是一张一张幻灯片地再给学生念一遍。你已经把内容都做在幻灯片上了，学生完全可以看明白，还用你念出来吗？真是六个指头挠痒痒，多那一道！从某种意义上说，我个人认为，课件非用不可的时候才用，可用可不用的时候就坚决不用！如果每一堂课都使用课件的话，是一种对资源的浪费行为。"

看大家听得不耐烦，校长又换了一种较柔和的口气说："当然，我并不是反对大家使用多媒体。学校既然安装了，并且把多媒体作为学校硬件的一种标志，就是要求大家使用，使它更好地为教学工作服务，但我要提醒大家，一定要处理好多媒体课件和口头讲解的关系！"

我想，这校长的观点够与众不同的了，自己以前怎么没看出来呢？

接下来，校长非常自然地提到了这次讲课没有使用多媒体的庹老师，给庹老师以高度的评价。

校长喝了一口水，带着高度的热情说："我建议大家有时间听听高二语文庹老师的课。他就很少使用多媒体，可是学生却很喜欢他的课，因此，他讲课的效果非常好。比如这一次上公开课，有那么多的同事和领导来听，为什么？还不是因为他课讲得好？而有些同志虽然使用了多媒体讲课，效果也并不好嘛！"

……

下午的太阳已经不热，照在人身上也不再像酷暑那样难受，但何必老师的心里却非常沉重，他沉重的不是自己和自己所在的备课组在会议上受了批评，沉重的是更大更严重的问题，他觉得，这样的问题解决与否，关乎一艘大船的生死存亡。

何必老师知道，例会之后，不仅他一个人心里沉重，恐怕全组人都是这样，有区别的仅仅是沉重的原因不尽相同而已。尤其是阿越，屁股虽然不疼了，但另一个地方却疼得更厉害，这个地方就是——心。

猛然间，何必老师心里产生一个念头，他要做一件事！

想到这儿，他心里轻快起来。

傍晚，天边的红霞渐渐消退之后，对面不远处就看不出来人是谁之时，我们几个成员同时收到了何必老师发来的短信：家庭聚会，老地方，我已恭候多时！

他觉得，既然大家都很闷，干脆就来个放松，这样或许对以后的工作有益。

坐在熟悉的环境里，何必老师想了许多。想起第一次在这里聚餐的情景，想起大家的豪饮，想起阿越的唱歌，想起“家庭聚会的第一次冠名”，想起自己大包大揽地买单，不由得哑然失笑；但想起阿谷所接的奇怪电话，想起被人告密，想起第二天校长找他谈话，想起例会上神秘的第一个问题，想起备课组教学计划的风波，又不由得皱眉。在办公室里，虽然人人性格各异，虽然难免有些不如意，虽然甚至不乏有人存在私心，但总的来说还说得过去。尽管与自己所构划的建成全校最和谐团队的宏伟愿景还有距离，但他已经看到和感觉到，大家努力之后已经有了些收效。金无足赤，人无完人，又如何苛求得来呢！

何必老师还想到了远在家乡的爱人——梁莉，想到可爱的儿子——何翀，想到日渐年迈的父亲母亲，想到……他心里时浮时沉，时忧时喜。

第二天上午上班时，何必老师觉得有些头疼，颇像感冒了的样子。他想，可能是昨夜喝酒急了些多了些，再加上夜里没有睡好吧。幸好，我那儿有感康，就拿出来让何老师吃。何必老师原本很少因为感冒吃药，而是选择和病抗争，大部分情况下都是熬好的，但看我急切的样子，就勉为其难地吃下了。

今天天气有些凉，天空灰灰的，完全不像是这个季节的天空，让人心里有些郁闷。尽管昨晚大家都吃喝得很尽兴，但过了一夜之后，那种喜悦之情又被天气破坏掉了。

阿越是最后一个来到办公室的，几乎是踩着马校长规定的“点儿”。来的时候蔫蔫的，头耷拉着，似乎昨晚的酒劲还没有过去。不用看就知道，早已站在办公室窗前的校长已经看到了阿越。顺便提一下，马校长长期以来有一个习惯，除了特殊情况以外，校长习惯早到办公室一会儿，哪怕仅仅是一两分钟。然后站在他的窗前，看着走过空旷的广场来上班的人们。大家都知道他这个良好的习惯，所以都尽量抢在他来教学楼之前来到，以免留下不好的印象。本来，学校对上班的要求已经非常高了，可不知为什么马校长又极富创意地把学校规定的上班时间提早十分钟，下班时间推迟了十分钟。

“阿越，病了吗？是不是某个地方又复发了？”何必老师一边拖办公室的地面，一边问。

“是病了。病得很厉害。”阿越回答，但听声音不大像有病缠身的感觉。

“真的？昨天不是好好的吗？”阿谷也关切地问他。

“我就不明白了，庹老师的课究竟有什么好的？我看他跟盛老师的课差得很远。为什么有那么多人赞美他，为什么校长反复表扬他？甚至他不会使用多媒体也成了被表扬的理由？这地方还他妈有没有公平了？”阿越终于按捺不住了。他说的病，恐怕就是指的这种心病吧？

“阿越，你不要因为我生气，我本人并不在意别人对我的评价。有人表扬，我不觉得高贵多少；没人表扬，我也不自卑难堪。我了解自己，你们大家也了解我，这就够了。”盛老师倒是心平气和，真是皇帝不急太监急！

阿越大概是没有得到盛老师的响应，被闪了一下，觉得有些尴尬。他忽然叫道：“阿谷，你出来一下！”说着就往办公室外走。他生硬的口气吓了阿谷一大跳，阿谷只得跟着阿越。

“怎么啦？”阿谷笑道。

“我想让你给我讲那个没讲完的故事。”阿越口气仍然很生硬，他光洁的额上青筋凸出。

“什么故事？”一个办公室一个月，阿谷仍然不适应阿越思维的跳跃。

“关于庹老师打电话！”

阿谷看看了两边，学生正在上课，老师讲课和学生回答问题的声音此起彼伏，门外的走廊里呈现一派平安的景象，阿谷未发现任何“敌情”。

“阿越，你先考虑清楚，你真想知道？”

“是！我都快急疯了！我很想了解为什么大家都对姓庹的那么偏爱！我预感到这其中一定有什么猫腻！”

“其实，有些事情还是不知道为好。”阿谷语重心长。

“你放心，就是有一天刀架在脖子上，我都不会给人说是你告诉我的！”阿越向阿谷保证。

“那好吧！”精诚所致，金石为开。阿谷下了决心。

“首先应该声明的是，这事我也是听人说的，至于可信度高低，由你自己判断。”阿谷还在做铺垫，但他的铺垫更吊起了阿越的胃口。

阿越专注地盯住阿谷。

“听人说呀，经常给庹老师打电话的是董事长李鑫媛……”

“啊？”阿越张大了嘴巴。

“再次声明，这我也是听人说的。据说他们是在一次学校组织的舞会上认识的。那天晚上，两个人偶然遇到了一起，庹老师真诚地邀请李董事长跳舞，李董事长初时以累了相推，但架不住再三相邀，只得应对。没想到，这一跳，就……”阿谷打住话头。

“庹老师连多媒体都不会，跳舞能好到哪儿去？”阿越奇怪至极。也难怪他产生这样的想法，想我们的阿越观念并不落后，爱好广泛，但对跳舞还可以算是门外汉，可是……

“要不怎么说是术业有专攻呢！再说，庹老师比你大很多，可能他年轻时正赶上全民跳舞的时候吧！”

“我明白了！正是因为大家都知道庹老师和李董事长的关系，所以领导才千方百计地抬举他，给他机会露脸，不管他露脸的结果如何都投人所好地表扬他、推崇他，借此机会以讨好比他更大的领导！”阿越觉得，他把这一段时间来的所有疑问都倒了出来。

“就是这样，你可不要随意在别人面前……”阿谷又看了看两边。

“放心啦哥们儿！”阿越高兴地拍了拍阿谷肩膀，像换了个人似地。

下课了。学生涌出了教室。他们兴奋的说笑声充满了整个走廊。

忽然，阿谷的电话响了，他一看，是自己在初中部上班的爱人王雨。

“喂！什么？刚下课，乱得很，我听不清。你别挂，我到广场上接去。”阿谷跑出大厅，到了广场。

“喂，小雨，你说吧！……啊，什么？这是真的？他妈的，他敢！”那边不知说了什么事，使一向稳重的阿谷这样激动。

二十二、庹老师

庹老师名叫庹贴，和他的名字极为一致的是，他自年轻时起就生性稳重，说话不疾不徐，办事不瘟不火，凡事以不得罪人为原则。并且因为他这个非常稀少的姓“庹”，人们诙谐地称呼他为“妥老师”或者“妥大哥”。意思不言而喻，只要他办的事，就是稳妥的；只要和他交往，也是安全的。这可是对他的最大褒扬呀！

当他在一家报纸上看到M学校一整版的招聘广告时，他就被M学校雄厚的实力深深折服了！国家级的大报呀，M学校竟然用了整整一个版面！这魄力、这财力，有几个民办学校能够匹敌？从那一刻起，他就报定了一个决心：到M学校去！

匆匆来到M学校后，他再次被学校的宏大气派深深吸引。与M学校相比，他所在的学校简直不值一提！正因如此，他心里先产生了一个疑问：这样好的学校，我能进来吗？

见到M学校主管招聘的朱校长时，他心里更加惴惴不安起来：这位校长气度不凡，谈吐优雅，他觉得自己以前从来没见过这样气度的领导，以前他的校长是说着方言的，根本不会说普通话。

他甚至在一瞬间产生了退却之意，也因为自己的唐突而惭愧。

“这位老师，您贵姓？”正当庹老师心神不安的时候，朱校长用略带着南方口音的普通话亲切地询问他。

“免贵，我姓庹。”他有些慌。

"姓何？"朱校长显然没有听清。

他又重复了一遍。然后，他的心情慢慢放松了下来，一是因为他稳重的性格，二是因为他已听出，这位朱校长是南方人，或许是他老乡呢！

为了引起朱校长的注意，他在言谈中有意引用一些语文教材上的名言名句，说实话，这些东西任意一名初中生都能背出来。果然，他使朱校长对他产生了极大的好感。

他们谈了许多。

谈话间，他大着胆子向朱校长说，自己曾被评为省里最优秀的语文老师，然后还说了一大串头衔。

朱校长的眼睛闪亮了，是他的头衔点亮了朱校长的眼睛。

朱校长轻松地说："按学校的规定，你需要讲一节课。当然，通过咱们这一段时间的沟通，我知道你肯定没问题！"

至今他还记得那次试讲的情形：

那是一个实验室，他也不知道为什么要把试讲的地方选在实验室，可能是取"实验"之意吧。台下听课的有四个人，其中一个就是朱校长。他选择的课文是《荷花淀》，选后他才觉得，这篇孙犁的诗体小说讲起来非常棘手。小说本身已经写得非常吸引人，越是这样的东西越难讲：自己读就行了，如果你讲得不好，人们还要你讲干吗呢？

其实，庹老师之所以对《荷花淀》课文搞不"妥"，是有原因的，只是庹老师本人打死也不会说这其中的原因罢了。后来如果不是通过一个女子的口愤怒地说出来，实在是鬼神莫知。

但略作思忖，庹老师决定，多引用些和课文、和作者、和写作背景一关的东西，这样或许能够更吸引人些。他自我制定了"多讲外围、课文最好不要涉及"的方案，好在有朱校长的话在先，他底气很足。

想到这儿，他心里轻松下来。

当他讲了大概十分钟的时候，朱校长忽然说："庹老师，就到这里吧！"

他愕然：难道我就这么轻易地被淘汰了？这么好的学校应该不会这草率

吧？不然……

走出实验室，朱校长随即出来。他刚想上前问朱校长是怎么回事，朱校长却上前来，拍拍他的肩膀说：“理念前瞻、知识丰富、口齿流利、表达能力超群，不愧是贵省最棒的语文老师！”

啊？庹老师的眼睛瞪得老大：就这样……通过了？

朱校长说：“你跟我来，我带你见一个人。”

他至今也不会忘记，自从见了这个人后，他的生活发生了太多太大的变化。

进入一幢楼后，他跟着朱校长三拐两拐，到了一个门前。朱校长上前敲门，敲得非常谨慎。

“请进。”一个柔和无比的女声。

朱校长先进去，示意他留在门口稍等一会儿。三五分钟后，朱校长走了出来：“庹老师，进去吧！出来以后到办公室找我。”

他惊异地进入了这个办公室。好大呀！设施好豪华呀！以前他从来没见过这么大、这么气派的办公室。当时他无论如何也想不到，他竟然会成为这个大而豪华的办公室的常客。

“你是庹老师？”柔和无比的声音问他。

他边点头边回答。

“很好，朱校长果然没看错你。他已经给我介绍了你的情况。咱们学校刚刚建立不久，各方面还很欠缺，不能跟你原来所在的学校相比，还请你包涵。另一方面，刚建不久的M学校竟然能够吸引一个省最优秀的语文老师前来，是M学校莫大的荣幸啊！”

他心里惭愧着：没想到自己随便一说，朱校长和这位好像地位更高的领导竟然都相信了！

以下该怎么办呢？

谈话中间，这位领导问了他许多问题，其中两个问题让他觉得非常奇怪，他只得如实作答。

当然，谈话中，领导还热情地告诉他，根据他的实力和地位，学校将给他按最高级别的工资标准发薪，还请他努力工作，为M学校多做些事。

他当时的激动是用任何语言都难以形容的。别说他仅仅会一门汉语，就是会十门八门语言都不能够！

从领导办公室出来以后，他想起朱校长的话。

“恭喜你呀庹老师，董事长对你非常器重，非常感兴趣，我相信她见到你后也非常高兴吧？”刚在朱校长沙发上坐下，朱校长就用了包括三个“非常”的句子和他攀谈起来。

庹老师心里一惊：董事长？她是董事长？

朱校长仿佛看透了他的心思：“是啊，她就是学校的李鑫媛董事长。”

谈了约一个小时后，朱校长忽然站起来：“我还有点儿事，今天就不和你长谈了。好好干吧！”

把自己送到门外时，朱校长又淡淡地说：“噢，有件事情按说并不重要，因为咱学校讲的是授课水平。可是……”

庹老师赶快说：“朱校长有什么要求尽管提出来。”

“也没什么大事，你几天后办入职手续的时候，需要把你的有关证件交给学校办公室存档。当然先看原件，后存档复印件。”

庹老师还记得，听了朱校长的话，他吓了一大跳：我到哪儿弄什么证件呀？

但聪慧稳妥的他是不会让自己在领导面前食言的：他告诉有关领导，因为来时仅仅是抱着试试看的态度，并未带什么证件。现在他需要回老家拿证件，争取快去快回。

在家乡，庹老师“办齐”了所需的所有证件，然后让人做旧，看起来颇像那么回事。

刚办好入职手续的当天晚上，在他的生活里发生了他做梦也想不到大事！

当晚9点多钟，办入职累了，他正要躺在学校刚分给他的大房子里休息，他的手机响了，因为还未办好本地的号，他不想接。可无奈手机长时间执著地响。他叹了口气：漫游就漫游吧！

“喂，是庹老师吗？”一个女子柔和无比的声音，熟悉又陌生。

几句之后，他心跳起来：是董事长！

那天晚上，他们通过电话约好地点以后，聊了好久。虽然刚见一面，但好像已经认识很久很久，或者在梦里已经见过很多次很多次，或者意念中早已渴盼了很久很久……从此，两个人的感情越来越浓烈，越来越分不开了。

可她为什么看上了他？他究竟何德何能？纵然个子高些、清瘦些，可毕竟已四十出头了，又如何能赢得董事长的芳心呢？

起初，庹老师百思不得其解，总是在问自己，李鑫媛是不是在利用自己驱除寡居的寂寞？她是不是为自己是省最棒的老师的谎言所动？随即庹老师就否定了自己，如此有钱又如此漂亮的女人，想找一个驱除寂寞的人还不容易？要想找，她完全可以找一个年轻威猛的呀？再说，一个省里最棒的老师又算得了什么？可一接触李鑫媛温热的身体，他就不得不相信，李鑫媛真的爱他。

其实，李鑫媛与庹老师之所以有此奇缘，是有原因的。

缘分，缘分哪！庹老师感叹道。

但同时，他又无数次告诉自己：一定要注意鑫媛的形象，因为她是M学校的法人，千万不要因为自己而败坏了如此可爱的女人的名声，否则自己就会陷于万劫不复的境地！宁肯让其他人看到的都是假象，宁肯让任何一个人都不知道他这奇异的爱情！但，爱情深入到一个人心里的时候，就极有可能表现在他脸上，不管他如何掩饰，不管他是如何稳重和富有内蕴。产生火一样炽烈的爱情的男女，不管他们故意表现得如何生分，他们的眼睛都会背叛他们！

记得那一次学校举行庆功会，李鑫媛理所当然地参加了。庆功会有一个环节是跳舞，大家都非常大方地捉对跳起来之后，他的舞瘾也犯了，克制不住了。于是，他情不自禁地走到董事长李鑫媛面前，邀请她和自己跳一曲。那时，他的心里非常激动，他太想和鑫媛跳舞了，鑫媛的身体对他的吸引力太大了，以致于他一时忘了情。

当他伸出手去、微微弓身邀请之后，不料李鑫媛非常礼貌地对他说：“这位老师，对不起，我已经累了，歇一会儿再说吧！”直到此时他才明白，他失态了！幸亏鑫媛机灵、见多识广，以大方地拒绝作为提醒他的方式，才保全了他和她的感情，否则……他不敢再往下想了。

平常，他们见面的地方多是在鑫媛那三间豪华的办公室里，办公室里面有一个套间，套间里有一张小床，非常柔软。他们在那张床上度过了无数销魂的时刻，想起来就让他骄傲，让他产生对世界上所有人说的冲动，可每一次他都克制住了。只有那一次的邀舞……

庹贴老师想，尽管鑫媛掩饰得天衣无缝，但他相信，一定有人在注意着他和她，说不定已有人从他的眼里看出些什么了……

还有，每天都必须做的工作——打电话，不就引起了许多人的怀疑吗？更让庹老师担心的是，一会儿不见两个人心里都没着没落的，长此以往又该怎么办？鑫媛是个单身女人，情况还好说，自己有家有室的又如何处理？

他自己做过多次这样的梦，他的妻子来找他了，目的不是团聚，而是提出离婚；李鑫媛已经知道他在骗她了……一梦醒来，他全身都湿透了，吓的。而他，也多次想过要与妻子离婚，但一直按兵不动。一是李鑫媛一直没有明确表达与他结婚的意思，他怕鸡飞蛋打，两手皆空；二是家里的那位实在也挑不出什么毛病，他说不出口。

长期以来，他一直被这种情绪困扰着，现在，就更像乱麻一般。因为，他和李鑫媛都陷入极端痛苦的境地：这种地下党一样的生活让他们都受不了了！唉，要是鑫媛是一个普通的女人该有多好！

这是大事。

需要特别说明的是，这件隐密至极的事可不是我特意打听的，我可不是那种八卦婆，是程功告诉我的。身为学部干事，他除了干实事以外，还听到了来自方方面面的珍贵消息。

上一段时间，因为马校长突发奇想，让不同年级的备课组互评教案，也让庹老师不知该如何办。可能是以往大家称他为“妥大哥”或“妥老师”是大错特错了，或者是自己被那件大事长期困扰，失去了冷静处理问题的能力，一时之间他束手无策。

多亏同办公室的胡老师给他出主意，才救他于水火之中。

胡老师的主意是，给高一备课组长何必打电话!

当他把何必约出来后，从何必的眼神中，他也读出了相同的内容，何必也颇为难，不知道如何给高二年级组评。看来，英雄所愁略同啊！他带些揶揄地想。

和何必约定了打分区间后，庹老师又后悔了!

首先，他觉得不该把这次教案互评看得太重，以致自乱阵脚，这充分体现了自己与所谓的“妥”已严重名不副实；其次，他独特的身份也不容他这么做。有了鑫媛的关系，在M学校谁也不能把他怎么样！教学效果如何、备课组成绩如何，按说已与他没有任何关系，有了鑫媛，他还怕什么？学校就是鑫媛的，差不多就是他的。等到他悄悄跟自己家里的那个女人离了婚，就能和李鑫媛结婚了。可是不知为什么，他就是想让自己做得好些，近乎完美更好，好像只有这样，才对得住鑫媛，只有这样才配得上鑫媛对自己的付出。否则他会觉得自己欠鑫媛的债。正因如此，他才对任何一点儿工作都非常看重，为了工作，哪怕不择手段也在所不惜。所以，他才在教案互评上乱了方寸。

是啊，要是高二年级的教案比高一普遍低，该如何是好？

看何必老师的神情，他非常赞同自己的这个提议，甚至何必脸上明显地呈现出轻松的表情。这让庹贴相信，何必一定会按他们的约定来行事。这一点他完全可以信任自己的眼光。

可是，即便如此，也一定会有个高低的，因为这个分数区间里可以有太多的变化，太多的可能。如果何必存了这样一个心思：既在约定的区间里，又打得足够低，那可就惨了！他庹贴可就自己搬石头砸自己的脚了!

该怎么办呢？

忽然，庹老师眼前一亮：就这么办!

他想得对极了，他仍然按照客观的标准打分，何必则按照约定区间打分，高二的教案肯定要远远高出高一。这就为自己这个备课组长争了光，也为鑫媛争了光。

可是一个问题又出来了：若是高一老师闹了怎么办呢？

庹老师犯了难。

思忖良久，庹老师料定：高一老师是不会也不敢闹的！

原因很简单，教案打分的结果并不公开，他们不应该知道，如果他们知道了，就说明学部有人透露；即使知道了，他们也不敢闹，因为这样就会使透露消息者受处分。进一万步说，即便他们敢闹，自己是按客观标准打分，而他们是胡乱打分，他们岂不是自取其辱？

庹老师不愧是“妥贴”，他的分析与盛老师的分析不谋而合！

想到这儿，庹老师笑了。他甚至想着让高一老师闹呢，闹得越凶越好，知道的人越多越好，越往上反映效果越明显！

但遗憾的是，学部关于作业抽查和教案互评的总结会都已开过，教案打分的事情已越来越远，高一老师竟然没有任何反应！

二十三、阿谷的难题

接完爱人的电话，阿谷恨不得把手机狠狠摔在磁砖上！

他的面前映出一个人的脸：因为盛满了淫邪，所以他的眼睛比一般人的都大、都亮；因为能说会道，甚至能把死的都说活过来，所以他的嘴唇也比一般人的要薄；因为要吸引尽量多的异性，所以他的脸色比一般人要白；因为要表明他的干练和所谓能力，所以他的鼻梁也要比一般人高耸……可以说，这是一张很俊朗的脸庞，但在阿谷的眼里，它是那样的丑恶、可憎！阿谷恨不得把这张脸踩在脚下，使劲地踩踏！

按照和妻子王雨的约定，阿谷风风火火地在初中部的餐厅楼后见到了王雨。

王雨的脸上还有泪痕，尽管她在极力压抑着，但阿谷看得出，她正被气愤和恐惧主控着。

“小雨，你告诉我，发生了什么事？”阿谷轻拢着妻子的头发，咬牙切齿。

“……”王雨没有吭声。可能，她在措词，既说明事情的经过，又不至于使丈夫暴跳如雷、做出不理智的事。

“说呀！”阿谷扳过王雨的肩膀，他的声音很大。

“阿谷，其实也没什么。今天牛峰让我进他办公室，对我说了几句让人恶心的话……”王雨声音很低。

“他妈的王八蛋牛峰！欺负其他人还不算，竟然欺负我头上来了！妈的我毁了他去！”阿谷身边正好有一棵梧桐树，他一脚踹在树上，有几片发黄的树叶落了下来。

“阿谷你别这样！这没凭没据的，你去的话，怎么跟他说？他能说会道的，说不定再反咬一口，我更难做人了！再说，他是初中部校长，咱能把他怎么样？算了吧阿谷，反正他也没把我怎么样！”王雨拼命拉住丈夫，要不是扳住了那棵被阿谷踹过的树，她恐怕早被盛怒的丈夫给拽倒了！

“小雨你别管，我男子汉大丈夫怎能咽下这口恶气！”阿谷掰着妻子死命拉住自己的小手。

“阿谷，你费尽周折才把我从老家弄过来，现在咱刚过了几天安稳日子，你要是一闹，咱的这日子就要泡汤了！他是领导，咱就忍忍吧，反正，有这种遭遇的人不止我一个！”王雨又要哭了。

阿谷沉默了。是啊，原来两个人相离一千多里，他在M学校，王雨在老家。他是经过两年的苦干，加上求爷爷告奶奶才争到了这样一个机会。学校同意给妻子一个职位，只是不能和他一起同在高中部。经过慎重考虑，他答应了。只要两个人能在一起，其他的事情以后再说吧！现在，妻子才上班一个月，王八蛋牛峰就……

如果就这样算了，自己的脸面往哪儿搁？如果让姓牛的觉得我好欺负，谁又能保证他日后不变本加厉？不行，不能就这样便宜了他！

“不行，我要向学校领导反映这个王八蛋！”阿谷忽然怒吼一声。

“你向谁反映呀？听人说，能当上学部校长的，不管以前是干什么的，现在都已经是领导的心腹，他们怎么会随随便便相信你？即使他们相信了你，又怎么痛下狠手处理他们？即使他们狠下手来处理他们，轻描淡写的处理又如何能解人的心头之恨？这样，他们继续盘踞在学校，继续当我的领导，我的日子会更难过。再说，这件事捅出去以后，我又怎么在学校做人？”王雨哀叹着。

“那就这样算了？”阿谷实在不甘心。

“以后我多留个心眼，不单独上他办公室；如果他再有这样的举动，我就给他当面一击，你看怎么样？”王雨放开了阿谷的胳膊。

“他敢还有下次！”阿谷安慰着妻子。

他觉得，这天空真他妈低，空气里悬浮着餐厅煤气的颗粒，让人简直觉得不敢呼吸了。

和王雨分别后，阿谷不想立即返回办公室，他不能让人看出他脸色不对，另外，他的激动也不能让同室的同事们知道。这种事情，任是哪个男子也会觉得是奇耻大辱，可是他，竟然这样轻轻地就放过了那个杂碎！

我没有看错，阿谷和我们五个人第一次聚餐时，他就有心事，因为按学校的习惯和领导的承诺，这一年阿谷应该升到高三的，但不知为什么，阿谷连高二都未能留成，而是退到了高一。开始时，阿谷认为领导会对他有所重用，所以才退级的，比如当个备课组长啥的，但宣布的时候却是刚来的何必老师！

那天晚上，阿谷也是一杯一杯不断地猛灌啤酒，以消解心里积久的怨气。要不是中途接到一个电话，他会喝得更多，或者会说出一些更露骨的话来。但因为这个电话，他改变了很多。

电话告诉他，他的妻子王雨开学后即可到初中部上班了！

此刻，天上，有一朵灰云，悄悄地悬在阿谷头上，一直跟着阿谷到了操场，灰灰的颜色像极了阿谷的心情。在阿谷眼里，这块灰云之所以这样紧跟着他，完全是在嘲笑他。

甚至，今天的课阿谷都没有心思上了。

随着国庆节越来越近，何必老师的心里越来越急。他在越来越急切地盼望着和梁莉的团聚，梁莉的笑脸时刻在他心里漾着，就是在上课的时候，这笑脸也会出现。于是，何必老师就用自己的定力将它暂时轻轻放到一边，可一会儿，这笑脸又来了。

阿越的情形也和何必老师相类，因为阿越最突出的表现是，这几天，他发信息的时间越来越多，有时，甚至直接打电话、长时间地打电话，再也顾不得越来越多的长途费。

沉浸在深深的思念之中的人啊，在和家人团聚的愿望行将实现的时候，反而越来越觉得时间的难捱了。

这期间，我们办公室又参加了一次为时半天的苹果采摘劳动，这次我们吸取了上次的教训，倒也没发生阿越摔疼屁股的意外事件。更关键的是，由于苹果园的管理人员也觉得不应该像上次那样不相信大家，在监工时和气了许多、人道了许多，再也不敢动不动吼大家了。因此，此次苹果采摘倒也顺利，大家到底是有文化、有素质的教师，对果农们的劳动成果也是非常珍惜的，尽管对这样的体力劳动非常排斥，但也未像那次那样可意地糟蹋苹果。

在何必老师的眼里，那红红圆圆的苹果就像梁莉和孩子的面庞，他愈加爱惜，也就使他更加重了对家的思念。

学生呢，更是如此，孩子们的自制力到底更差。课堂上的他们早已归心似箭了，一个多月不曾回家，他们的心早已飞回到父母身边。意念中，他们早已坐在香气扑鼻的餐桌旁了，长时间没有见到孩子的父母，早已为他们做好了丰盛可口的饭菜，在等着他们了。在这样的心态下，听课就难以专心致志，而变得自由散漫起来。

幸亏学部及时发现了这个问题，并在办公系统上严正指出来。

马校长的办公桌上有一个多媒体的总控制开关，只要他想听哪个教师讲课，就可以随手调到这个老师上课的教室；如果他想把那个老师的讲课内容录下来，也能够非常轻易地做到。就是依靠这先进的设备，马校长得以随时掌握学部老师上课的情况和各班学生的听课情况。难怪一位老师气愤地对同事们说：“我觉得一点儿安全感和隐私权都没有，觉得我就像是脱光了衣服在给学生上课一样！”大家听了以后都笑起来。

可他是校长，用这样的方法神不知鬼不觉地听课和录相是学校领导赋予他的权力，谁又能把他怎么样呢？除非你不上课、除非你离开M学校、除非你也当上校长，否则，你哪有自己的所谓安全感或者隐私权呢？

“你知足吧！你应该感谢学校领导的宽宏大量，感谢他们对我们的信任，没有在办公室安装上摄像头，否则……”旁边的人劝他。尽管他没有说出“否则”后面的内容，但大家都心照不宣。

这天，阿越打开收件箱，不由惊叫起来：“何老师何老师！你受批评了！”

“为什么？”何必老师吃惊地跑过去。

“这上面说，校长通过监控设备发现，某月某日某一节课上，你在讲台上讲课，底下有两个学生睡觉，但你没看到，更没提醒学生。是这样吗？”

不会呀，自己上课非常认真，学生也非常喜欢听自己讲课，应该不会出现这样的情况呀！出现这样的尴尬情况的确是何必老师绝对不能允许的，工作近十五年来，无论在哪个学校，无论是公办还是民办学校，无论教室里有没有监控探头，他都不会允许这样的情况存在。到底是怎么回事呢？

一定是搞错了！考虑再三，何必老师觉得，绝不能对这件事听之任之！于是，何必老师就给发件人——学部某领导——回复了一条意见，说明和自己有关的那条批评极有可能出现了错误。

很快，学部该领导做了如下回复：“何老师，经过认真比对，发现对您的批评一事确实出现了错误，特此更正，请您原谅。还请您继续工作，有则改之，无则加勉。”

这条回复让何必老师气不打一处来：既然是更正，就应该发给所有人，因为对自己的批评就发给了所有人，以致所有人都知道了自己上课不认真的情况，包括学校领导。要平反，当然也必须通报给所有人，而现在，这则更正仅仅发给了他一人，显然缺乏诚意和力度；二是，既然是学部出现了错误，冤枉了他，还在后面加上“有则改之，无则加勉”的勉励语，这不是暗含着怪罪自己太较真吗？

唉，人倒霉了喝口凉水都塞牙！何必老师想。

算了吧！为小事生气的人，生命是短促的。何必老师又这样自我劝慰。

公历9月29日早饭后，教学楼大厅里忽然欢声雷动！同学们纷纷涌向黑板前，看过之后，又飞快地跑开，大家奔走相告，仿佛发生了什么利好的事情。

二十四、中毒事件

因为新写出的这个通知，今天成了一个好日子。

同学们的脸上漾着浓浓的喜气，他们似乎全然忘记了学习的辛苦和一个多月未尝回家，他们的脚步因为这一个通知而变得轻松了许多，他们要急匆匆地赶到各自的教室去，以便在第一时间通知他们的同班同学。在回教室的路上，遇到其他班同学时，他们与别班同学打招呼的热情大大高于平时，声音更高于平时。而平时，即便碰见了本班同学，他们也未必打招呼。可今天，他们有这个兴致，他们的眼里，别班的同学也亲密如一家人，他们非常愿意表达出自己的这种亲密。

通知上写的是——

各位同学：

经研究决定，今天餐厅为大家免费提供晚餐，请同学们保持轶（秩）序，按量取餐，开心用餐。祝大家愉快！

学部

“老师们呢？”办公室里，阿越他们面面相觑。

“各吃各吃的呗！”大家不太相信这样的不公平。

“学生餐厅赚钱太多，因为怕引起学生们的不满，每年在一定时候都要免费提供一顿份餐，以消除学生的积怨。其实啊，羊毛还是出在羊身上！”阿谷说得很直白，好像受过什么刺激，这让我们有些不适应。

“咱们呢，教师餐厅赚钱少吗？他们不怕老师们闹事吗？”阿越不甘心。

“不怕。学生难招，老师好聘。虽然各地方教育部门把得紧，但毕竟不安分的教师还是不少的，在原单位因为种种原因混不下去的教师也不在少数，只要学校肯放低门槛，应聘者就会蜂拥而至！只不过应聘者鱼龙混杂、泥沙俱涉罢了。再说，老师们都是成年人了，不会因为这些闹事的！”阿谷说的是实话，在M这样的民办学校里，学生是上帝，老师是工具。公办学校是划片招生，教育部门已经把招生的地域分开给了公办学校了，民办学校只能见缝插针、招收一些“漏网之鱼”，或者出高价“虎口夺食”，从公办学校手里抢学生。因此，老师要是得罪了学生，吃不了要兜着走。M学校就发生这样一件事：一名学生不知因为什么，手里拿着一把笤帚追着老师骂，老师在前面跑着，十分狼狈，后面还有几个学生为这个原本已经气势汹汹的学生呐喊助威。最后，学生安然在学校上课，学校却把这位老师解聘了。因为几个坏孩子串连到一起，声称若不解聘该老师，他们就集体转到其他学校去！

“唉，鼻涕流嘴里，各吃各的吧！”我们终于看清了现实。

此时，我们都不曾料到，这次免费的晚餐，竟然是一次祸患！

晚上8点钟左右，被数学组的老师拉去、正在一个档次很高的酒店里和他们吃喝成一片的马校长忽然接到了一个电话，电话没挂，马校长就脸色煞白！

“马校，怎么啦？”数学组长高明理老师放下酒杯，紧张地问。

众人都停下喝酒，划拳的也停止了划拳，有的人手倏然停在了半空，嘴张得老大。

马校长把手机放在餐桌上，一不留神，左手竟然打翻了一杯啤酒，正好倒在了马校长的手机上面！

高明理组长眼疾手快，慌忙拿起校长的手机，先是用餐巾纸把上面的啤酒揩净，然后又将手机在自己新换的T恤上小心地擦干，递给马校长。体贴地说：“马校，有什么难事需要我们做的，您尽管吩咐。吃一顿饭不算什么，不能误了正事！”

马校长嘴唇有些发抖：“我看他是不想干了！”

“谁呀马校？”高组长恭敬地递给马校长一支“中华”。

“还有谁？张富财！”

大家都知道，张富财是学生餐厅的负责人。

马校长又打开手机，拨通了一个电话：“喂，罗校，我给您汇报个情况。咱们高中部有几个学生反映吃了餐厅的饭以后肚子疼，看样子像是食物中毒……您现在在外面？噢，我在现场，我正在处理……是是是……您放心！”

接着，马校长又拨通了主抓教学的朱校长的电话。

数学组的全体人员屏气凝神，盯着马校长。

这时，酒店服务员正要推开门上菜，被高组长用手势及时地阻止了。

马校长又拨通了一个电话：“是赵挺华吗？有这样三件事你一定给我办好！一、立即找车把肚子疼的学生送到医院，垫上钱给他们治，如果病情不严重的话，就不必要通知他们的家长。注意，要把这几个学生分开，不要让他们互相通气，让他们相信这是一个偶然的事件，是因为他们的肠胃不好才会这样，要让他们都感觉到温暖，这样他们才不会有怨恨之心。二、派几个人悄悄问问还有没有其他肚子疼的学生，马上向我汇报。三、如果有人问起，只能跟他们说学生是拉肚子，千万不能说是吃饭中毒，要严防消息扩散。明白了吗？好！好！随时保持联系！”马校长挂上了电话。

马校长松了一口气。

“马校长，学生情况厉害吗？”高组长往马校长身边凑了凑。

“张富财那个王八蛋，只顾赚钱，我看他不要命了！”马校长叹一口气，“唉，好险哪，幸亏我向罗校和朱校汇报得早，如果让他们从其他渠道先知道了，性质就大不一样了！难哪！”

“马校真是英明神武、果断过人！”另外一个年轻老师媚笑着说。

“那是！”数学组异口同声。

“马校长，下面咱们怎么办？”高组长小心地问。

“赵挺华会处理好的，各位不要担心。咱们继续！”马校长举起酒杯，颇有大将风度地说。

一个多小时以后，赵挺华给马校长打来电话，说打上点滴不久，那几名学生的肚子不疼了，也不再腹泻了。现在都正在医院和其他病人说说笑笑哩！

“挺华，你干得很好。我料定就是这样！”马校长对着手机说，似乎赵挺华就在他面前一样。

“马校，这下你应该放心了吧？来，咱们为这事庆祝庆祝吧！”高组长敏捷地把马校长的酒满上。

包间里又热闹起来……

第二天下午放学后，老师和学生都回家过国庆假期去了，放假总是令人愉快的，每一个人的心情都非常轻松。这一次国庆节，够何必老师、阿越这样的两地长期分居的夫妻好好团圆的了。尽管大家都知道，这十天所谓的假期中，只有三天是真正的假期，其余七天是牺牲的双休日，还有该放假未放的补偿。可是，沉浸在浓浓的团聚之情中的人们，又有谁在意这些呢？

放假，对于我和我的同事们来说，对于M学校所有的师生来说，是一帧最美的风景、一支最欢快的歌、一幅最美的画、一首最动人的诗……

包括昨晚上拉肚子的那几个学生，在放假的巨大兴奋中，早已忘了思考自己肚子疼的原因究竟是因为自己的肠胃不好还是因为其他的什么。一个放假，使他们的心灵得到空前的放松，给了他们最大的满足！

国庆节之后，我们刚从四面八方回到学校的第二天，刚刚到办公室，就听到一个令人震惊的消息：高中学部生活处主任赵挺华出事了！

二十五、挺花的赵主任

最先看到这件不正常事情的人是我，因为我是给马校长办公室打扫卫生的人。

说起来给马校长打扫卫生，可是个有着悠久历史的事情，也是M学校的创新之举。自M学校建成以来，由于工作上的需要，各个学部的校长办公室都由别人打扫，以便让校长能有更多的时间和精力投入工作。之所以说是创新，更因为打扫卫生的不是一般的保洁人员，而是刚招来的大学生！可能学校觉得保洁人员的素质相对较低，而让我们这些刚毕业的大学生打扫，既是对我们的锻炼，又可以增强我们与领导的感情吧。打扫卫生主要包括以下几项内容：拖地面，擦拭办公室里的所有家什比如门窗、办公桌、沙发、茶几什么的，打开水，倒痰盂等，一人值日一个月。这个月轮到我。

我发现新大陆的经过是这样的：我刚到校长办公室的时候，校长已经非常奇怪地来到了办公室，这在以往是没有过的。并且赵挺华主任也在，看到我进去，校长说，今天不用打扫了！于是我就退了出来。但只扫过一眼，我就已看出，马校长脸色铁青，而赵挺华主任勾着头，像是犯了什么严重错误的样子！

“他呀，早晚得出事！并且一出事就得是‘那’方面的事儿！”阿谷似乎对赵主任颇为了解。

“哪方面的事呀，阿谷？”阿越最喜欢刨根问底，和爱人团聚这几天后，阿越更精神了：新T恤、一丝不苟的发型、满面幸福的光彩。爱情，还真是一剂舒心的魔药呢！

可是，我的爱情呢？我想起一些不堪回首的情景。

“你们知道人们给赵大主任起了个什么诨号吗？”阿谷岔开话题。

“你就给我们讲讲他会犯什么错误吧！”阿若也心急起来。

可是，沉稳的阿谷依然按着自己的思路走，不肯轻易把重要的信息一股脑地批发给大家。一个假期的放松，也使阿谷忘了放假前发生的那件事，看来，愉悦的心情是能够驱散阴霾的。

阿谷说：“人们都叫赵挺华赵挺花。这个外号自从他来到学校当普通生活老师的时候就叫开了。”

原来，放假期间，按照学校的要求，各单位、各处室都安排了人员值班，以防止意外事情的发生。高中部生活处当然也不例外。10月3日晚，值班的是赵挺华主任和一名女生活老师李晶晶。这名生活老师刚刚二十岁，原是专科学校中文系的毕业生，因为暂时找不到好的工作，就本着骑着马儿好找马的原则，来到了M学校。这天晚上，偌大的宿舍楼里只有赵主任和李晶晶老师。到了12点左右，同处一室、渐渐无聊的赵主任，就给李老师讲起了带些“颜色”的笑话。李老师非常排斥，但考虑到人家是领导，也不敢直接阻止赵主任的笑话瘾。她能做的只能是羞涩地低下头，恨不得找一个地缝钻进去。

看李老师的羞涩模样，赵主任只当作这个柔弱的女孩子已经默许了自己的举动，胆子就不由壮起来。忽然，赵主任猛地抱住了身材娇小的李晶晶老师！并用满是胡茬的嘴寻找着李老师的嘴唇。李老师吓坏了，拼命地挣扎，猛地挣脱了赵主任的搂抱，大喊着跑出了宿舍楼。

李老师尖利的叫喊引起了在附近巡逻的保安的注意，有两个保安立即跑过来，问明了情况后，因为考虑到赵主任属于学部领导，就没有进到值班室盘问。

但这已经把赵挺华主任吓坏了！

随即，李晶晶老师就拨通了马校长的电话。

几天之后，校长上班了，就立即命令学部张干事：“给赵挺华打电话，让他到我办公室来！”

此刻，赵主任依然像我给大家讲的那样，深深地、长时间地勾着头，也不敢坐在校长的沙发上，只是局促地站在那里，恭敬地听着校长的训斥。为了充分地表示自己的痛悔，赵主任故意一改以往把两手插进裤袋里的习惯，只让它们无力地垂在两腿的外侧。如果有人仔细看的话，三十五岁的赵主任眼角还像还有泪痕，似乎刚才哭过。

马校长坐在赵主任对面的小沙发上，痛心疾首地说：“赵挺华啊赵挺华，我正想在全体教师会上表扬你，表扬你在处理学生肚子疼那件事上的突出表现，可是你在这节骨眼上竟然出了这种事！丢人啊！你真让我失望！”

“我错了，马校长，我辜负了您的殷切期望！”赵主任悔不当初。

“辜负了我的什么期望并不重要，关键是你的前途和学校的名誉！这事要是传出去的话，会给学校极坏的影响！你知道吗？你也是三十大几的人了，咋能……唉，让我说你什么好！”马校长可能是急切所致吧，一连咳嗽了几声。

“您消消气，马校长，我以后再也不敢了！”赵挺华上前一步，想扶校长一下，但最后还是退后到原处，垂下了手。

“这件事可大可小。往大了说，学校开除你、你身败名裂倒是轻的，说不定会进去！进去，你知道吗？往小了说，如果处理好了，也可能啥事没有。关键就看你的了……”

“马校长，您经验丰富，不对，您见多识广，您就给我指一条明路吧，您让我正东我不敢正西，您让我打狗我不敢撵鸡……”堂堂的赵主任都快给马校长跪下了！

“解铃还须系铃人。只要李晶晶不告你，你就没什么大事。从李晶晶只给我打电话而没有报警上，可见她也不想把事情闹得太大。至于怎么让她和她的家人不告你，你自己掂量着办吧！我就给你说这些，免得落个教唆的罪名……唉，见过犯类似错误的，没见过你这么笨的。你这样莽撞，怎么能搞好如此重要的工作哟！”马校长恨铁不成钢。

从校长办公室出来后，赵挺华反复琢磨马校长的话，越琢磨越觉得校长说得有道理。于是，心乱如麻的赵挺华忽然像暗夜里看到了一点亮光一样，看清了前面的道路！

他决定，按校长的意思办！

当天，他就央求一个和李晶晶家相熟的人，到李家说情，答应只要她家不告并且以后不闹事，他愿意给李家三万元作为精神补偿……

这场闹剧至此平息。当然，由于受到惊吓，李晶晶老师再也不愿在M学校工作。

这件事先是在一小部分人中间悄悄地传播着，后来，渐渐地被越来越多的人知道了。在我看来，赵主任只是在事情刚刚发生后的前几天里还一些不好意思，可是再往后不久，他又慢慢抬起了他高傲的头。

赵主任依然是赵主任，一如M学校一切照旧。

生活像一条河流，当流水遇到一块阻挡它前行的石头之时，可能会激起一些雪白的浪花，这些浪花给人平淡如死水的生活带来了一些振奋、一些佐料，但随即这些浪花就已消失，就像这些振奋和作料旋即化为乌有一样……

我和我的同事们的生活，即使有了这些浪花也不会太过精彩；没有这些浪花，我们生活的车轮也照旧一圈一圈地碾过。

“你还别说，赵挺华主任的名字起得还真妙。”阿越忽有一天感叹道。

“是啊，想起来他爹妈还真是卓有眼光。给自己儿子起的名字和儿子的为人配合得妙到极致。”何必老师接着阿越的话说。

“静坐当思自己过，闲谈莫论他人非。”盛老师及时提醒了我们。

我忽然想起，盛老师和赵挺华同是本地人，说不定他们还是亲戚呢！

真险！

“阿越，你的文学社进行得怎么样了？”何必老师问。

“唉，我实在不想干。但既然天上已经掉下这个馅饼了，也就勉为其难干一年吧！”阿越叹道。

我们都知道，阿越其实很努力，两个周就牺牲一次周六晚上休息的机会，亲自给文学社的社员开会，给他们鼓劲，给他们搞讲座，给他们思想上减压，帮他们树立信心。备课、上课、开会、判作业之余，阿越还要给社员们改稿，扶持他们在写作上提升水平。

听阿越说，他现在正在高一年级里发展文学社新成员，作为新鲜血液；他还说，他不想像以往的文学社负责人那样，变换名目地向社员集资以肥自己，他不愿意这样做，他认为这样做是“犯罪”，是“剥削”，是他所不齿的！

我们深信，有阿越的努力，文学社一定会向着好的方向发展！

我们的办公室里，不断有文学社的社员来找阿越——他们的总负责人，他们谈得非常开心，对文学社的发展也非常用心。他们的笑声不时回荡在办公里，他们的笑脸脸漾在人们心间。

是阿越谈到文学社时自信的口气和灼灼的目光给了我们这样的信心。

是学生们的信心进一步点燃了我们的信心。

有阿越这样有冲劲的年轻老师，每个人都有理由相信，M学校的明天一定会更加美好！

星期五下午，高中部全体教师一周一度的例会时间又到了。

第二节刚下课，我们办公室的人就习惯性地往学部会议室走去。

刚刚放假归来，大家的情绪非常好，以前开会的厌烦感觉也好像被遗忘了。

十多天不见了，大家难得有这样一个见面叙谈的机会呢！

让大家感到非常意外的是，这次会议的主题非常集中，并且这次会议由马校长一个人主持，这让大家心里松了一口气。主席台上坐的领导越多，会议时间就拉扯得越长，因为台上的领导讲话人人有份，事先把该讲的问题分开，大家各把一块讲话阵地，即便重复或者评价一下前一个或者多个人的讲话内容也行，否则就不会坐在上面。

校长说：“应学校的要求，咱们今天召开一次专题会议，什么专题呢，请大家看黑板。”

黑板上事先写上了一句话：苹果采摘总结会。我们只顾议论了，竟然没看到。

校长热情洋溢地向大家宣布：苹果采摘告一段落，即使再有成熟的苹果，也不再麻烦大家。因为学校领导非常关心大家的工作，绝不会忍心影响大家工作的。

校长说到这儿，我看到，大家的脸上都有一种庆幸。别了，惹人爱也令人恨的苹果园!

然后，校长宣布了在过去的两个周采摘苹果的活动中涌现出来的先进典型（为了防止有些先进分子看到后因自动对号入座而产生骄傲情绪，故此处将先进典型的名单从略）。

校长热情洋溢地表扬了他们高度的精神境界，并倡议大家向这些同事学习，学习他们既搞好教学本职工作、又积极响应学校号召的可贵精神。

“这些老师，是我们高中学部全体老师的骄傲！他们很好地为高中学部树立了形象，也为高中学部争得了荣誉，我代表学校领导向他们表示衷心的感谢！望这些老师戒骄戒躁，在以后的平凡而伟大的工作中百尺竿头，更进一步！”将这些掷地有声的话说完，校长带头鼓起了掌。

会议室里响起了热烈的掌声。

散会之前，校长似乎淡淡地补充了一句：“经学部研究并报学校领导组批准决定，给刚才受表扬的同志各加量化分20分，以彰显他们以大局为重的主人翁精神，并在年底的评先晋级中优先考虑。”

这次例会结束得早，散会后，大家谁都不敢提前下班，只得再次回到办公室。大家所谓的回办公室，绝不是为了办公，而是纯粹为了议论一番会议上他们感兴趣的问题。其他办公室是这样，我们办公室当然也不是化外之人。果然，刚一回到我们自己相对独立的那片小天地，阿越就问：“何老师，受到表扬的那些人怎么有那么多摘苹果的时间？”

“很简单，他们的课少呗！”我替何老师回答，一语中的。

“是啊，有的人确实担课很少，可是工资领得不少。比如受表扬的同志中就有一位，他担的是语数英之外的副科，累积起来每个周只有三节课，整天没有事，闲着也是闲着，还不如多摘几次苹果讨得些领导器重呢！”阿谷说。

大家很是感慨，我们办公室，包括刚毕业的我，都担了两班课，其中三个人还是班主任，超负荷超运转，哪有那么多的时间摘苹果呢？

“啊？副科老师每周只有三节课？怎么可能呢？太荒唐了！”阿越大叫。

“怎么不可能？咱们学校因为害怕老师流失，就库存了不少老师，以备不时之需。要是在其他民办学校，这些人根本就不存在；即使存在，他们也只是象征性地领一份工资，可咱们学校实行的是年薪制啊，所以干多干少都一样。在这一点上，咱们学校当然算是一个异数喽！”何必老师说得不虚，大家都能看到，确有一些老师只是象征性地担一些课，却领着高报酬。

“那还不爽死了呀？”阿越眼里透出羡嫉的光。

“当然爽。这样的人往往还更受领导喜欢，或者说，因为领导喜欢，所以他们才担了那么少的课。要不怎么说‘吃苦受累，领导分配’呢！”阿谷也发起了牢骚。

“唉，这种‘爽’什么时候才能降临到我头上呢！”阿越感慨。

“你要是个女同志就好喽！”阿若打趣他。

“女同志？咱们的阿褛不还是超负荷工作的机器？大学刚毕业，就担了那么重的课！”

我没接阿越的话茬。

“这是领导信任咱，是咱们的光荣和幸运！”何必老师代替我回答。

“性别无法选择，不是女同志也不用灰心。你可以用其他方法嘛！”阿若给阿越打趣。

“什么方法？快给我培训培训！”阿越显然对阿若的话很感兴趣。他身子不由前倾，呈现出一副急于受教的虔诚样。

“我也只是纸上谈兵，一次都没有试过。所以，也没有什么讲出来的价值。”阿若在卖关子。

“别谦虚呀，过度的谦虚等于骄傲！”阿越使用了孙膑大败庞涓那一招。

但阿若没有上当。他打了一个呵欠，对阿越说：“这种事阿谷知道得多，让阿谷有时间随意遛达出来一点点，就够你提升好几个层次的了。”阿若轻轻巧巧地把皮球踢给了阿谷。

“你啥意思啊阿若，你是不是在给阿越暗示我用过一些不可告人的招儿啊？我要是用过的话，我还在这儿听你废话吗？你这不会是在变相地恶语中伤我这优秀员工吧？”阿谷故意用东北口音来表达自己对阿若的不满，阿若是东北人。

“阿谷，你不要多心，我保证阿若没有这样的意思。你就给我说说呗！我也想少干活多拿工资，你就帮我实现这个美好的愿望吧！”阿越夸张地做出可怜的样子。

“那……以后吧！”阿谷只得答应。

笑谈中，何必老师总觉得什么地方不对劲儿。是啊，作为一个远近闻名的民办学校，拥有着如此先进的教学设施，竟然每天都在上演着这一出出的活剧、闹剧，又是怎么回事呢？累死累活担课、辛辛苦苦工作的人寂寂无闻，将来未必有涨工资的机会；由于空闲而比别人多摘几次苹果的人却成了明星，更可怕的是，由于他们的量化分增加了20分，为下一年的涨工资又增添了砝码。唉，什么世道！

忽然，内部电话响了，何必老师起身接听：“噢，阿越啊，他在，您请稍等。”说完，把话筒轻轻放在桌面上，示意阿越接电话。

“我的？”阿越怀疑地指指自己。

“啊？是吗？太好了！我这就去拿！”阿越高兴起来，未和我们任何人打招呼，便走出了办公室。可能是太高兴了吧，门被带得很响。

二十六、我的心事

这一段时间，我的心里盛满了事，这些事时刻在困扰着我。

国庆假期期间，我给父母打了一个电话，谎称学校有事，就不能回家了。我妈问我什么时候能回，我骗她说，只能到元旦或春节放长假时回去了。

我去了北京，当然去找刘一君。

去之前，我没有把自己的打算告诉他，原因我也说不太清楚。是想给他个惊喜？可是，冷了这么长时间以后，蓦地见到我，他还有惊喜吗？我说不准。是想给他个突然袭击，看他到底在搞什么鬼，以致于连我都忘了？我也说不准。

果不其然，火车快到站时，我给刘一君联系了一下。从他的口气里，我听出了意外，还有些许惊喜。但这惊喜太短、太微弱，似乎刚一出现便被人为地掐断了。他答应，到西站来接我，但我又听出了其中的勉强。到了车站以后，左等右等，还不见他来，我的心都等凉了，长长的盼望里，我觉得自己的心已经长出了苔藓。近两个小时后，他才来，见面也没有什么亲热地表示，只是说了一声："北京堵车厉害，你等急了吧？"就把这件事轻轻搪塞过去了。

我原本就已经越来越凉的心就像掉进了冰窟里，那个预感也随之变得越来越清晰……

我甚至怀疑，他是跟新女友一起来的，现在那个女孩就在离我们不远的地方看着我，把自己和我作着比较。

变了，一切都变了……

回想起我们原来在一起时的甜蜜时光，多么令人心跳！刘一君久久地盯着我的脸看，好像永远都看不够，然后，他动情起来，捧住我的脸，长长地亲着，亲我的唇，他的舌头那么有力、那么富有魅力，无数个瞬间里，我觉得，自己就要融化了，像冰一样；就要燃烧了，像木炭一样；就像飞了，像鸟一样……

我感到那样幸福！

夜里，夜里，多么令人难忘、令人销魂的夜啊！

刘一君在我耳边的轻轻呼唤，刘一君如火般的温存，如魔指般的爱抚，让我销魂，让我飞升，让我忘了自己身在何处；在刘一君身边的点点滴滴，都让我无数次对自己说：吕褛，你真是一个幸福的人！你一定要珍惜这份神奇的感情！

可北京之行，一切都不像我想象的那样。一切都那样平淡，一切都那样勉强，一切都在意料之外又在意料之中……

在北京，我和刘一君并未住在一起。他说，自己是跟人合租，不方便；还说，工作太忙，假期也要加班，怕影响我休息，就把我安排在一个附近的宾馆里了。

什么跟人合租、不方便？是跟新女友一起合租、不方便吧？什么工作太忙、需要加班？是和女友在床上加班吧？想想已是痛心彻骨的感觉。

果然，第二天，刘一君领着一个女孩到宾馆看我。女孩比我稍低些，但也可以算是苗苗条条的，眼睛不大，也不太有神采。看我的时候，似乎有点儿底气不足。女孩没有说话，她越不说话我越气：怎么？连跟我说话的兴致都没有吗？你不就是后来者吗？过了新鲜期，你照样会被刘一君这个没良心的甩掉！

刘一君和那女孩走后，我越想越心里不忿：你要找，就找一个比我高、比我漂亮、比我精神的呀，这种货色也能把我干下去？切，真是瞎了眼了！我也不知道这最后一个念头是骂谁，是骂以前的我自己，还是骂现在的刘一君。

谁说再远的距离也隔不断火热的感情、再长的时间也冲不淡绵长的思念？那都是忽悠人的假话！要是不信的话，看看刘一君的所作所为好了。我觉得，我的感情、我的生活就要发生可怕的改变，不，生活已经发生了可怕的改变，这改变让我措手不及、让我无地自容、让我万念俱灰！

正因如此，我对程功勇敢的追求，对陈明灿和张天然的示爱，都不敢接受、退避三舍甚至落荒而逃。原因并不仅仅是与刘一君的关系未断，而是渐渐地对有些人和事情失了信心。可这些，人们都不知道，我也不想让人知道，包括何必老师，因为他们知道了毫无裨益。

我不明白，处了那么长时间的男友、感情那么深的男友，有了那么多美好甜蜜回忆的感情，说过了一百次的铮铮誓言，怎么仅仅短短的一个暑假之后，仅仅相隔一千多里那么一点儿距离之后，就变了呢？

我真的不明白。

但老堵在心里也不是个事呀，我是不是要跟何必老师说呢？让他帮帮我？可是，他能帮我什么呢？我知道，上次他发现了我和阿越不开灯在办公室里以后，他心里一定时刻存在着一个疑问，按说我应该跟他解释一下。可是，该怎么开口呢？

然后是程功的事。谁料想，在宿舍我对程功吼那么几嗓子以后，程功就辞职离开了呢？听阿越说，程功是因为父母给他在家乡找了一个更好的工作才走的，他的父母只有他一个儿子，从小娇生惯养的，不放心他到离家远的M学校工作，才千方百计地让他到自己的身边……可程功走时不可能跟所有人说吧？这样就难免让蒙在鼓里的人说这样的话："程功那么好的小伙子，硬生生地让高一语文组的那个吕褛给逼跑了！""那是，她伤透了人家的心！其实，人家程功哪点不好呀！"更可怕的是，也可能有人说："那个吕褛呀，别看长得不咋的，就是有本事，有吸引男人的本事！……"

我能够想到这些，但我一直不想往这方面想。其实，我真想给人们说，程功辞职真实的原因是什么；给人们说，程功回到家乡工作以后，很快就把自己的新手机号发给我了，他一点儿都不怨我。然而，我怎么跟人们说呢？用什么理由跟人们说？再说，人们那么多，我能一个一个死皮赖脸地跟人解释吗？这样的话，岂不是欲盖弥彰？

我至今还记得那一幕：当我又看到住室门把手上插的一束玫瑰花时，终于忍不住了！我三步并作两步、凶狠地跑到程功门前，大喊道："程功！程功！你出来！"我的声音非常大，以前我从来没有这么大过，那里面积聚着我多日来的愤怒！

"干嘛呀阿褛？"程功正在刷牙，口齿不清地说。这都啥时候了，还在刷牙！

"你说干嘛！"我狠狠地把花塞进程功怀里。

"这是怎么回事呀？送花给我？"程功一脸意外。

"少装蒜！自己做的事自己知道！"

"我知道什么呀？"程功一嘴白沫。

"自己慢慢想去吧！"我转身就走。

"等等，阿褛，这不是我的花。真的，没有骗你！"程功抹了一把嘴。

我没理他，心想："哼，自己干的事都不敢承认，胆小鬼！"

但事后查明，果然不是程功，而是另有其人。过后，我很快就给程功真诚地道了歉，程功笑嘻嘻地表示没什么。男人嘛，就要别人对自己狠一点儿。

这样的事情，又有多少人知道呢？可是，这些不明真相的人会说、会传播、会中伤我。

还有烦恼的事。

教高二数学的陈明灿和高一生物的张天然，也补了程功的缺，近乎疯狂地对我进行轰炸，让我不由产生明枪易躲、暗箭难防的感觉。上次的那束花，便是陈明灿的杰作。不知他受了程功的启发还是自学成才，最有可能的是，他看到下载的Flash打不动我，就动真格的了。

还有和阿越的事。那两个傍晚，怎么那么巧，竟然分别让何老师和阿谷看到了，这下，自己该不该解释？在何时解释？如何解释呢？虽然已经过去了不短时间，虽然有些悬念已经揭开得差不多了，但如果自己不加任何解释的话，难保何老师和阿谷心里仍留存着一些疑惑。

还有……还有盛老师，我隐隐觉得他对我有点儿那个。他经常为我擦桌子，其实并不该他值日，且只擦我一个人的；看我的眼神也和其他人不一样，但又不像是长辈看晚辈；在人前对我的称赞明显带有浓重的感情色彩，甚至可以归为“……人眼里出西……”的范畴。怎么可能呢，无论从哪个方面？任其发展吧，怕最后局面不可收拾；把事情说透吧，又怕男人的自尊受不了。该怎么办呢？

还有王波的事情，自己原本没打算对王波怎么样，他毕竟是个孩子，他毕竟没有恶意。可是，结果怎么变成那样了呢？一个好学生走了，带着无限的遗憾，也带着我的歉疚……

别人说我是一个文静的女孩子、一个稳重的女孩子、一个老成的女孩子，我自己一直为这些评价感到骄傲，认为这是对我的称赞和肯定。可现在，我却越来越觉得，这似乎不是称赞，而是讽刺；不是肯定，而是打击。

二十七、阿越精彩的讲座

又到了双周的星期六，按照初航文学社的计划，本周六晚上7：00，是文学社集体活动的时间，有了昨天的那个电话，阿越决定，给学生开一个讲座。

“何老师、各位，欢迎今天晚上7：00光临我们文学社会场！”阿越兴奋地向我们发出邀请。

大家都没有吭声。是啊，M学校一直都是这样的习惯，无论你做了什么，哪怕是监考、评判试卷呢，也没有任何补助，更何况这微不足道的文学社例会！学校实行的是六天半工作制，只有周日下午不上课，除此以外就剩下周六晚上和周日早晨可以轻松一下，每一个人平常都那样紧张，好不容易盼到了星期六，大家都可能早就排好了自己的计划，又怎能甘心被阿越的讲座轻易打乱呢？

阿越见没有回应，不出尴尬起来。

“阿越，我晚上没事，我应邀隆重出席！”为了缓和气氛，何必老师故意用幽默的口气说出来。

“我……也去吧！”我说。虽然我微不足道，给阿越捧捧场嘛。

其余三位方才松了一口气。

晚上，我们来到五楼会议室（其实就是高中部的会议室）。嗬！人还挺多！大家都来得很早，都整整齐齐坐着呢！足见对这次会议的重视，也足见阿越走马上任后努力的成效。见到这种情形，我莫名其妙地激动了起来，似乎要给学生作讲座的不是阿越而是我！

这时，我看到了会议室后面赫然坐着一个人——马校长！此刻他正和蔼地笑呢！

“你们赏光接受了我的邀请后，我突发奇想，就接着邀请了马校长——当然是有私心的，为我的讲座增添点儿人气嘛！你们不会怪我吧？”阿越满面红光的，一双不大的眼睛像两汪深深的潭。

“怎么会呢？我们荣幸还来不及呢！”何必老师拍拍阿越肩膀。其实，我心里有点儿不舒服，但也不知为什么。是啊，和校长同来参加这个会，是我们都没想到的。

阿越的这次讲座非常成功。回到住处以后，我还在回忆讲座的一幕幕：同学们求知的眼睛、时而肃穆时而崇拜的表情、热闹的场面、经久不息的掌声……我觉得，阿越出任文学社总负责人，是真正找准了自己的位置。当然，领导让阿越任这一重要职务，也显示了他们的眼光在这点上还未被阴翳蒙蔽。

阿越讲座的题目是“一个跋涉者的真情告白”——题目很有鼓动性，颇能吸引人的注意，也能走进听众的心灵。特意用了一个热播电视剧的名字作为题目的一部分，颇有匠心。阿越没少下功夫！

更重要的是，阿越引用了自己在文学上不懈奋斗的经历和感受，更能引起社员们的共鸣。在他们的心里，似乎正跋涉着一个清瘦而高大的形象，这形象一刻不停地走着，不管是白天还是深夜，无怨无悔地走着。阿越讲到这一部分时，有些女生的眼里闪着晶亮的泪花。

最后一部分，阿越似乎是用极为平淡的口气，给大家讲了一件新近发生的事——讲到这里，听众的耳朵都竖立起来，屏气凝神地等待着下文。

“昨天下午接近下班的时候，我接到了一个电话……”阿越停了停，抿了一下头发，继续平静地说，“是学校传达室打来的，说我有一篇小说在《少男少女》上发表了。我给大家讲这个事情，并不是想表达我的得意。如果你非要觉得我有些得意的话，我只能说，我得意的是以下两个方面——我的心是和大家离得很近的，因为我有一颗年轻的心甚至是童心，这可以从《少男少女》这样的杂志愿意用我的作品上看出来；其次是我觉得我刚才给大家讲的我的故事不是凭空捏造，这件事恰恰证明了我这些话真实性！”

会场里爆发出雷鸣般的掌声，这掌声持续了足足三分钟，惊得会议室附近教室的学生都纷纷伸出头看。

这些文学社的学生真可爱！阿越真了不起！

但我看到了这么一件小事，这件小事让我觉得大煞这次讲座的风景，不说出来又觉得憋得慌。我不能因为它牵涉到一个有着特殊身份的人、一个许多人都认为德高望重的人就隐瞒不说。

这件事是，在阿越深受欢迎的讲座上，马校长先是两次长时间地打手机，后又打起了瞌睡，有一次校长的头还差点儿磕在前面的桌子上。

我坐得离校长比较近，他压低声音接电话，我还是听到了一些，再加以想象补充完整的。接听的都是学部主任戴委国的电话，电话里，戴主任喊校长出去吃饭，戴主任还说，时间太早的话怕对马校长影响不好，因此拖到现在。但校长说，去不成了，因为他现在正在听阿越的讲座。

“阿越？噢，就是那个小年轻吧？文学社的辅导老师？他会讲什么，还敢耽误您周末放松？”戴主任不胜奇怪。

“既然来了，就得坚持听完嘛！要不然恐怕大家要议论我摆架子了。现在老师和学生都看着呢！”校长有些无奈，酒香飘来的位置很远，又似乎很近。

“那您还得多长时间？我们等着您！”戴主任口气不由分说。

“唉，看来还得一会儿，他热情正高着呢！正讲到他发表一篇文章的事。……发在……让我想想……好像是叫什么男什么女上吧？我也不太熟悉这样的杂志……对，就是《少男少女》！你说什么地方不好发，偏偏发在这上面！是啊，语文方面的专业杂志多了。唉，你们先进行吧，我没准儿……”

然后，校长轻轻摇着头，挂上了电话。

第二天上午，阿越显然还没有从昨晚的成就感中走出来。他步履轻快，语速轻快，思维更加敏捷，和大家谈论的热情也更高。当然了，下午就要有一段宝贵的休息时间了，谁都会心情轻松的。

“阿越，真有你的，我都被你感动了！以后我也得在你的指导下努力在写作上下功夫了！”我放下手里的书，笑着称赞阿越。

“不，阿褛，我还要感谢你们的捧场呢！不然的话，我哪有精神讲那么带劲儿！”阿越非常真诚。

“是啊阿越，没想到你还有这一手！当初美国黑人要是能听你的讲座，恐怕早就解放了，也用不着老马他老人家操心了！”何必老师心情也很好。

“哪个老马呀？”我不明白。

“马丁•路德•金呀！”何必老师坏笑。

阿谷、阿若都听说了阿越极为成功的讲座，纷纷向他表示衷心的祝贺。

但是，盛老师一直在写着什么，一直没有抬头看阿越，更没有一言半语对阿越称赞的话。好像根本就不知道阿越搞讲座这件事，更好像根本就不认识阿越。

奇怪。真奇怪。

二十八、奇怪的事

奇怪的事儿还在持续。

自从那天以后，盛老师对阿越的态度完全改变了：当只有他们两个人在办公室时，盛老师就装着接打手机的样子走出去，其实他并不接打手机，而是为了避开阿越；当不止他们两人在办公室时，众人和阿越之间的玩笑盛老师再也不接话茬，更不用说偶尔主动找阿越开玩笑了。阿越呢，好像也模模糊糊感觉到了盛老师的异样，也不再像以往那样和盛老师说笑，更不会像以往那样时不时到盛老师办公桌前去，翻他的书、用他的电脑了。我们都感到奇怪，究竟是什么原因使得盛老师这样？按说，两个人的年龄相差二十岁，又没有什么利害冲突，虽然担的同头课，但在M学校，虽然考试以后也排排名次、算算平均分高低，但那仅仅是走走过场，与评先晋级涨工资无半点儿关系——该评先晋级该涨工资的，他就是每次考试都一团糟、每次排名都倒数第一都会评先晋级涨工资；不该评先晋级涨工资的，就是他每次考试都满堂彩，每次排名都是第一名也白搭！还不如多摘俩苹果呢！两个人不该有什么过不去的呀？

对于盛老师和阿越的“新状况”，大家真是百思不得其解。

越是不明白，大家越是着急；越着急，越想给他们解决，就越是摸不着头脑。

尤其是身为一家之主的何必老师，一心为了打造出一个最和谐的团队，现在莫明其妙地出了这情况，还不知道如何对症下药地加以解决，长此以往，如何得了？

但令人遗憾的是，盛、姬二人的冷战还在继续。他们的冷似乎影响了其余的四个人。只要他们同时在办公室，大家在说话的时候就不得不小心翼翼起来。

“世道要变了呀！”我不由想起《平凡的世界》中傻子田二常念叨的那句不明不白的话。

时间已进入了公历的10月底，太阳的精力越来越不济，天气越来越凉，校园里一些树的叶子都渐渐地挂上了淡淡的红色或黄色。我觉得，在气氛紧张的办公室里，自己的心更凉，学校似乎该提前供暖了。

这天下午，何必老师习惯性地打开自己的收件箱，他不由得眼前一亮！

一封新邮件静静地躺在那里，发件人是阿谷。

阿谷？何必隐隐觉得，阿谷一定有事！

打开一看，只有一句话：“何老师，今天晚上我到你住处去，有事。”

这句话后面还加了个表情的小动画：一张笑脸。

看一下发件时间，是上午的10：11，那时候自己正在上课。幸亏没耽误！

奇怪了！阿谷这样主动出击要找他，实在是一件了不起的事！

阿谷找自己干什么呢？何必老师想不明白。但他明白的是，他现在就在盼着晚上的到来，因为他觉得，阿谷不会轻易找他，既然找他，肯定有他认为重要的事。何必老师想，说不定和那件事有关呢。

好不容易下了班。人在着急的时候往往没有食欲，何必老师也是如此，但他还是勉强在餐厅买了一点儿简单的饭菜，竟也没弄清饭菜的味道。吃过晚饭后，何必老师习惯性地到教室转了一圈，处理了一两件班里的事情，又问了班长和副班长最近班级里有没有什么风吹草动。

从班里出来，何必老师急急忙忙往住处赶，阿谷未说定具体时间，说不定他早就赶到了呢！

刚走过小广场，前面就是生活区的小门了，何必老师的手机发出了信息提示音。

掏出手机一看，失望一下子让他的心沉了下去！

短信是阿谷发的，也只有一句话：“何老师，对不起，我家里临时有事，难以践约了。”

这个阿谷!

愿景忽然变成海市蜃楼之后，何必老师觉得心一下子空荡荡的，他索性不回住处了，干脆到办公室上会儿网去！反正阿越也会在办公室的，说不定还能找他谈点事儿!

阿越果然在。只有他自己，头几乎埋在电脑屏幕里，不仔细看看不出来的样子。

何必老师想，我也学学阿越的样子，将自己陷在网里试试。

电脑启动得很慢，光是Windows XP的欢迎界面就占了好长时间，可能是何必老师太过心急的缘故吧！他叫着“快出来！快出来！”一边叫，一边搓着手。

百忙中的阿越直笑何必老师。

终于，桌面出现了，可以登录了。这时，何必老师又收到一条信息，依然是阿谷的：“何老师，信守约定，我把家里的事儿给推了。你在哪儿？我这就找你去！”

何必老师随即又兴奋起来，那个模模糊糊的预感又鲜活起来。

“阿越，我有点儿事，你走时不要忘了给我关电脑！”何必老师安排阿越，起身就走。边走边给阿谷回着信息：“我这就回去。”

门外，阿越的笑语追出来：“你不怕我窥探你的隐私吗？”

何必老师几乎是小跑着回到住处。阿谷果然守时，已在门前等候着他。

何必老师的预感大约可以和阿越相比了：阿谷心急火燎给他谈的事，就在他预料之中!

送走阿谷，何必老师百思不得其解，怎么办？如何处理这些事情？他觉得，作为负责人，他必须处理，可这方面并非他的长项。且不说现在自己刚到M学校，就是自己任所谓的副校长那会儿，他也只是主抓教学的，只在自己的业务范围内非常熟悉，在处理这件事上没有什么经验……

何必又觉得，这件事不能回避，否则后果不堪设想，否则他的所谓宏伟蓝图就会完全成为镜花水月!

二十九、阿谷的犹豫

其实，阿谷家里并没有什么事儿，把家里的事儿推掉当然更无从谈起。原因非常简单，阿谷心里布满了犹豫的阴霾！

上午在冲动之下，趁何必老师上课之际，阿谷给何必老师发了一个邮件，约定晚上见他。但当系统显示“发送成功”的对话框之后，阿谷就后悔了！他虽然非常喜欢这个集体，对何必老师这个备课组长也非常尊重，心里早已消除了对何必老师任备课组长而不是他的疙瘩，也真心为学部的这一英明决策叫好。但无论再怎么，他毕竟是普通一兵，古训说“不在其位，不谋其政”，他就是那个不在其位的人，但这个约定一发出，他就成了那个不该谋其政却谋了的人！可事已至此，覆水难收，也不再试图到什么地方买后悔药了。

他甚至一遍又一遍骂自己：阿谷啊阿谷，你这是何苦呢？难道你忘了以往你多事所吃的亏了吗？

是的，阿谷刚入职M学校的时候，二十多岁，意气风发，斗志昂扬，凡事喜欢评论、喜欢参与，信奉“路不平有人铲，事不公有人管”的所谓豪侠之风，吃了一些亏。比如，当和他一块儿入职的人涨了工资时，阿谷就有两次没有涨，甚至比他入职晚的人都涨了，他还没有涨。尽管后来，他改变了自己的做法，他的工资终于涨了两次，但没涨的那两次，却永远都吃亏了……

在发了邮件以后的时间里，阿谷又产生了一个新的希望：希望何必老师看不到这封邮件。比如说，明天上班时，何必老师才把办公系统打开，那已经错过了约定的时间，就皆大欢喜了！他就可以底气很足地安慰觉得歉疚的何必老师说：“何老师，其实也没什么事儿，你千万不要再自责了！”

可是，何必老师一下课就习惯性地打开了这封邮件，粉碎了阿谷的小算盘，看着系统自动给他发过来的回执——辛谷您好！您于10：11发给何必的邮件，何必已于15：18分阅读了，系统根据您的要求为您送来这个消息。谢谢您使用M学校自动化办公系统！

阿谷觉得，得另想办法了。因为他知道何必老师的性格，是绝不会失约的！

可以说，整个白天，阿谷都在各种设想中度过。他想过很多，既有对自己多事的批评，也有对自己还有责任感的惊奇和赞扬；既有推掉约会的种种设想，又有见面以后如何措词的预演。总之，阿谷心里很乱，乱极了。

他又想到了最近办公室里发生的现象，这种现象也是他阿谷不愿看到的。试想，作为一个职场中的人，原本工作就已经够重的了，如果同事之间再沉湎于内耗之中，人的时间、精力就会被分走大半，还怎么搞好工作？不只是搞不好工作，还容易得病，得一些看不见摸不着的心理病！有关专家指出，不和谐的环境容易让人心理压力过大，甚至容易导致过劳死！谁不愿意有一个好的工作环境呢？谁不愿意有一个轻松愉悦的心境呢？从反面讲，谁愿意过劳死呢？

但阿谷觉得，他的后悔也是有道理的。原因当然也非常明显，以何必老师的聪明，他也一定看出些什么了，甚至他也在办公室里看到过什么不想看到的事情了。如果这样的话，就不需要他阿谷首先提出来，而应该是由何必这个负责人最先提出来甚至最先付出行动了。

现在，何必老师并没有提出来，更未采取任何改善的行动，而是由别人提出来了，这样，拿何必老师的自尊置于何地？何必老师会不会恨他辛谷？会不会酸酸地说："我何必是负责人，何劳你阿谷给我指手画脚？我什么事没经过啊？"如果真是这样的话，自己真成了猪八戒照镜子——里外不是人了！

更可怕的是，如果何必老师在着手解决这些问题时，有意无意地把他给透露出来，他与有关人员可就不好相处了。这恰恰是阿谷最担心的。

因此，阿谷才给何必老师发了第一条信息。

但随后，阿谷改变了决定，又给何必老师发了一条信息。两条信息间隔的时间虽然不长，但阿谷的思想意识里，两大帮派体系又经过了一番更为惨烈的你死我活的斗争……

人哪，真难啊！

三十、真相大白

阿谷离开半个小时了，倚在松软沙发上的何必老师还觉得毛骨悚然（他习惯性地把有些事情看得太重，所以才放大了这种叫做“毛骨悚然”的感觉）。

把阿谷让在沙发上坐下以后，阿必老师随手打开电视，选了一个综艺频道，一个刚刚走红的歌手正唱红歌。因为他意识到阿谷此番定要说出些重要的事情，所以他想让气氛尽量轻松些。

何必老师喝着开水，之前他也给阿谷倒了一杯。静静地看着阿谷，他在等阿谷先开口。

“何老师，我要给你说两件事，”喝了几口水后，阿谷终于开口了，“两件我亲身经历的事。”

何必老师放下水杯，盯着阿谷的眼睛，阿谷的眼睛里盛满了忧虑。

“首先我要声明一点儿，可能这件事你早就看出来了，原本不用我多事的。然后我还要强调，我无意表现出比你更敏锐或者聪明。”阿谷笑了，何必老师也笑了。

“阿谷，你放心，我虽不敢说是宰相肚里能撑船、将军额头能跑马，但我可以肯定，我不会误会你！”

“一段时间前，可能是茶话会前后吧，我记得不太清了。一天晚上，我打开办公室的门以后，惊奇地发现，”阿谷顿了顿，“阿越和阿褛在办公室！没有开灯，里面锁上了门，只有他们俩在电脑前，两个人离得很近。”阿谷的语序有些乱，这可不像是一个从事语文教育的人的素质。

我真是很惭愧，因为我的“不检点”，让阿谷老师这样为难。

何必老师心里一惊，他明白了，他看到的那一次并不是唯一的、偶然的一次了！被他和阿谷发现的或许是其中的两次而已，没被人发现的呢？

“我打开灯见到他们的时候，吓了一大跳，当然他们也是。阿越的表情非常不自然，阿褛的还正常。”阿谷又喝了一口水。

我记得，何老师那次进入办公室时，是我不太正常，阿越还行。但后来阿谷进来那次，为什么阿越反而不正常了？这说明什么？说明阿越心里有鬼了？

阿谷继续说道：“何老师，你有没有注意到，近期，盛老师和阿越不说话？”

何必老师重重地点了好几下头。

“你考虑过这个问题吗？”

何必老师又点点头。

阿谷不再说话，低下头连连喝水。何必老师抬眼看看电视屏幕，红歌已经唱完，电视剧已经开始，又是腻腻歪歪的那类。

忽然，阿谷放下水杯，水杯里的水已不太多，便依然有几滴溅了出来。阿谷说：“我怀疑，盛老师是在和阿越争风吃醋！”

“什么争风……吃醋，争谁的风、吃谁的醋？”何必老师觉得，自己的舌头有些不太灵便。

“因为盛老师也喜欢阿褛！”

“不会吧？他们的年龄……”何必老师舌头有些短，没喝酒呀。

“年龄是问题吗？”阿谷反问。

沉默一会儿，何必老师推测似地对阿谷说：“你的意思是，阿越喜欢阿褛，盛老师也喜欢阿褛。于是盛老师就嫉恨起阿越来。可是，我没有看出阿越和阿褛有什么呀？”

“咱都是过来人。你知道，陷入某种感情中的人是敏感的。盛老师不是神，他也符合这个规律。或者，我能看到阿越和阿褛单独在办公室，盛老师也有看到的可能。”

其实，我可以保证，盛老师并未看到我跟阿越的“独处”，他跟阿越的冷战另有原因。

何必老师这才发现，在智商和情商上，粗粗大大的阿谷不比细细巧巧的阿越低。

“不能任其发展下去呀，我担心，咱们办公室长期这样会……”

“我今天找你也是这个意思！”阿谷的这句话让何必老师着实感动了一把。

“那怎么办呢？”何必老师对这个严肃的新问题真没有想这么深过。

“我想，是不是可以这么办……”

何必老师索性关上了电视，关上了那些叽叽歪歪的拙劣表演。

阿谷的话让他钦佩不已：多好的同事啊！有这样好的同事，办公室又何愁不和谐！

阿谷走后的一个小时，何必老师还沉浸在激动之中。思绪像一匹未驯好的骏马，难以驾驭；头脑成了一部疯转的机器，只是不知道如何使它停下来；脸热得厉害，像当年他和梁莉初次见面的时候。半躺在沙发上，拿起他平常最喜欢的那本书——《聊斋志异》，却怎么也看不进去，而以往，他很快就能走进那神奇的世界之中……

没办法，他只得到卫生间用凉水洗了洗脸，试图浇灭腾跃的思想，最少可以让脸不再那么烧。是啊，办公室里的这些事是必须尽快解决，但绝不是今夜就可搞定……

何必老师索性把书丢在沙发上，进到卧室。卧室一直是何必老师静下心来的好地方，多少次，疲惫的身心得到抚慰；多少次，无穷的烦恼之下，一来到卧室，就浑身轻松，而烦恼也无影无踪。

今天却不行。辗转反侧之后，何必老师终于明白了严酷的现实：今天似乎不宜睡觉，至少不宜如此早睡觉！他觉得，自己非要做些什么，之后才能安然。

于是，掏出手机。

他从快速拨号中调出梁莉的号码，这由11个数字组成的号码无数次地令他心跳：小莉啊小莉，你现在是做什么？你在想我吗？

但刚响起一声震铃的回声，何必老师又挂断了。

仿佛怕梁莉回拨过来，他立即又拨通了一个号码。

二十分钟电话打下来，当何必老师合上手机时，吓了一跳，屏幕显示，他有九个未接电话！

点开一看，是梁莉。他轻舒一口气，脸上露出幸福的笑容，于是，他又拨通了梁莉的电话："喂，小莉……"幸福的细浪舔上了心灵的河滩。

第二天上午，我进办公室的时间比所有人都早了很多，除了把地面拖完以外，我还简单地归整了一遍办公室的东西，包括各人办公桌上的书、本子什么的，还把电脑屏幕都擦干净了。

阿越来得最晚，今天他的头发似乎特别光鲜。

在办公室随意走了一圈之后，阿越忽然把一本书拿起，又猛地掷在桌面上："阿褛，你啥意思啊？"

我一边拖剩余的地面一边奇怪地问："怎么啦阿越？"

"怎么啦，你自己心里清楚！"

其余四个人都注视着我俩。

"我不清楚！"

"装蒜！"

"姬越，你嘴巴干净点儿！"我发怒了，猛地把拖把往门后一放，发出很大的响声！

"我为什么要在跟你说话的时候嘴巴干净啊？干净，你知道什么叫干净吗？你过来看看，你把我的电脑屏幕、把我桌面弄干净了吗？"

"我怎么没给你弄干净啊？你这是没事找事！"我反唇相讥。

"屏幕上的灰尘在这摆着呢，书和本子都乱七八糟的，也都在这放着呢，我冤枉你了吗？不是我没事找事，我看你是成心跟我过不去！"阿越的声音提高了七八度。

我当然不甘示弱："我就是故意跟你过不去！你想怎么样？别人的办公

桌，都是自己收拾得干干净净的，你看看你的，像什么？还有脸面说！你有空了多看看何老师和盛老师的办公桌！”

我们的声音越来越高，话越来越难听，办公室里的火药味儿越来越浓。更严重的事情恐怕就在后面——暴风雨就要来了！

何必老师看到，盛老师的脸色越来越轻松、越来越和气、越来越……终于，盛老师站起来了！

他走到我们面前，想说什么话，却没有张口，而是转身走到放抹布的暖气片旁边，拿起抹布，擦起阿越的桌子来！

飞快地，何必老师、阿谷、阿越、我四个人交换了一下眼神，眼神很敏捷，一碰即已离开!

只有阿若不明就里，紧张地搓着手，生怕办公室大战到来。

“盛老师盛老师，”阿越慌忙跑过去，“你这不是打我的脸吗？我的桌子哪能让你擦呢？”

盛老师边擦边平易近人地说：“只要你们俩不吵架，只要咱办公室平安无事，你就当今天是我值日得了！”

“盛老师，我对着咱办公室六台电脑发誓，我再也不和包括阿褛在内的所有阶级兄弟姐妹吵架了！不看别的，就看你为我擦桌子这一壮举我也要一言九鼎、决不改悔！从今以后，我要像校长谆谆教导的那样，脱胎换骨，重新做人。你就看我的实际行动吧！”

阿越沉痛而不失俏皮的口气绝不亚于一个出色的话剧演员。

盛老师笑了。

阿若紧张的表情松弛下来，也笑了。

大家都笑了。

虽然渐临11月，天气渐凉；虽然离放暖气尚远，但我们都觉得，办公室里已充满了温暖。

三十一、心照不宣

感受着办公室融融的温暖，我、阿谷、阿越，当然还有何必老师，努力没有白费。

昨天晚上，何必老师和阿越通了二十分钟电话，谈话是在轻松愉快的气氛中进行的，以致他亲爱的梁莉打了九次电话都未能打通。

阿越的口气非常轻松，轻松里透着惊诧。他早已感觉到盛老师对他的敌意，只是他不知道诱发这种敌意的原因；他也早就觉得被盛老师冷落的烦恼，只是他不知道如何化解这种冷落……

“什么？盛老师因为这事误会我？怎么可能呢？”阿越在电话里的惊诧通过信号清晰传来。

“我和阿谷都隐隐觉得是这样。”

“我可以保证，我和阿褛没有什么。当然我知道你和阿谷都曾经见过我和阿褛下了班以后在办公室，碰巧你们见我们时都没有开灯。但请你相信我，我们之间确实什么也没有发生。至于我们俩为什么会那时候了还同在办公室，以后有时间我给你解释，电话里说不清楚……”电话那端，阿越似乎比窦娥还冤。

“不必了，我也无意听你就这件事给我解释。我相信你，也相信阿褛。”

“谢谢你，何老师！对了，我还代表着李青。”阿越由衷地说。

“又来了！”何必老师笑着对手机喊。

昨晚，当何必老师给阿越说出阿谷的那个主意时，阿越几乎要跳起来了！

他对电话那端的何必老师讲："太好了！我愿意！"稍顿一两秒钟后，何必老师意识到了什么："阿越，你怎么啦？"

"我在想，这件事还必须得另一个人的配合！"阿越沉吟着说。

"阿褛。是吧？当然这样是必须的。我担心……"何必老师说不下去了。我毕竟是一个女孩子，又是基于多重误会之上。

"何老师，你不要担心。阿褛这边的工作我来试试，我相信她是个顾大局识大体的好孩子！"得到了何必老师的赞同，阿越的心情又愉快起来。

"我还有一个担心，阿越。"何必老师忽然又想起一个更深层次的问题，这个问题就不太好解决了。

"担心什么呀何老师？"阿越的口气有些改变，显然是受了何必老师口气的影响。

"没什么。慢慢来吧！"何必老师本来想把这个问题说出来，可又一想，还是再冷冷吧，毕竟这只是自己的担心。船到桥头自然直，到时候问题自然会迎刃而解。

结束和何必老师的电话，就在何必老师和他的妻子梁莉诉说情话的时候，阿越又拨通了我的电话。

"啊？不会吧？怎么这么复杂呢？"我觉得很无辜。不错，我是觉得盛老师对我有点儿不应有的好感，但竟然会因此使他和阿越闹矛盾？我不信！毕竟，盛老师是一个有修养、有名望的人嘛！

于是，我想起一件事来：那一天早读时，我提前从教室回到了办公室，不料，我却看见盛老师正在非常认真地擦拭我的桌子！

"盛老师，我的桌子怎么能让您擦呢？"我上前拦住他。我明白了，为什么我的办公桌总比别人的干净，原来盛老师便是那个"田螺姑娘"。

盛老师尴尬起来，停下了动作："阿褛，其实，我……你……"

"盛老师，我明白。可是，我的桌子是不需要这样擦的……"其实，我想说的是，盛老师，我们是不可能的。但我又怎忍心说出口呢？

盛老师还想说什么，但终于沉默了。

可能是为了提醒盛老师，或者干脆让他死心吧，我擦起了阿越的桌子，非常仔细、非常自然地……

其实我最想擦的是何必老师的桌子。这些日子以来，我一直有一个念头，如果能毫无心理压力地擦他的桌子，将是我的快乐。

盛老师的眼里浮起了一种异样的东西。谁能想到，从那儿以后，他就与阿越结下梁子了呢？

都怪我！

“阿褛，你想不想听一个主意？这个主意可是经过极富责任感的何老师和阿谷共同酝酿而成，又经过聪明绝顶的阿越举双手双脚表决通过的哟！”

“别贫嘴，快说。”我性急起来。

当阿越满怀信心地给我讲了那个伟大的计划之后，我断然拒绝！

“我不干！你们这是出的什么鬼主意呀！”我受伤似地在手机里大叫，尖利的声音不知道把阿越的耳膜震破没有。

“为什么？”阿越尽管有心理准备，但还是被我的激烈反应吓了一跳。

“因为……唉，不为什么！”我咬着嘴唇。

“说呀阿褛，你可是个女中豪杰呀！”

电话里，一阵沉默。

“阿褛，阿褛，你不是哭了吧？不干就不干，你可千万不能哭啊。你的眼泪会通过信号把我淹没的！”

“谁哭了？你别瞎猜。”

“那你直接说一声，同意不同意？”

“不同意！”我口气非常坚决。

“为什么？”质问的口气更加坚决。

“不为什么！”得，话题绕了一大圈后，又回到了原处。

“阿褛，我知道，你有委屈，这一点何老师也料到了。但我还想问你一个非常非常非常重要的问题，你想不想让咱办公室和谐？想不想消除存在于咱们之间、我和盛老师之间、盛老师和你之间的误会呀？”要是不心疼电话费，阿越会在“重要”前面加上无限个“非常”。

“废话！我当然想啦！”

“那不就结了！何去何从，你好自为之！”

我除了同意，还有其他选择吗？其实，我心里早就同意了，只是不想让阿越觉得我同意得太容易。女孩子嘛，得绷着点儿。

三十二、阿谷的学生

自从盛老师和阿越的梁子被众人的智慧化解之后，我们办公室又出现了令人欣喜的局面。当然，我知道，盛老师的心结还未解开。

工作上，大家正应了这样一句老话：心往一处想，劲往一处使。人人抢着设计教法，抢着制作多媒体课件，抢着编模拟测验题，抢着给文印室联系印刷测验题的事情……人人的脸上都漾着笑，人人的脚步都非常轻快，就连性格不怎么活泼的阿若也好像注入了什么兴奋剂似地高兴起来，我心里的烦恼也被暂时放到了一边。看到这些变化，何必老师心里乐开了花。

工作之余，大家在办公室轻松下来的时候，又能够像以前一样无话不谈了，这种氛围让人身上有使不完的劲儿。我想，这样发展下去，离实现何必老师那个宏伟目标的距离就不远了。

这天上午，六个人都没有课，在完成了该完成的事情之后，我首先给大家提出了一个以前大家都不曾注意到的问题。此时，我在习惯性的收拾我的办公桌，忽然，我看到了我写的那份《个人教学计划》，于是说："奇怪，学部领导上一阶段天天逼着让咱交这计划那计划，这学期都已经开学快三个月了，可咱们学部的计划呢？"

"是啊，按道理讲也该出台了。"何必老师一边摆弄着圆珠笔，一边感叹。

"不是该出台了，是早该出台了。"阿谷正在上网，他百忙中抬起头来，郑重地纠正何必老师。

“要是按道理呀，学部的计划是不是应该在咱们的各项计划前面出来呀？”阿若正伏在桌子上不知在干什么，听了三个人的对话，用探询的句式表达了自己的态度。

“出台那么早干什么？”阿越出语惊人。

“噢？”盛老师也放下手里的活，很感兴趣地追问阿越。两个人和好以后，盛老师又喜欢跟阿越说话了。

“阿越说得对极了，之所以不出台，是因为领导另有打算！”阿谷同样喜欢附和阿越。

“你们怎么像出谜语一样啊？”我不满了。

“是啊，有话就说！”后半句阿若可不敢说出来。

“因为领导具有前瞻的眼光！”阿越接着阿谷的话头。

二人心照不宣地笑。

盛老师微笑着看着阿越。

“二位，请就这一问题作正面回答！”阿若似乎等不及了，他不由得拍起了桌子。

“我试着揣摩一下阿谷和阿越的心思，沿着他们的思路往下走一步。我想，他们俩的意思是，学部领导之所以到现在还没把整个学部的计划做出来，的确是有着前瞻的眼光和周全的计划的。因为，计划出台越早变化越多，计划总是撵不上变化的。所以……”我也开了窍。

“所以，干脆就不做什么计划，免得以后让人说不按计划执行了。真是一举N得!”阿谷接着说。

“另外，不做计划还有一个明显的好处，那就是，”阿越顿一顿，他有这样的素质，知道哪个地方可以造成悬念，可以吸引人，继续说，“让人时刻保持对学部工作的新鲜感。这种逼真的新鲜感可是咱们努力工作、奋勇前进的原动力呀！”

大家笑起来。

何必老师的思路也流畅起来：“阿越说得好！但还不够全面。我觉得，还有一个好处你没有说出来！”

“噢？”盛老师又很感兴趣地问一句。

“愿闻其详。”阿越表现出了足够的虚心和耐心。

“到现在还没有弄出学部的计划，领导极有可能把这一种因素考虑得最多，”何必老师也学阿越顿了顿，还故意清清嗓子说，“这种因素就是——保密！”“保密”两个字何必老师说得一字一顿，但声音有意降低，给人造成一种神秘感。

“比如说，”何必老师此刻心情极佳，也难怪，办公室如此融洽和谐，他又如何不心情极佳呢？“考试吧，谁也不知道什么时候考试，更不知道更多的细节，这样的话，既增加了考试的神秘感，又增强了考试的严肃性，还能够最大限度地避免有人因为考试停课复习甚至作弊！多好啊！”

阿越会心地笑了，大家也都非常高兴，盛老师也难得地笑起来。

正在笑着闹着，阿谷的手机响了，接听之后，阿谷神情大变，语气一扫方才的风趣幽默，脸上立时变得凝重起来。

阿谷连声对手机说：“我这就去！”边说边急匆匆地走出去。

怎么了？大家的眼里都藏着一个大大的问号。

三十三、难题

阿谷走到外面，保安队长安定和几个保安站在那里，他们的身旁还有阿谷班的一个男生——刘祺宇。

“辛老师，这是您班的学生吗？”安定的口气虽然客气，但仍然有掩饰不住的威严。

难怪，M学校除了一线老师以外，其他部门的人员多是李总的亲戚或朋友，不同的仅仅是关系的亲疏罢了。

阿谷点头答应，但他的心里仍然有一个问题：干什么呀，这么兴师动众的?

“那好，我们就把这个学生交还给您了，以下的事情就交由您处理。”安定把学生轻轻推到阿谷面前，仿佛这下以后，算是真正地完璧归赵了。

“好！您放心吧！我一定会处理好的！”阿谷向保安部的人道过谢，领着刘祺宇走向教学楼。广场上，安定表情复杂地目送着阿谷和他的学生。

待阿谷二人转过角去，安定才口气严厉地对几个保安说：“迅速把这件事向学校有关领导汇报，知道吗？”

几个保安忙不迭地对安定保证：“安队请放心，我们会以最快的速度完成这个任务的！”

“好，这就对了，这可是咱保安部破获的一个重大案件啊！”安定口气里透着得意，此刻，他的身份仿佛不再仅仅是一个民办学校的保安队长，而是美国联邦调查局局长。这可以从他的口气上和他选用的“破获”“案件”两个词上看出来。

“安队高见！”一个脸上长着几颗麻子的小保安奉承道。

“记住，要用书面材料！”走了几步后，安定没有转身，背对着几个小保安下命令。

阿谷想把刘祺宇带到办公室，但到门口以后，他又改变了主意：办公室人多嘴杂，不好说话，既影响别人办公，也影响他处理问题。最关键的是，他觉得，自己班里出了事情，到底不是一件光彩的事情，还是不要让太多的人知道。因为闲杂人等往往是传播不良消息的最疯狂人群。

阿谷带刘祺宇到了四楼一个废弃的开水房，学校刚建这个教学楼时，每一层都设了两间开水房，让学生足不出楼即可喝到新鲜的开水。可不知为何，开水房是辟下了，一个也没能投入使用，最后有的开水房改作了老师办公室，有的就暂时废弃，任灰尘来占领。

开水房里，阿谷问罢刘祺宇之后，头发都根根直立起来了！

他觉得，眼下，对于M学校来说，一件几乎可以说是天大的事情“诞生”在他的班里了！

这可怎么办呢？他工作认真负责，欲从吃亏的谷底崛起，谁料想……真是人算不如天算，竟然遇到这样的事情！

这下，尽管自己这几个月来做了太多太多的努力，但领导心里又有否定他的理由了！

人要是倒霉了呀，放个屁都砸得脚后跟生疼！

他的眼前忽然浮现出一张清瘦的脸，清瘦的脸上长着一双让人害怕的眼睛，那眼睛此刻盛满了不信任，清瘦的脸上长着的那张嘴在说着话，话里充斥着对他工作能力甚至工作态度的怀疑。

那是马校长的脸，是让阿谷害怕的脸。

还有几张脸：有学校校长胖胖的、更让阿谷害怕的脸，那张脸只有一种表情——严肃；有经常含着笑，不知为什么却被人们视作更精明甚至阴毒的脸，那是学校另一个校长的脸。还有学校董事会领导的脸，李鑫媛董事长美丽的脸，此刻这张脸上也写满了对他的不屑……

“辛老师，我错了，我给您脸上抹黑了，我给班级添乱了！您放心，今后我一定改！”刘祺宇知道事情重大，赶忙乖巧地向老班承认错误。

“刘祺宇啊刘祺宇，你以为你还有以后吗？”气愤难按，阿谷冷不丁来了这么一句，把刘祺宇吓了一大跳！

“老师，您的意思是……”

“我没有什么意思！你捅这么大的娄子，怎么处理你也不是我能左右的事，这得看领导的决定。我估计……你先做好足够的心理准备。”阿谷觉得，他简直像是一个医生在对一个生命垂危的病人家属说话。

刘祺宇不由垂下了头，可阿谷觉得，刘祺宇好像并不怎么害怕。

“抬起头来！你不是有本事吗？出了事就不要怕！”阿谷觉得，他是在以这种方式来给自己鼓劲、打气。在被领导批评之前，他先批评批评刘祺宇，以求得心理上的安慰，大鱼吃小鱼，小鱼吃小虾，小虾吃泥沙嘛！

刘祺宇扬起头来。

“掏出你的手机，给你家长打电话！”

“干……干什么？”刘祺宇猝不及防。

“让他们先你接回家去！免得在学校里再给我脸上抹更多的黑，也免得你出更大的事。”

“为什么非要我家长知道呀？”刘祺宇不情愿。

“你以为你不打我不打，你家长就不会知道吗？打！”阿谷下了最后通牒。

刘祺宇只得拨通了电话。

说了几句后，阿谷向刘祺宇示意手机给他，他要跟家长说几句。

刘祺宇迟疑着把手机递给阿谷。

“喂您好！是刘祺宇家长吗？我是他班主任。有一件事要告诉你，刘祺宇需要回家一趟，您能来接他吗？对，最好现在。”阿谷换了另一种口气跟刘祺宇家长说话，他一向对学生家长保持着足够的和气。

把电话还给刘祺宇后，阿谷命令刘祺宇：“走，到我们办公室去，等你爸来接你！”

到了办公室门前，阿谷让刘祺宇进去等待，自己却返身出来，直奔五楼。

幸亏马校长还在，否则可就被动了！

敲门，进去。阿谷有些拘束，唉，班主任就那样，学生犯了错误，基本上等同于班主任也犯了错误。

要不，法律上怎么还有领导责任、连带责任呢！

“有事吗辛老师？”马校长微笑着看定了阿谷。

“有事。”阿谷想，干脆开宗明义，来个坦坦荡荡的。

“我们班的刘祺宇同学，昨晚出了件大事。”

“噢？”校长抬手示意阿谷坐下说。

阿谷有些纳闷：马校长为什么没有任何惊奇？他的“噢？”是什么意思？是感兴趣还是已经知道了？

“您已经知道这件事了？”阿谷的嘴不自觉地把他的心背叛了。

“噢，有关部门已经通知我了。”马校长说得很含蓄，也很轻松。

预想果然成了事实，恐怕更多的预想也应该会成事实了吧？阿谷心里一沉。

于是，阿谷像下了决心地对马校长说：“马校长，我有一个建议。鉴于刘祺宇所犯错误的严重程度，我建议给他劝退的处分！”

阿谷想，事已至此，自己只有先拿出态度来，才能稍稍平息一些事情。

他觉得，他仅仅是一个班主任，遇到这件事后就那么生气，作为校长，自己管理的学部里出了这样大的事情，又该如何生气？

不料，马校长却出乎阿谷的意料，平静、大度地说：“唉，这个学生的确是犯了非常严重的错误，但念及他还是个孩子，应该给他一个机会嘛！你是一线老师，又是一个工作经验丰富的班主任，一定也会这样想的。不犯错误的人是不存在的，既然犯了，就要正确面对，不能一棍子打死嘛！”

阿谷纳闷了：听校长的口气，不但不打算劝退刘祺宇，还有责怪自己的意思，好像犯这个错误的不是刘祺宇，而是他！

这是怎么回事？

马校长连连看挂在墙壁上的石英钟，阿谷只得把疑惑藏起来，向校长告辞。

回到办公室，刘祺宇的父亲已经来到。听刘祺宇说，他家离学校非常近，家里又有汽车，看来果然不假。是啊，如果刘祺宇的家庭条件不是太过优越，还不至于犯这样的错误呢！

送走刘祺宇父子，阿谷觉得很累，心累。

他不明白，为什么校长会有这样的态度？

他想起了阿越班里的李新，他因为写了两篇文章就被劝退。

他还想起了我们班的学生王波，因为那样一句话就不得已离开了学校。

可是，刘祺宇身上发生了这么大的事情，校长的态度怎么和以前大相径庭呢？

三十四、奇怪的处分

谁也难以否认，M学校高中部的办事效率快得惊人：上午，刘祺宇的家长刚把他领回家；下午，对刘祺宇处分的布告就赫然张贴出来了！

布告是用一张A3纸打印出来的，同样张贴在教学楼大厅里黑板的信息张贴栏内。

布告刚一贴出，正赶上下第三节课，立即吸引了同学们的目光。他们纷纷议论着，脸上挂着新奇的笑，像遇到了诸如放假、免费就餐之类的好事。

何必老师从文印室走下来时，看到了那个布告。只见布告上写着：

经查，高一×班学生刘祺宇，不守校纪，严重违反了《M学校中学生管理规定》第×条第×款之规定。为严明校纪，经学部领导研究，报学校董事会领导批准，特给刘祺宇同学记大过一次之处分，以观后效。希望全体高中部同学以此为戒。

此布

M学校高中部

2010年×月×日

看罢，何必老师先是一惊：这是阿谷班里的学生啊，怪不得阿谷今天上午心神不宁的，昨天那个电话恐怕也和这事有关。转念一想，不由心里纳闷起来：既然是布告，既然说该同学犯下了严重错误，可为什么没有把是什么错误直接在布告上写明呢？这也不合布告这种应用文体的写法呀？是布告拟写者的疏忽还是有意为之？

正思忖间，已到办公室。阿谷不在，想是上课去了，欲问他有关情况，只能等等了。何必老师又一想，不对呀，这最后一节课都下了，同学们有的已经到餐厅吃饭去了呀？

但M学校关于教职工管理的细则有这样一条规定，学生虽然已经下了最后一节课，但老师们一定要再坐半个小时的班，否则一天八小时的工作时间就不够了！但阿谷到哪儿去了呢？

何必老师问阿越："阿谷班的一个学生受处分了，你看到布告了吗？"

"早看到了！有何感想？"阿越高深莫测地问。

"有些纳闷。其他没什么想法。"何必老师老实作答。

"是不是纳闷为什么处分的事由被省略呀？"阿越果然聪明。

"是啊，你知道刘祺宇犯的具体错误？"何必老师有些奇怪。

"知道是知道，但我没有权力给你说。你可以问阿谷，如果他愿意回答的话。当然，我觉得这没有什么可以保密的，因为已经有太多太多人知道了！"

何必老师不由感叹，自己太闭塞了！如果说阿越身处21世纪的信息时代，那他是不是还徘徊在驿马传书时代呢？

阿若说："我也觉得有些奇怪，为什么不写处分的事由，以前的布告上没有出过这样的纰漏啊！"

"不是纰漏，是有意为之！"阿越言词凿凿，倒从一个侧面给何必老师解决了部分疑问。

"有意为之，是不是怕同学们效尤啊？"阿若问。

"也许吧！领导的决定总是有道理的嘛！"阿越似乎不想正面回答。

"刘祺宇，是不是今天上午在咱们办公室的那个学生啊？"我从另一个角度问道。

"应该是吧？看他家长的派头，Money大大的丰富噢！"阿越说。

"他是李总的一个朋友，是一个大老板。"盛老师接过阿越的话茬。

“啊？李总朋友的儿子还给这样严重的处分，并且处分决定还下得这么快？真是规定面前人人平等啊！”我由衷地感叹。

“什么呀阿褛，你知道这个老板的儿子到底犯了什么错误吗？”阿越反驳我。

“那你就给我们说说呗！”阿若显然也像何必老师一样好奇。

“我只能说，他犯了非常非常非常严重的错误，这种处分决定出来得越快，越说明有问题！具体细节请大家向阿谷进行咨询。本人不好越俎代庖哦！”

但阿谷没有出现，直到我们五人下班。

关于这个布告的出炉，还真是有一段鲜为人知的故事。

昨天晚上，保安队长安定第一时间就把刘祺宇的事情知会了马校长，马校长一听大吃一惊：这还了得！这样的学生开除八次还绰绰有余！

此刻，还真能套用那句话来表述马校长的心情：不开除不足以平民愤！

但保安队长的一句话使马校长想起了很多。

“马校长，这个学生恐怕开除不了哇！”

“开除不了？为什么？”马校长非常奇怪，既为安队长说话的内容，更为安队长给他说话的口气，既有神秘的成分，也有蔑视的成分。

安队长以前没有这样给他说过话。莫非这个刘祺宇有什么背景？

“马校长你真是贵人多忘事啊！你忘了吗？这个刘祺宇还是我送到你办公室来的？那天……”

马校长忽然想起，那天，安定队长领着一个个子高高、穿着古怪的学生到他办公室，后面还跟着一个相当有派头的人。就是这个人，未说话就透出一股说不出味道的人，蓦地对他说：“马校长，我是李总的朋友，这是我儿子，需要你照顾一下给找个班级。”说着，他就把两条软包“中华”放在他的办公桌右角上。

安定在旁边补充说：“马校长，这是兴隆集团刘总，刘祺宇是他的独生儿子。一直在咱初中部上，中招时成绩不好，但他一心想上高中。你一定要操这个心！”

现在，马校长怕安定说出那天那两条软包“中华”的事情，因为学校不让收学生家长的礼，一旦发现，一票否决，立即解聘。可他不光收了礼，这次还竟然当着外人的面，收的还是老总朋友的礼……于是，急忙拦住他说：“安队，我想起来了，原来刘祺宇就是那小子啊，一开始我还真没对上号。你放心，我会处理得令大家满意的！”

放下安定的电话，马校长出了一头的汗。

这个阿谷啊，我千挑万选，把那么重要人物的宝贝儿子放在你班了，实指望你能从以往的事情中吸取教训，好好照顾这个阔少爷，可你倒好，一下子就让他犯了这么大的错误。你真是辜负了我对你的期望！要不是你对我……我一定……

马校长没有往下想。他现在最需要想的不是这个，他要想怎么处理这件事。

“喂，是李总吗？对对对，我是小马，有一件事情我要向您汇报！关于那个叫刘祺宇的孩子……是是是，我知道和您是朋友……好好好，就按您的意思办！放心！放心！”

和李总对过话，马校长又出了一头更多的汗。李总在电话里并没有说什么具体的处分，她肯定不熟悉学校对学生的有关规定。可是，自己应该怎么办呢？

处分是肯定的，否则，在谁面前也不好交待——学生、老师、保安，甚至李总面前。既然犯错误了，回避是不现实的，但给什么处分呢？马校还真是有些犯难。

但有一点可以肯定，这个刘祺宇，绝不能开除！理由当然再简单不过：他父亲的朋友是这个学校的投资人，也就约等于他父亲是投资人；也可以说，这个学校也约等于是他刘家的，那刘祺宇就约等于是这个学校的小主人、小老板。小主人、小老板在自己的地盘上犯了再大的错误，又怎么能够开除？

处分轻了肯定也不合适，得重，这样才能堵住众人的口，才能体现高中部的管理严格，这样，即使知道刘祺宇父亲和李总关系的老师和同学心里也没有太大意见，对自己以后的管理更有利。对，就这么办！

艰难地思索之后，马校长心里有了底，但同时，他又有了一个主意。

第二天上午，阿谷准时出现在办公室。看得出，他的脸上写满了疲惫。

昨天见到布告以后，他的肺都快气炸了！

他立即跑到马校长办公室，很急躁地问校长："为什么不把刘祺宇开除？"

校长正在悠闲地喝茶，妥善地处理了刘祺宇的事情之后，他的确应该这么悠闲。看到阿谷气冲冲地进来，又这样急躁地跟他说话，马校长心里说，阿谷啊，你不是老毛病又犯了吧？怎么时好时坏呢？

"辛老师，别急，慢慢说。"马校长无限惬意地呷了一口浓茶。

阿谷也忽然意识到自己失态了，他口气缓下来："校长，我觉得……"

"你觉得对刘什么宇的处分轻了是吧？其实，我也有这个想法，可以说，咱们的想法是一样的。只是，这是学校领导的决定，是学校董事会领导的决定。你想想，我作为一个小小的学部校长，哪一位领导的话我敢违抗呀？"说到后来，马校长的惬意已经适时地不见了，取而代之的是一种诉苦的表情。马校长向阿谷诉苦：我毫无办法，我只是执行而已，我只有保留意见的权利，我爱莫能助。我有难处，我承受不住这么大的压力。你是我信得过的人，得知道为我考虑。

阿谷还能说什么？他只好退出马校长的办公室。

晚上，细心的阿谷正如我们所想的那样，胡思乱想了大半夜还没有睡着。对这个处分，对校长的态度，他百思不得其解（他不清楚刘祺宇的爸爸和李总的关系，更不知道布告产生的艰难历程。当初，马校长亲自送刘祺宇入班的时候，只是含意隽永地安排，好好要求，严加管理，并未说刘祺宇是什么身份，加上刚开学短短几个月，他尚未来得及深入了解这些情况）。当然这期间他还为自己的处境担心，更为妻子担心，她遇到侮辱以后，她的色狼领导会放过她吗？会记恨她吗？疲惫不写在他脸上才怪呢！一个人的心能分作几用？阿谷是倍感辛苦。

何必老师看到阿谷这样，不忍立即解自己的疑惑，但阿越的话在他心里越盘绕越让他觉得难以抑制。记得阿越说，刘祺宇犯了非常严重的错误。究竟是什么样的严重错误呢？既然犯了如此严重的错误，为什么没有在布告中写明呢？既然错误非常严重，为什么只给记大过的处分呢？但愿事情没有那么复杂，之所以有这个处分，是本着为学生负责考虑，是人性化的体现。但愿没有他担心的那样充满“猫腻”。

这个答案，只有阿谷能给他。

“阿谷，你脸色很不好，是不是病了？”作为办公室负责人，何必老师觉得，他只能从这儿切入才好些。

阿谷摇摇头。

“你们班的刘祺宇来了吗？”何必老师小心地问。

“我让他在家反思一星期。现在没来，将来不是还得来！”阿谷神色黯然。

“他到底犯了什么错误？”

“你想都想不到。”提起来，阿谷还是难免激动，“这样的学生，开除他三次都够格！”

然后，阿谷细细地给我们讲了刘祺宇这个M学校著名的学生刚刚犯下的事。听了以后，除阿越外，我们都目瞪口呆！

“这样的学生怎能还留在学校里？”阿若首先表达疑问。

“校长说，这是学校董事会的决定。”阿谷无奈。

“当然是有内幕了！否则，你想想阿禐的学生王波、想想我的学生李新就知道了！”是阿越。

“什么内幕？你总是善于故弄玄虚！”我驳斥阿越。

“最少最少有一个原因，还是我原来那个理论，因为刘祺宇是高价生吧？”

“是，他在咱学校初中部上过两年，中考考得一团糟，还是马校长把他送到我班的。”阿谷坦言。

“也就是说，他一年就给咱学校缴费两万元人民币。三年就是……多么可观的一笔钱啊！”

“他的学费，据说初中就交齐了，一下子交了五年的！”阿谷说。

“怪不得！话说回来，如果他是个全免生，那就不一样了！”阿越自信地想，他这次又判断正确了。

但他哪里知道更多的内幕呢！

三十五、刘祺宇的故事

前天晚上，刘祺宇做出一个大动静来。

大约9点半钟吧，就是高中部晚自习最后一节下课五分钟后，大部分同学准备或者正在往寝室走时，忽然，一位同学尖叫起来："快看，那是什么？"

众人抬头往学校西北角的天空望去，大家不由齐声惊叫："呀，好漂亮，焰火！"

这也不是什么节日，怎么会有焰火呢？难怪大家这么高兴。身处在单调的学生生活中的孩子们，见到什么意外的东西恐怕都免不了惊奇，更何况这么好看的东西。

"快仔细看看，好像还有字哩！"焰火里果然呈现出字的模样。

这下，看的同学就更多了！

焰火分为两部分，一部分是三个汉字，是一个人的名字，另一部分是三个英语单词——I love you。

这下，大家的好奇达到了顶点。

"哎呀，真浪漫，这是一个人对另一个人求爱呢！"

"她可真幸福！"

"这得多少钱啊！"

"我知道这个女孩，她是咱学校初中部的！"

"啊，真的吗？原来是咱学校的学生啊！"

与此同时，学校大门外，三个保安正在和一群人发生着激烈的冲突。门前的地上，散乱地扔着许多鲜艳的玫瑰，有的已经被谁踩碎了。三个保安手拿警棍，但只是吓唬着这些外来的人，并不敢真往他们身上戳，而外来的人似乎已经看出保安的命门，一个领头模样的人大喊：“哥们儿，他们不敢拿电棍电咱，上啊！”

保安步步退守，身后是被挤得哗哗响的伸缩门。

就在这万分危急的时候，一个保安大喊：“安队来了，别慌！”

果然，M学校保安队长安定一边打着电话一边往大门跑来。

离大门还有十多米，他就冲着那个领头模样的人大叫：“刘祺宇，快停下来！你是不是嫌日子过得太自在了？”

听了这一声大喝，领头者刘祺宇果然对他的哥们儿说：“快停手，大家先回去吧，有事我兜着！”

“你兜得了吗？你们这已经构成聚众斗殴罪和扰乱公共秩序罪了，你知道吗？”

刘祺宇忽然对几个哥们儿大喊：“快跑，这儿有我顶着！”

几个哥们儿撒腿就跑，瞬间就消失在夜色里。

原本人多势众的一方只剩下刘祺宇孤零零一个人。

“人是你约来的吧？”

“是。”

“墙外的焰火也是你找人放的吧？”

“是。”

“人家小姑娘不理你，强逼着人家跟你谈恋爱，还用这种极端的手法来要挟人家。你知道这可能造成什么严重的后果吗？”

“不知道。”

面对安定的质问，刘祺宇仿佛不是一个刚刚升入高中几个月的孩子，而是一个几进宫的老手。原来，刘祺宇爱慕初中部的一名女生，向其多番求爱均遭拒绝。于是，刘祺宇与一家焰火燃放公司谈成了一笔生意，在规定时间、规定地点，燃放能闪烁这个女生名字的焰火以表达他的诚意，并与一家鲜花礼仪公司订购了999朵玫瑰，也在规定时间送达这个女生手里。但没想到的是，送花的工作人员在M学校大门口遭到保安阻拦。于是，脑羞成怒的刘祺宇请他几个哥们儿前来助阵，若不是安定及时赶到，事情恐怕很难收拾。

随后，由安定和几个保安带着，刘祺宇被强行送到了寝室。安定反复交代生活老师，一定要好好看着刘祺宇，千万不要让他再出什么纰漏。

路上，安定打了这几个电话：

一、给刘祺宇的父亲——兴隆集团董事长刘总。

二、给李总。

三、给高中部马校长。

四、给高中部生活处主任赵挺华。

这就是阿谷班的学生，刘祺宇的故事。

只不过，这个故事中，有的阿谷知道，有的阿谷不知道，永远也不会知道而已。

这个故事中，还有一个最可怕的情节：初中部的那名女生因为受不了这种“求爱”的压力，在寝室自杀，幸亏被发现得早，否则就不是马校长能够搞定的事情了。

三十六、钱的问题

今天已经11月半了，但上个月的工资还没有发。

阿越终于等不及了，他在等米下锅呢，要是再拖欠，他到餐厅吃饭都成问题了。刚毕业不久，在原单位工资太低，连养活自己都不宽余；加上刚结婚，新买一小套二手房，妻子又辞职，花销骤然加大，因此他的工资每个月都寄回家去大部分，留下的仅仅够吃饭而已。至于原来的爱好，诸如抽烟喝酒之类，统统被阿越归为不良那一类了。

这个月是怎么啦？是不是故意和我作对？

猛地站起来，阿越拿起内线电话，拨了一个号。

“喂，财务室吗？请问……”刚说到这儿，出现嘟嘟的忙音。抬头看时，电话被一双手按住了。

是阿谷。

“要是没钱了，我先借给你。千万不要打这个电话。”

“为什么？”阿越奇怪极了，在原单位，该发工资而不发的时候，同事们不光可以随意给有关人员打电话询问，就是见了财务室的人当面问也没问题。

“这是咱们学校的规定。”

“学校还有这规定？”阿越惊奇得瞪大了眼。

“别说是一个月不发工资，就是三个月五个月不发工资，也没人敢问！”阿谷口气非常肯定。

“那我们的权利呢？”

“咱们的权利就是工作，不是问不该问的东西！”

“我认为这就是该问的。”阿越不服气。是啊，再不往家汇钱，李青恐怕很快就要打电话催促了。

阿谷告诉阿越，前年刚来不久的一个年轻人，好像叫王大伟吧，不知道这个“规定”，贸然给财务室打了电话，据他说，他刚问了一句话：“喂，是财务室吗？请问上个月工资什么时候能发啊？”财务室的一个极为年轻的声音立即训斥他说：“你是谁啊？你不知道这些问题不允许问吗？要时刻想着工作，不要总想着什么时候发工资！不好好工作，老板怎么会给你们发工资呢！”

那个声音说得极难听，王大伟咽不下去，质问道：“你这是什么态度啊？你们服务人员的职责不就是为一线老师服务的吗？怎么服务态度这么差啊？我工作，学校理应发给我工资，该发工资的时候不发，为什么不让人问？我维护我的权利为什么不允许？”

说完以后，王大伟“啪”地一下把电话挂了。

最后，财务室把这件事汇报给了领导，领导让人通过技术手段查到了打电话的人，把他给解聘了。

阿谷还说，去年，还有一个类似的情况，刚来的一个年轻人叫李晓亮的，也是因为工资问题被学校解职，只是他和王大伟具体情形不太一样，他是在学校的BBS上发了一个帖子，询问有关人员为什么不及时发工资？他认为如果不能及时发工资的话，有关部门是不是应该给老师们解释一下，这样既体现了对老师的尊重，也体现了学校的大气和民主。口气非常柔和，绝对没有不满的意思，更没有挑头闹事的动机，但学校还是把他给解聘了。

“啊？我们刚来的时候，学校有关领导对我们进行教师管理方面的专题培训，我记得很清楚，有一位领导说，学校从来不解聘员工吗？”我非常奇怪地说。

“不解聘是不假。但让员工因为某一种原因离开也是不争的事实。只不过——”阿谷说。

“只不过换一种说法罢了！”阿越接上了阿谷未说完的话。

“你说，你还有没有必要打这个电话？”

阿越吐了吐舌头，没有说话。

听了阿谷的话，我心里不由得一凉：怎么会这样呢？这么好的一个学校，这么气派的一个地方，怎么不具备与之相配套的宽广心胸呢？不同的声音无论在哪一个单位都是必需的啊！

好在，两天以后，上个月的工资终于发下来了，这让阿越心里轻松了许多。他决定，以最快的速度给亲爱的李青寄去。嫁给他以后，经济上的巨大压力也够她受的了。阿越不敢想象，要是将来再有了孩子，如果李青的工作还没有着落，又该如何处理！

想到这儿，阿越不由得对有关人员产生怨恨之情：明明有空着的位置，偏偏不让他的梦想实现！在阿越的心里，他是那样喜爱这个学校，但正因如此，他才又对有些领导不满，总想通过一些带着某种情绪的话表达出这种不满……他觉得，M学校的硬件和某些人员的软件好像真的不那么配套。

这天上午快下班时分，学部干事忽然给各个办公室打电话：快看BBS，有重要通知！

我们办公室的人本来已经把电脑关闭、准备下班了，又忙打开电脑，打开BBS，这一看，阿越气得不由大叫一声，这一声把众人吓得一激灵！

“强盗！”

“阿越，怎么啦？”何必老师关心地问。

“你看看BBS上的通知就知道了！”

我们迫不及待地打开看时，原来是一份办公室发的通知。

通知的全文是：

各单位：

天气渐冷，为了保证员工的身体健康，自今日起缴纳取暖费。收费按照国家有关文件规定的标准收取，望各单位务必做好此项工作。收费方法：由员工个人把现金缴到各单位办公室。收费截止日期：×月×日，历时三天，过期不候。

M学校办公室

2010年11月×日

我问阿谷："这个国家规定的收费标准到底是什么？"

"大概是每平米二十多块吧？"

"啊？这么多？这个月的工资又完了！"阿越像被剜了肉一般痛。

"我明白为什么发工资了！"我恍然大悟。是啊，也难怪我怀疑，发工资的时候和发通知的时间离得这么近，不会仅仅是巧合吧？

"谁都知道，在学校资金出了问题的前提下，还是发了工资，目的到底是什么。"阿若接着我的话说。

"学校资金出了问题？出了什么问题？"我一惊！我可不希望M学校出任何问题。

"据说，学校近期上了两个大项目，但后来被证实，这两个项目都被人骗了。谁知道呢！"阿若淡淡解释道。

阿若的爱人在学校行政部门上班，属于和领导直接接触的那拨人，也是能掌握最前沿信息的那一拨人。正因如此，阿若透露的信息才是最新、最准确的。如果他不是这种内向、沉稳甚至略显懦弱的性格，恐怕会给我们透露更多的有用信息呢。有时候我难免想，阿若之所以能受到学部领导和学校领导信任，几乎什么好事都落不下他，除了他踏实肯干的工作态度之外，是不是和他爱人有关？

可是今天，阿若为什么又能勇敢地说出这个"惊天"的秘密呢？难道阿若吃了熊心豹子胆了？唉，管他呢，难道就不能让阿若男人一回？

后来我才知道，阿若之所以这么不给学校面子、说出关于资金出问题的真话，是有原因的。事实上，阿若在以后的时间里还说了更多"不该说"的话。正应了那句话，有因就有果，凡果都有因。

"大家什么都可以议论，千万不要议论和学校资金有关的问题！"盛老师边说边关上电脑。

下班了，坐了四个小时班的人们边伸懒腰边往办公室外走。

下班的确是令人轻松的，尤其是对于心情沉重的人来说。

路上，我听到众人纷纷议论，凝神细听，多是议论取暖费的。

下午，阿越愁眉不展，肯定是被取暖费闹的。

“能不能不缴？”阿越忽然说。

“什么？”盛老师追问阿越。

“取暖费呀！”

停了大约一分钟，阿谷中气十足地回答阿越：“当然可以！”

“那我就不缴了！”

“可是，有一个条件。”阿谷补充道。

“什么条件？”

“你离开M学校！”阿谷笑了。

“为什么？”

“为什么？很简单。你住学校的房子，就要缴费，除非你不住房子。学校的员工都使用了学校的房子，除非他不做学校的员工。再说，学校出台的每一条规定员工都要绝对遵守，绝不允许有例外。你想成为例外，所以你只能离开M学校。”阿若绕口令一般地替阿谷说了这么大半天，也真难为他这次与阿谷的想法如此惊人一致了。

“我不明白，我让有关人员关上热水管的筏门还不行吗？我年轻，不需要暖气！”

“不行，你就是一点儿都不用，也得缴费！”阿若说。

“咱们这样的工作性质，白天一整天在办公室，晚上八九点了才回住处，早上老早又起来了，一天还按那个标准来收费，太不合理了！唉，我的两千多块钱啊！”提到钱，阿越痛心疾首。

但牢骚归牢骚，阿越他们还是乖乖地把钱交到学校的办公室。有什么办法呢？“胳膊拗不过大腿”“人在屋檐下，不得不低头”“以卵击石，粉身碎骨”“蚍蜉撼大树，可笑不自量”……阿越心里翻涌着这些词句，词句翻起了咸腥的浪花，让阿越想呕吐。

三十七、几个电话

这天晚上，阿越和何必老师都给自己的妻子打了电话。

先说阿越。

心情不好，胃口就不好。阿越觉得，要是长期这样就好了。他觉得一个广告词写得不够好，需要修改。广告词是：身体倍棒，吃嘛嘛香。他认为应该改为：心情舒畅，吃嘛嘛香。

回到住处，他迫不及待地给李青拨通了电话。

旋即，李青兴奋而甜腻的声音从遥远的地方传来：“老公，想我了吧？”

“嗯。”阿越提不起精神，这次电话的主题可不是为了说火辣辣的情话。

“怎么啦？不高兴？”几百里外，李青感觉还真准。唉，可怜的小夫妻啊！

“嗯。”阿越的声音像音频重放。

“是不是汇过钱了，故意来个欲扬先抑的？”这下李青的感觉可不准。不知是她故意的还是逗阿越玩。

“寄个屁，你就知道钱！”阿越忽然发起怒来。

稍停，李青的声音才传过来。阿越猜，李青的心一定沉了一下，她换了一只耳朵听。

“阿越，你是不是没领到什么钱，或者要交什么费了吧？别发愁，这次不寄钱就行了，啊？”

阿越的泪差点儿没涌出来：多好的爱人啊！

“对不起青青，学校让交取暖费，两千多块，我已经交了，所以……”阿越声音有些哽。

“这有什么对不起的？该交就交呗！大冷的天，我又不在你身边，你不冷了我也放心呀老公！”

“青青，我说对不起并不只是因为钱，”阿越思考着，要不要把那句话说出来，经过快速地思想斗争，他还是说，“青青，跟着我你受苦了！”

“别酸了亲爱的老公，我选择，我喜欢！”李青猛然整了一句广告词，把阿越逗笑了。

广告词真好！爱人真好！

此刻，李青美丽的脸上一定盛开着一朵柔情的鲜花。

放下电话，阿越心里踏实了许多，至少李青没有怪他，让他踏实。他最怕李青生气，哪怕是生一丁点的气他也害怕。他害怕不是因为害怕李青责怪他，而是心疼李青。在阿越的心里，李青就是他的全部世界，人们常说，爱情只是男人的一半，另一半是事业；只有女人才把感情当整个世界来经营。呸！说这句混账话的人一定没谈过恋爱结过婚，或者被恋爱婚姻所伤。他哪知道阿越心里爱情和婚姻的重量呢？

只要李青不生气，高高兴兴的，阿越就是再累也心甘情愿。

为了让亲爱的李青高兴，为了他和李青的幸福，阿越决定，一定要想法把她工作的事办好！

阿越心里一轻松，就不知不觉歪在沙发上睡着了。幸亏这样的天气里，屋里还不太冷，当然，最重要的是阿越年轻，心里又被火热的爱情烘烤着。

这天晚上，何必老师也给妻子梁莉通了电话。

当然，他通电话的主题不是因为学校让交一笔不菲的取暖费用，尽管他也觉得缴这笔费用有些心疼。

M学校的住房条件比较宽裕，除了像我这样的应届大学毕业生住一间房以外，即便是阿越这样的年轻已婚老师，都能住到一套或大或小的房子，比如何必老师，住的是一套三室一厅的房子。一个人住这么一套房子，何必老师经常觉得太浪费了，尤其是知道必须要按住房面积缴纳取暖费之后。阿越呢，住着一套一百平左右的房子，房间结构和何必老师相似，只是客厅小一点儿。起初，阿越还因此心里不平，认为学校对他不重视，否则就不会给他分配这么小的住房了。直到缴纳取暖费，他才羡慕起我来：我只需交他的十分之一足矣。

好在，性格开朗的阿越心里还有一个维持平衡的方法：过春节的时候，让李青过来和他一起住，因为这套住房在寒冷的冬天里将会非常暖和。

但第一次打家里的固话，没人接，何必老师心里颇为着急，于是，他又拨打了梁莉的手机，但梁莉还没有接。于是何必老师的心里打起了鼓：干什么去了呢？莫非家里出了什么事？莫非梁莉遇到了什么危险？莫非儿子……他不敢往下细想了，相距几百公里，越想恐怕越心虚、越担心哪！

于是，何必老师打开电视，胡乱找一个节目看着，但眼前的画面在毫无意义地晃动，根本就看不进去！思念呀，牵挂呀，像一条绳子，绳子的一头系在妻子儿子身上，另一头系在自己心上呢！

忽然，手机铃声响起，梁莉的，他猛地扑向手机，像饿虎扑在猎物上。

“莉莉，干嘛呢？”

“在妈这儿呢，阿必，刚才我在厨房，手机在客厅。”妻子的声音里充满歉意。

“怪不得我往家打没人接。儿子呢？”

“跟姥姥玩呢，放心吧。你好吗？”

何必老师心里平静下来，温暖也袭上心头。

何必老师按下电视的静音键，舒服地斜躺在沙发上，把手机的免提功能激活。随即，梁莉温柔的声音便回荡在客厅里，就像她在跟前说话一样。他喜欢这样的感觉。

“我那个案子结了，尽管那个人很难缠，但到底还是搞定了，你老婆厉害吧？现在我又接了个案子，不过是个离婚案。我一向不喜欢接这类案子，我对离婚的人总是持排斥态度，但不知怎么地，我竟然为那个女人当起了代理人！

你说奇怪不奇怪？”梁莉喜欢说她的案子，他喜欢听她讲。

他知道，自己的妻子真棒！

“阿必，咱离得那么远，你就不想我吗？为什么不愿意到离家近的地方工作呢？”梁莉的口气里带上些责备，当然是用撒娇的口气。

“不是为了理想吗？这个地方很好，条件很棒，我喜欢！”

说了这句话，何必老师想，是啊，他并不缺钱，有妻子的能干，就已经注定了这一点，可他为什么要跑这么远，到M学校工作呢？由副校长“转正”的诱惑就那么大吗？未被评为特级教师的杀伤力就这么大吗？在何必老师心里，这些似乎都不太重要，可是，他在面临这些问题时，为什么还那么不淡定，为什么会反应那么强烈呢？

“阿必，妈要跟你说几句话！”梁莉在那端喊道。

何必老师匆忙收回思绪，岳母教诲，怎能不洗耳恭听？

“何必吗？”岳母温和的声音在客厅里响起。

“妈，您和爸好吗？”何必老师从沙发上站起来，以示对老人家的尊敬。

“我们都很好，你爸的书法也一天天进步，刚才还念叨你呢！就是阿莉，你不在家，她又忙里又忙外的，太不容易了。你回来吧，啊？”岳母的话里有些恳求的成分。

何必老师赶忙给岳母进行耐心地解释。

但他知道，这一番解释之后，他原本想告诉妻子的那件事只得暂时搁浅，否则，他们就会更加为他担心了。

那件事是他听到的关于学校新近被骗、资金吃紧的事情。

放下电话，何必老师心里却没有以往给妻子通完电话以后的那种满足和幸福的感觉，他心里沉重。

M学校，我的梦想，为了你，也为了我的梦想，我暂别了爱妻爱子到了你的怀抱，可你怎么让我越来越担心呢？

这天晚上的风很大，躺在床上，我什么也不想做。今天的课是连排，一天的课使我也感到身心交瘁。

人都是这样，冬天太冷的时候容易疲累、容易紧张，这种情形和夏天太热的时候极为相似。

隔壁房间里，人声喧哗，电视响得震天，还有来自大功率音箱的歌声，不知他们遇到了什么好事。即使有好事要庆祝，即使有感情需抒发，也应该考虑这筒子楼里的其他人嘛。学校在这方面确实需要抓一抓了。

我居住在单独一栋筒子楼里，里面居住的大都是单身男子和单身女子，比如曾经追求我的程功和正在追求我的陈明灿和张天然。之所以说“大都”，是因为我知道有一个四十一二岁的老师也住在这里面，我可以确定这老师是结过婚的，可能是他为了给学校省一套大些的房子或者给自己省一点儿取暖费或者电费水费（学校规定，住在筒子楼的单身职工可以免交电费和水费，但取暖费不免）。这就给一些人提供了许多条件：大呼大叫以吸引异性同事注意的条件、用一些翻新的手法追求异性同事的条件、几个脾气相投的同事在某一个人的房间里玩麻将打扑克喝酒或者干其他人不知道的事情至第二天黎明的条件。学校对此曾经三令五申，严禁筒子楼的职工尤其是异性职工互相串门，严禁单身职工留宿异性同事或者异性的外来人，但总是雷声大，雨点小，甚至睁一只眼闭一只眼。

曾经，我也对学校针对筒子楼而做的一系列“特殊照顾”极为反感，甚至一度认为这是侵犯了单身教师的隐私，但直到今天晚上，那些乱七八糟的声音提醒我，学校此举是正确的。但遗憾的是，多数规定不过是一纸空文罢了。

忽然，我的手机震动起来，一看屏幕，我的脸红了，心也跳得飞快！

是刘一君打来的！莫非，他回心转意了？

上次的北京相聚之前，我已经觉得我们之间出现了问题；及至见面，更验证了我的判断。

再见时也没有了往日的激动，游离的眼神、言不由衷的话语，都昭示着誓言的冷却和感情的不再。以与人合租、住起来不方便和工作忙为由不让我跟他住在一起，则无疑是明确地告诉我他已经厌倦了我；尤其是那个女孩子的出现，更对我们曾经苦心的炽烈感情作着讽刺的注脚。我早已知道，那次的北京之行是一次太过莽撞之举，是把自己抛进了尴尬之中、是把感情流放到了阴湿寒冷的地带！回来以后，我经常心情沉重，总是觉得感情要像断了线的氢气球一样脱离我的手，飘飘悠悠向着蓝天飞去了，留下在地面上的我，两手空空，只有目送着气球渐渐隐身于云朵身后的份儿……许多情形相似的夜里，我做着内容相同的梦：我和刘一君并躺在海滩上，脚下是温柔的白浪，风轻轻吹在身上，似乎在挑逗着我们。忽然，我激动起来，直起头，把嘴唇凑近刘一君的嘴唇，但不知为何，刘一君的嘴唇却往后撤了一些，我又往前凑上去，刘一君的嘴唇又往后撤了一些，撤得不远不近，“恰到好处”的距离：既能让我感受到他嘴唇呼出的气息，又足以躲开我炽热的吻。于是，我焦躁起来，气恼地对刘一君说：“你既然讨厌了我，我要死了！”说着，我便以极快的速度从海滩上爬起来，从容地走向浩瀚的海水，海水张开冰冷而博大的胸怀迎接着我。当水越来越深地淹没我时，我不由得回头看了刘一君一眼，只见他正定定地看着我，目光里似乎含着殷切盼望的成分，含有欣赏的成分，似乎在赞赏我敢于赴死的非凡气度……

我醒了，没有海滩，没有海水，没有刘一君的目光，只有寒冷的夜，只有漆黑的房间，只有微冷的被衾。这以后，就是无眠。

然而，我还是希望事情会有转机，毕竟，培养一份感情不容易……

“喂，”以一种复杂的情感说出这个字的同时，我还在紧张地想着，刘一君这个时候打电话干什么？

“喂”过之后，那边竟然久久没有声音。

是酝酿感情，还是在下决心？我在等待着上天的判决，反正感情已经放在那个冰冷的天平上了，至于它的重量和结局，恐怕只有等待判断的份儿了。

忽然，我的心一沉：电话里传出一个嗲声嗲气的声音！这声音包含的内容异常丰富：含含糊糊，像是人刚从梦中里醒来；略带责怪，像是有着极深的感情；又包含着撒娇，显是交情非浅……我一切都明白了！

“刘一君，有什么话快说！”我忽然甩掉所有的柔情，以一种连自己都陌生的口气大声对手机喊道。

果然，那边传来刘一君熟悉的声音：“阿褛……我……”矛盾的心情，极没底气的口气。

“做都做出来了，还有吞吞吐吐的必要吗？”我忽然觉得，说了这句话后，心里莫名的痛快。

“阿褛，你已经听到了，那……”那边像终于下了决心，“咱们分手吧！”

“你以为我还会赖着你吗？我的心里，早已跟你分手一万次了！甚至，我的心里，你早已死了！”痛快，顾名思义，包括两方面的情感，一是快感，二就是痛了，痛彻心肺。

“阿褛，对不起。我……我实在没有办法……”刘一君的声音不像从北京，而是从极遥远的地方传来，这地方信号极差，稍纵即逝。甚至，这声音像从地底下传来，带着地狱的气息。

“操你大爷！”我用了北京人最喜欢用的骂人的话。然后“啪”地合上手机，把长期以来苦心经营的感情、虚伪的男人虚伪的舌辩一同隔离在遥远的虚无之外。留下的是无边的寂寞和沉重的悲痛，泪汹涌而出！

感情啊，你究竟是个什么东西？让人如此痴狂又如此痛苦？男人啊，你究竟是一种什么动物？竟然可以如此不负责任，如此轻易抛弃自己所有的誓言？

我丢下手机，再也没有睡意。

隔壁的声音仍然穿透墙壁，频频传来，挤进我充满排斥的耳鼓。忽然，我竟然觉得，这声音含有某种亲切的成分。最少，细心地听着这些乱糟糟的声音，让我不再像刚才那样痛苦寂寞。

以前怎么没有发现呢？人的心思真是一种难以捉摸的怪东西。

不知过了多久，我一跃而起，拿起了手机。

“爸，我妈呢？”

话筒里传来爸爸轻唤妈妈的声音。

“妈，”我擦擦眼泪，“我很好，您和爸不要挂念。你们身体怎么样？”

“妈，我要跟你们商量个事，我想考研，复习很长时间了，原来还没有全力以赴，但以后我想下更多的劲，投入更多的时间。你和爸都支持我？谢谢爸爸妈妈。我要说的是，一段时间后我很有可能辞职，今年不说了，明年我想参加考试，这期间，我想用最多的时间来复习。又要给家里带来经济上的压力了……”

放下电话，我心里非常轻松也非常温暖，方才接刘一君电话的情绪已经荡然无存了。或者说，我在父母亲情的温暖下，把一切不快都暂时堆放进心灵的那个小小的角落了。

感情嘛，就是这样，一味地等待着恰恰是痛苦的，一旦挥起慧剑，看着情丝如断发般纷纷落地的情形，给人的虽然有痛，也有一种淡淡的成就感呢！

睡吧！明天还要上班呢！我告诉自己，在乱七八糟的声音的海洋里，我要睡觉了。

三十八、期中考试

期中考试终于像一个喜欢做作的少女，姗姗而来。

之所以说她喜欢做作，是因为在每一位老师的心里，她早就该到来了，或者说，她应该在什么时候到来，早就应该让人们知道了，可是，她就是不让人们事先知道，直到她忽然出现在大家面前。她喜欢看大家措手不及的样子，喜欢看大家为了她的到来而瞠目结舌的窘状。

难怪阿越边做鬼脸边阴阳怪气地说："盼期中考试盼得心都老了、花都谢了！保密程度真高啊！"

"阿越，你知道为什么会选择这个时候考试吗？"阿谷问阿越。

"为什么？期中考试的时间还有什么讲究不成？无非是本学期的教学时间过半、教学任务也过半了呗！"阿越不假思索地回答。

阿谷笑而不答。

"阿越，你翻翻日历就知道了。"为了不让这求知欲极强的弱智儿童因自卑而出意外，阿若提醒阿越。

"瞧我这猪猡脑子！"说着，阿越立即拿出手机，在上面鼓捣起来。

"哎呀，我知道了！领导真是高明，非我辈普通小百姓所能及也！"阿越大叫。

原来，期中考试开始的那天是公元2010年公历的11月18日，要是把这个日期读出来就是：要要要发！这可是马校长心里的黄道吉日呀！

我倒没说什么，我觉得，关于期中考试，套用史铁生所说的那句话再合适不过："死是一个必然降临的盛大节日，不必刻意等待，谁也躲不过去。"期中考试也是这样，也是一个必然降临的盛大节日，谁也躲不过去。既然领导存心不让老师们事先知道，又何必生出觊觎之心、挖空心思知道呢？用一句爱情的名言来表述吧，该来的一定会来，别逃避！

这不，它不是来了吗？

听说，公办学校的期中考试已经进行过了，当然是由教育局主持的。而我们是民办学校，是后娘养的，不仅公办学校不屑于跟我们比，就连教育局也不拿我们当根葱。那些根基浅、实力弱的民办学校，为了有宣传点、增加生源，拼命往教育局主持的考试上靠：高价购买教育局的命题和试卷，试图得到与公办学校一起比高下的机会。但M学校因为实力雄厚，提倡张扬教学个性，不太理会教育部门的茬儿。不料，这反而成为学校管理和教学过程混乱与随意性太强的诱因。这是当初M学校的创办者绝对不曾想到的。

这可是入职M学校的第一次大型考试啊，我们六个人都很重视。

俗话说，一朝天子一朝臣。现在，对于我、何必老师和阿越来说，不但是换了天子换了朝代，还换了地盘。

知道期中考试突然袭击的准确时间之前，我常常这样想，像这样的大型考试一定会组织严密，虽然不至于像高考一样，但也一定是非常正规的！如此方不负M学校的办校宗旨和省内最好的民办学校的光荣称号。

这个新地盘上的期中考试是怎样的呢？我们心里都充满着期待。

11月17日上午，学校办公系统里以马校长的名义发了一条通知：定于今天晚上7点半钟在学部会议室召开全体教师考务会。不准缺席，不准迟到！

通知下面还有一个word文档的附件：《M学校高中部2010－2011学年上学期期中考试监考、考务人员名单及注意事项》。

"附件"把关于此次考试的所有事项一网打尽，可以说极尽详细。但颇有这方面经验的何必老师却一眼看出这个附件有问题，有非常严重的问题！

何必老师正思考着，阿越已在那边发难了："真奇怪！既然已经把期中考试的注意事项都安排得这么详细甚至完备了，今天晚上的会议还有必要开吗？

这不是浪费大家的时间吗？”

“阿越，你怎么这样说？如此重大的一次考试，怎么能连一次考务会都不开呢？”盛老师表情严肃，却口气轻松。别说阿越，就连细心的我也搞不清楚盛老师此刻是在和阿越开玩笑还是在认真地表达自己的观点。

“我是说，既然有了如此先进的办公系统，既然已经利用了这个先进的系统，既然已经把有关内容都安排清楚了，这个会就没有必要再开了。”阿越顺着自己的思路走。

我也觉得，阿越说得颇有道理。不开这个会，老师们休息休息，明天好精神抖擞地投身于考试中嘛！又有什么不好呢！

“虽然已经通过文字把有关事情都安排清楚了，但它毕竟和在会上再通过口讲一遍效果不同。再讲一遍，既是强调，又显出郑重！”盛老师也顺着自己的思路走。

“我认为这是对大家的不信任，好像生怕大家不好好看看附件的内容似的！”阿越大叫。

“你别说，还真有不愿意认真看的，这样就很有可能在考试中出错。再说，有了文字后，再通过讲话人的口说出来也不是对人的不尊重。比如说，总理的政府工作报告，虽然早就形成了文字，开会时也肯定会发给与会者，但还是一定会由总理亲自再讲一遍的。你认为呢阿越？”盛老师的雄辩堵住了阿越的口。

我想笑。盛老师的口气好像他参加过聆听总理作政府工作报告的大会，这种较真的口气和态度盛老师极少使用。以往的盛老师多是沉默的，态度也多是和气的，到底哪个是盛老师的真面目呢？

阿越轻叹一声，坐在椅子上，方才的激动荡然无存。

阿越不解归不解，但考务会的脚步并未因为他的不解而有所延迟。

这天晚上的7：20左右，人们都来到了会议室。

正如我们预料的那样，会议分三个议程：先由刘副主任宣读附件中的考场分布图、监考人员名单和考务人员名单。与会者来到会议室门口的时候，由学部工作人员人手一份发了一遍，现在，大家是一边看着名单，一边听副主任宣读。有意思的是，副主任刘传义似乎是第一次当着大家的面读如此意义重大的东西，竟然读得口气极不流畅，就像小溪被什么石头之类的东西堵住、难以前行一样，且错误百出，比如，把同事的姓读错，“单”（shàn）读成“dān”、“褚”（chǔ）读成“zhǔ”、“查”（zhā）读成“chá”，招来一片笑声；或者把时间地点读错，比如2010年读成2001年等等，引起更大的哄笑。

第二个议程是学部主任戴委国宣读附件后面除刘副主任读过的所有内容。为了让大家听得更清楚，或者为了能够深入每一个与会者的内心深处，戴主任故意读得很慢，且不时加以重复，再加入自己的理解，极大地拉长了时间。

更让人发笑的是，戴、刘二位大主任这次依然放弃了自己的东北方言，学着说校长的家乡话，这种举动更是造成了喜剧效果：若是平常讲话还能凑合着听下去，可要是读正规的学部文件也用马校长的方言的话，就有点儿……

因此，他们二位的宣读在会议里起到了极好的调节沉闷空气的作用。一时间，会议里人声如潮，笑声、议论声一直传到附近的教室里去。

最后一个议程当然是马校长的重要讲话。校长主要讲了以下几点：

这次考试是一次极为重要的考试，首先监考的老师一定要负起责任。负责任包括以下三方面：一、按时到达考务办公室，迟到者罚款，立即掏钱，所罚款子由学部人员去买瓜子花生等等；二、监考时要一丝不苟，若是发现不认真者，通报批评，并写检讨一次，并存入个人档案；三、收试卷时一定要认真，不能出现顺序颠倒现象，更不允许出现试卷头尾颠倒现象。一旦发现，追查责任到人，发现一次，通报批评，并写出检讨存档；发现两次或多次，除以上处理外，立即取消该教师的监考资格，由其他人员代替，被代替期间停发工资。

评卷采取备课组长负责制，要按时保质保量完成任务。不允许出现错误，一旦出现一次，由组长负责找到责任人，全学部通报批评，并写检讨一次，存入个人档案，若找不到责任人，通报该科备课组长。

把分数输入电脑也是非常重要的一环。若该环节不认真的话，其他环节再认真也是白搭（校长原话）。因此，也同样采取备课组长负责制。若出现一个分数输入错误，由组长负责找到责任人，并对其进行通报批评，写出检讨，存入档案，若找不到责任人，就通报该备课组长……

马校长绕口令一般的车轱辘话说了足足三十分钟。

底下人不由得交头接耳，小声议论纷纷。

“这他妈哪是考试呀，这是过鬼门关哪！”

“有本事的在这个学校都不监考，谁监考谁倒霉！到头来，不光是白干几天，说不定还落个罚款、通报、写检讨！赔了夫人又折兵！”

何必老师听着他们的议论，想到他上午看到的那个严重的问题、明显的漏洞，心里也是百思不得其解。

莫非，这些领导根本就没干过领导，以致于对考试之事一窍不通？不对呀，即便是没干过领导、没组织过考试，普通教师应该当过吧，没吃过猪肉也应该见过猪跑吧？怎么能够这样？

路上，阿越紧走几步赶上了何必老师。

“何老师，今天我算是开了眼了！”阿越拍拍何必老师的肩膀。

“嗯？”何必老师等待着阿越的下文。

“唉！可惜呀！”阿越长叹一声。

可惜什么呢？何必老师心里一动，莫非阿越的想法和自己的一样？这么好的硬件，却不知从哪儿招聘了这么活宝一样的领导，学校如何能够发展？如何能够实现它远大的目标？如何能够满足社会各界人士的热望和投资人的要求？

他们的近旁，同事们也边走边议论：“监考人员的活儿那样重，还有那么多的条条框框，考务人员活儿那么轻，又没有什么约束，真他妈奇怪！”

“一点儿都不奇怪，你是不是刚来咱学校呀？咱学部的考试都是这样，都是考务人员多得吓人，舒服得令人眼红；监考人员累得要死，还受尽委屈。”

“为什么呀？”

“你想想当考务的都是些什么人不就知道了？”

“我也想当考务，怎么达到目的？”

“哎哟，你这可是个远大的理想！要实现它，需要努力呀！”

“啊，想当考务也需要付出努力？我该怎么努力呀？”

说话者扭了扭头，想看看周围有没有重要的人物：“两个字——公关呗！”

听话者显然想进一步问明白，但那个人已经不说话了。

何必老师和阿越都听到了二人的对话。

说话间，二人已经到了办公室。明天开始考试，当班主任的还有一大堆和考试有关的活儿急等着他们哩！

“何老师，我注意到，那位每周只有三节课的副科老师当了考务！”

“你刚才不是听到那两位的议论了吗？这是在意料之中的事嘛！”

“凭什么！咱们累死累活的，工资不高；他们闲得看狗打架、看蚂蚁上树，好事还都是他们的！”

“这是个非常复杂的问题！”何必老师也学着盛老师的口气。

“怎么复杂？不就是巴结有关人员和领导吗？”

“不仅仅是这些，更重要的还是学校体制的问题！”

“嗯？”阿越不明白。

“你想啊阿越，若是考试有很高的补助，这些人会甘愿别人比他们的补助高吗？如果监考像其他学校一样，按一分钟一元钱的标准来算考试的奖励，咱们就捞不着监考的活儿了！”何必老师沉重地说。

“我明白了何老师！”阿越直点头，“难道李总是吃素的吗？她为什么不知道这些事情呢？”

“奸者必工于谄。古来如此。她是被一些人蒙蔽住了啊！至于在学校里的一些微不足道的所谓好事，比如不监考啊，评优秀教师啊，有什么意思呢？如果一个正直的教师，要是让他的爱人和某些领导拉什么关系，以此来取得这些所谓好事，他还坚决不干呢！”

“是的，您说得太对了！我亲眼看到，那个每周三节课的副科老师的老婆和某领导眉来眼去的！真他妈恶心！”

“习惯了就好了！慢慢看吧！”何必老师也拍拍阿越的肩膀。

三十九、盛老师

这次期中考试，盛老师也是考务。

因此，在办公室里，阿越就不能毫无遮拦地对考务进行抨击了：因为学部还是较为公平的嘛，每个办公室都有干活轻一些的人！

其实，盛老师在期中考试中担任负担要轻得多的考务，是必然的。可以说，不但这一次考试盛老师能当考务，就是以后，只要马校长不被撤换，他已经当定考务了！

原因当然很简单，不说其他，就单说盛老师系本地人，来M学校之前就已经取得了很高的地位、很大的名气这一点来说，就非我们所能企及。M学校硬件再好，名气再大，也必须植根于生养盛老师的这一亩三分地上，离开了这一亩三分地，M学校就成了无源之水、无本之木。它要走向全国、成为全国知名民办学校的宏图远志就成了纯粹的梦想、空想！它要发展，当然离不开学生，尤其要依赖本地的生源，而盛老师的名气恰恰能够为它带来很多的生源，否则，它的招生计划就完不成！可以说，盛老师虽然不过是一名普通教师，但他在M学校的地位和作用是举足轻重的！盛老师之所以仅仅是一名普通教师，据有关消息灵通人士透露，那是盛老师的意思，因为他不想刚刚离开一所本地有名的学校，就迅速地走进大家的视线，而要是当了一个什么领导的话，原单位甚至当地教育局就会知道他的动向，这样就尴尬了。为了当地教育部门的面子、为了原学校的自尊、也为了M学校不至于因为挖走当地的名师而引起公愤、当然也为了他自己的安全，盛老师宁愿“普通”着！虽然是普通教师，但消息灵通人士说，盛老师的工资不比马校长低！再说，他的工资关系还在原单位，人家照常给他发呢！

之所以说盛老师以后会永远当考务，还有另外一个原因。

刚入职不久，盛老师就发现，学校给他分配的住房和马校长的住房是一栋楼，这可是名副其实的领导楼啊！设施高档，房间大，双卫双阳台。而一般教师住的房子只有一个卫生间、一个阳台，里面配备的东西极少，不过是象征性地放了几件而已。因此，原本不打算把老婆孩子搬到学校家属楼住的盛老师很快改变了决定。盛老师又很快发现，马校长的老婆因为没有工作，学校给她安排了一个清洁工的工作，于是，盛老师就找到学校领导，把自己年轻得多但同样也没有工作的老婆安排成了清洁工，且和马校长的老婆是同一个班！

这样，几乎是顺理成章地，两个女人就成了非常要好的朋友。又顺理成章地，盛老师和马校长得以较多的来往。不但是工作上，在生活上也互相沟通得比别人多得多。

因此，盛老师心里和马校长十分亲近，但又不敢表现出来，免得成了出头鸟，在办公室成为众矢之的；但别人议论、尤其是表达愤慨时，如果他老是一声不吭，也势必会成为众矢之的，因此，盛老师也往往不痛不痒地插上几句，以表达他的“与民同愤”。

但昨天，一向稳重的盛老师，还是没有管得住自己的嘴。在阿越激越地议论考务会不该开的时候，忍不住和他争辩了几句。过后，盛老师心里泛起浓郁的后悔之意，悔不该这样和阿越较真。但说起来也实在没办法，阿越平常对有关领导议论得太多了，言词也太激烈了！盛老师很多次都控制着自己的情绪，不要接茬，因为是阿越，他更应该保持冷静，保持冷静。为此，盛老师无数次提醒自己。

盛老师是一个很有涵养的人，心思缜密，考虑事情非常周到。比如在办公室里的谈话，往往是阿越的口气最为激越，闪着熊熊火光一般，烧得人或者热血沸腾或者心里难受。年轻时，盛老师也有过这样的时候，凡事都认为自己都是对的，不知道给别人留情面，但最后的结果恰恰是，不给别人留情面之后是不给自己留后路。后来，他就渐渐地改变了年轻时的这些冲动。人们常说，岁月是一块磨刀石，其实，岁月又岂止是一块磨刀石，它还是一把刀呢！不但磨平人的棱角，甚至非常残酷地斩去人的头角呢！

若不是谈话如此激越的是阿越，而是阿若和阿谷他们，盛老师恐怕早就给他们指出来了。因为，盛老师对阿越是有着特殊感情的——隐隐约约的，他心里嫉妒阿越，甚至恨阿越，当然是因为我的关系。

自从和我一个办公室以后，盛老师似乎忽然觉得生活有了太多太多的意义，而办公室也凭空多了太多吸引力，甚至是诱引力！每天早饭后，他都想第一个来到办公室，午饭后也是如此。不知不觉地，整个上午和下午的时间就过去了。很多时候，他都不想下班了，只想待在办公室里，盼望着下班时间的延迟到来。他也知道，以自己的年龄，这种可怕的感情是不可能有结果的，即便有结果，也必定是苦涩的、见不得人的！

感情啊，偏偏在人来不及提防的时候来到，像鸟儿一样，飞到人的心头，一点儿翅膀扇动的声音都没有。于是，老成的盛老师忽然手足无措了！是啊，这下该怎么办呢？

他的办公桌和我的办公桌相对着、紧挨着，办公室里的人谁都没有我们俩离得这么近，盛老师简直觉得这是上苍的温情眷顾，让他和我这样接近！每天每天，他都能够闻得到那种只属于女孩子的气息，于是，他禁不住心旌摇曳起来，甚至有时按捺不住激动的心情——心像兔儿一样，欲跳出胸膛来！不少时候盛老师都在想，阿褛知道吗？她若是知道了，她会有什么样的反应？是嘲笑自己还是蔑视自己？

但有一点他不断告诉自己，一定不要让阿褛看出来，否则，自己的面子该如何放？

盛老师永远也不会忘记那一次的尴尬。他给我收拾办公桌，被我拒绝，正当他受伤和无地自容的时候，我又非常自然地为阿越擦起了桌子。对我而言，我不过是故意地让盛老师知道我对他无意，但在盛老师眼里，我是在对阿越示好！阿越有什么好？不就是年轻几岁吗？可他那么激烈、那么浅薄，他像阿越这么年轻时，比阿越帅多了、深沉多了！

我为阿越擦桌子的那一幕像噩梦一般让盛老师挥之不去。自那时起，他的心里就生出一种让他极不舒服的东西，这种东西像蛇一般咬噬着他的心！毒蛇咬噬的同时，还把毒液注入他的心灵深处，让他产生痛不欲生的感觉！

这大概就是久违了的嫉妒吧！

正因为受这种感情的驱使，他曾经有两个星期不和阿越说话。每天都在听着阿越高谈阔论，抨击时政，他就觉得阿越是在向自己示威——在感情上，阿越打败了他！

后来，由何必老师出面把他和阿越的矛盾解决了，最起码我们认为已经把矛盾解决了，两个人又说起了话，不像以前那样绷着了。可根本原因未除，又怎么能算是把矛盾解决了呢？

正因为自己和阿越有矛盾，他才不愿意和阿越较真，不愿意把这种感情流露出来，哪怕是一点点儿。

可是，盛老师又深深地自责，不是自责和阿越的争论，而是没有隐藏住自己的真实情感。在阿越抨击马校长的时候，他终于忍不住了，于是，他有了不理智的言行。但愿人们不会想得太深太多，比如千万不要认为他和阿越是因为一个女子而生的嫌隙，尤其是不要认为他之所以反驳阿越是因为他和马校长关系亲近！

盛老师已经能够确定自己只要在M学校，就不会在任何方面吃亏了。正因如此，他才处处一副气定神闲的样子，包括在我们的第一次“家庭聚餐”会上。

凭盛老师的老到，他又何尝看不出来M学校的管理和它出色的硬件设施严重不配套！可以说，M学校是省级学校的教学设施，但管理者只是乡级甚至村级的水平。在这样的环境里，和领导搞好关系就显得尤为重要。但搞好关系是一回事，采取什么样的手段和领导搞好关系是另外一回事，这其中有高下之分，优劣之别。有些人的眼光虽然很锐利，也看出了这其中的奥妙，但他们的手法却令人难以恭维。他们的手段有的太过粗糙，有的太过扎眼，有的又过于下作，这些方法都属于盛老师在心里坚决摒弃的范畴。他亲眼看到学部里的那位年轻教师用自己的老婆在马校长面前撒娇卖乖、卖弄风骚，以求得好处，对此他颇为不屑：用老婆作为诱饵施行美人计的男人不是好男人！每当看到年轻教师的老婆在马校长面前扭来扭去的时候，每当听到年轻教师的老婆在校长面前嗲声嗲气撒娇的时候，他心里就不由得泛上一股恶心的感觉。

从那次以后，盛老师就告诉自己，再不能重复犯那次的错误了，连续在同一个地方被绊倒的人是愚蠢的！干损人不利己的事情也不再是盛老师的性格。至于阿越，让他激越去吧，让他抨击去吧，时间长了自然有人跟他计较！

看着同一办公室的室友每天忙忙碌碌地监考，有的还被马校长因为某件小事批评，而他却可以轻闲地做考务，他脸上就有一种旁人难以觉察到的微笑。

四十、对何必老师的通报批评

梦魇一样的期中考试终于过去了，这三天全天候的监考，把何必老师累得够戗。

何必老师身体开始发福，疏于锻炼，身体素质已大不如前。二是何必老师原来是抓教学的领导，早就不干监考这样的活儿，即便是原来当普通教师时监考也不曾像在M学校这样监得这么多、这么富有压力——每天早饭后一直到晚上9点半，除了吃饭和上厕所外，都在监考。

何必老师觉得，自己快累散架了。监考的那三天里，他就像是一头拉着锈犁的耕牛，走进了像北大荒那样的田地里，看不见尽头，也不知道什么时候能够歇息一下，身后还站着手拿着鞭子或者棍子的凶神恶煞般的人。想倒下，又被一口气撑着，只得任人摆布。

现在，终于到地头了，可以松一口气了。

不但何必老师累得要死，就连年纪轻轻的阿越也不例外。虽然阿越年轻，身体素质好，但这样高强度、大剂量的监考也够他受的。三天来，他连抱怨的气力都没有了，只想快点儿结束，好喘口气。

至于我的身心疲累就不用再赘述了。

大家都一样，都像被榨干了油一样，蔫了、瘪了。

最轻松的当然还是那些考务人员，他们人多，有十几个，据说是马校长特意预留出来的——如果哪位监考老师不负责任，好让他们适时地替换。结果当然可以很容易地想象出来：没有一位监考人员不负责任（马校长自行发明的一系列处罚措施在那儿放着呢，谁敢碰高压线呐），所以他们没有派上用场。

所谓考务，当然是为考试服务。他们服务的事情有这样几件：数试卷、分发试卷、发卷后到考场外转转看哪个考场缺试卷、考试结束以后装订试卷。根据何必老师的经验，这样的人员只要四个人足矣，根本不需要十几个人。

考务人员需要提前到考务办公室，因此，他们不需要点名；同时因为考务人员太多，即便有人未按时到也没人知道，即便领导知道了也因为他们特殊的身份而不会批评他们。

更何况，考试的第二天开始，马校长已经积累了一定经验，让这些考务人员排好班，有的上午上班，有的下午上班，有的一整天都不上班，只在第二天上班。即使全天候上班也轻闲得要死，可何况轮流！只可怜了那些第一线监考的老师了！因此，如果有哪一位每次考试都被排作监考的教师梦见自己做了考务，您千万不要嘲笑他们幼稚和浅薄。

现在，监考终于结束了，该让人喘口气了吧？

不！

考试结束的当天晚上，教学楼大厅里立即写出一条通知，让全体教师一定要再接再厉，百尺竿头更进一步，当天晚上评卷，当夜把评卷输分工作保质保量地干完！

这下我们傻了眼！真不愧是全省闻名的M学校啊，效率果然高！

按学部规定，高一老师评改高二试卷，评卷必须要流水作业，必须要做到无任何错误，否则通报责任人；找不到责任人的，通报备课组组长。何必老师首先遇到的问题就是把整张试卷上的题平均分给我们六个人。这是个难题，也是最容易造成矛盾的一环。

来到教学楼，何必老师首先要到学部办公室去领试卷和《答案与评分标准》。当来到学部办公室门前时，他不由笑了：这么早，学部办公室又怎么会有人？

等了十分钟光景，还没有人来，偶尔有经过门前的学生用盛满疑惑的目光打量他一眼，心说，这老师是怎么啦？不会是被校长罚站的吧？

实在受不了了，何必老师掏出手机，给学部干事王玲打电话，听筒里铃声响了四下之后，传来王玲干事懒洋洋地声音：“喂，哪位呀？”像是在床上未起来的样子。何必老师只得硬着头皮说：“王干事，我是高一语文组的何必，我现在在学部办公室门口，等着领试卷，您能不能来学部一趟？”

“哟，是何老师啊，不好意思，我没听出来。考试是张干事负责的，不归我管。你给他打电话吧！”王玲干事的口气里既有让人不舒服的嗲声嗲气，又有一种被无端打搅了好事的明显的不耐烦。说完之后，何必老师还未来得及说话，王干事就挂了电话，动作干脆利落，一点都不拖泥带水，完全符合学部的一贯风格。

何必老师苦笑了笑，心里暗暗叫苦：他竟然未保存张干事的电话！怎么办呢？

不能向其他干事要张干事的电话，因为何必不能说自己未存学部干事的负责人张干事的电话。这样既不礼貌，也容易被人抓住小辫子。

于是，何必只得拨通了阿越的电话。

好不容易，何必老师领到了必须领的东西，这件小小的事情让他感慨万端，他想起了王安石评张籍的诗：“看似平常最奇崛，成如容易却艰辛。”他想，张籍的诗是如此，世界上万事万物又何尝不是如此？

接下来是将评改任务分成六份的难题。

何必老师一看空白试卷和评分答案，不由大吃一惊——这试题命得太有创意了！

上过高中的人都知道，语文试卷最不好评改：主观题多，尺度极不易掌握，一不留神，容易陷入主观臆断的误区，就会为学生投诉和学部通报打下良好的基础。而这一次不知是谁为高二语文命的试题，更是主观题多得吓人，按高考试卷的结构来说，原本该是选择题的，也被命题者创造性地变成了主观题。这张试卷对何必老师而言，不仅仅是评改难度大、任务不易保质保量地完成，就是想把试题分为六份又谈何容易？

若不将试题“公平”地分开，让哪一位同事吃了亏，他又于心不忍。

是啊，大家都相处得那么融洽，大家都不容易，又怎么能让人吃亏为难呢？

费了九牛二虎之力，何必老师终于将试题分作了六份。在空白试卷上标出来，等待我们五个人来选。

看着自己辛勤劳动的成果，何必老师脸上露出了欣慰而疲倦的笑容。

但我们五个人仍未露面。

也难怪，在M学校，评卷和上课、监考、摘苹果一样，是没有任何补助的。因此，大家对评卷极不感兴趣。

何必老师觉得，大家来得晚完全可以理解。

但理解归理解，领导分配的活儿是必须要做的，于是，何必老师只好一个一个给我们打电话。对此，他心里充满了歉意。

在电话的召唤下，我们五个人终于姗姗而来。性急的阿越一边在办公桌上借用教案本拍打灰尘之机发泄自己的不满：“真黑，监考一天也不让歇歇！”何必老师听了越发觉得歉疚，仿佛是自己让大家不能休息似的。

“各位，大家都来了，各自为自己挑一个题吧，我已经分好了！”

于是，大家谦让起来，谁也不肯屈尊先挑，似乎是不好意思。争着推着让其他人先挑选。几分钟后，阿谷说：“大家这样推让固然能够体现咱们的高风亮节，但如果这样下去的话，势必会影响咱们工作的进度。我提议，按年龄来挑，盛老师是第一个！”大家纷纷响应，若陈涉吴广起义一般。

“不行不行！”盛老师频频摇着手，头也配合得非常默契，“这样不好，还是女士，不，女生优先，让阿褛先来！”盛老师用眼下最时髦的词怂恿着我。

又是一番推让，我终于先挑了自己的题。

到阿越挑的时候，只剩下了两份任务较重的题。

于是，阿越挑过了，何必老师殿后，评改那份大家余下的。

但何必老师看到，阿越的脸色黯淡了下去，再也没有以往的生动。直到试卷评改结束，阿越也没有像以往那样妙语连珠。

盛老师挑改的是作文，论资格论见识，作文非他莫属。

但盛老师还是尽显谦虚本色，他问何必老师：“何老师，这是咱这一学年的第一次大考，对于作文评改，你有什么要求没有？”

何必老师以极轻松的口气对盛老师说：“要求嘛，还真有。就是你在打分的时候，注意以下两条原则，写得好的打分高些，写得差的打分低些；打分区间应该在0分到60分之间。”

何必老师说罢，大家都笑了。

时间紧，任务重，大家都非常认真，偌大的办公室里，谁也不说话，生怕耽误了评卷的进度，生怕拉了大家的后腿。何必老师参加过多次高考评卷，那场面的严肃性远远比不过此时。

头上，日光灯嗞嗞地响，轻微地；下面，笔尖在纸上沙沙地响，像小风在树叶上轻轻走过。

不知过了多长时间，忽然，何必老师听到了一个异常熟悉的声音——Windows启动的声音，大家不约而同地抬起头，是阿越，他启动了自己的办公电脑。

看到其他人这样关注自己，阿越不好意思地笑笑：“各位，对不起，打扰了。评卷有点儿累，换换口味——不会太影响大家吧？”

未待他人答话，何必老师赶紧接过阿越的话头：“是啊，阿越挑的题分量重了些，是够辛苦的。”

我从试卷上抬起头来，面对着何必老师：“要说题的分量，就数你最重！”

阿若说：“谁的活儿轻啊？不评卷的人活儿轻，领导活儿轻！”

“都是咱们大家的活儿，谁轻谁重又到不了外人！”阿谷充满哲义的声音。

“是啊，阿谷说得对。事实是，我分题的时候一直在考虑这样的问题，真是难以做到真正的公平。如果谁要评完了，给阿越帮下忙。”何必老师满含歉疚。

“不用不用！我还年轻，不需要照顾！”阿越不好意思了。

9点半钟的时候，我们评卷的进程过了三分之一。这时，忽听阿越喊道：“大家快来看哪！”

“什么事啊阿越，把我吓坏了！”我抱怨道，但还是身不由己地到阿越电脑旁，其他三人也起身凑过去。

“何老师，你怎么不来呀，你才是主角呢！”我大叫。

“什么主角？我得什么大奖了吗？”何必老师笑着放下笔。

“大奖倒是没有，只是你一下子突出出来了！”阿谷指着电脑说。

何必老师来到阿越电脑前，见到已经打开的学部的文件，文件头是小初字号、黑体加粗的“通报”二字。

里面，赫然有何必老师的名字。

原来，何必老师监考的那个考场一名考生用手机作弊，由于太过隐蔽，何必老师和另一个监考员都没发现，学部的巡视员也没有发现。考试结束后，在其他考场上抓到现行的一个作弊者供出了这名考生。于是，按学部规定，何必老师和他的搭档就被通报了。

通报口气极为严厉：“上述监考老师对工作不负责任，放任了不良风气的存在，特提出通报批评，并记入教师个人成长档案。望高中部全体教师引以为戒，严防此类事情的再次发生。”这种口气让我倒抽一口冷气，我想起了小时候看到的处决犯人的布告。

“他妈的，这叫什么事儿嘛！不干活的不受批评，认真干活的反而不得安宁！”阿越骂道。

“高二的学生纪律差得很，偏偏有关领导别出心裁，让咱们去监高二的学生，而咱们的学生纪律那么好，便宜了那帮子人！”见大家不插话，阿越继续发表高论。我们都知道，他话语中的“那帮子人”指的是高二老师。马校长规定，这次考试，高一和高二的教师换着监考，以保证考试质量。

“没关系，大家不要为我担心，我只将这通报批评像蛛丝一样轻轻拂去。继续干咱们的正事吧！”何必老师安慰着阿越。

于是，笔的沙沙声又起，间以日光灯管的咝咝声。

一直到试卷评改结束，合分，复核分数，在电脑上输分，发给学部张干事，一气呵成。除了阿谷出去打了两次电话之外，其余五人都全力以赴，连上厕所的大事都忘记了。

诸事搞定，我看看手机，快深夜3点了！

“盛老师，这么晚了，大家想必都饿了，咱们这个地方有没有24小时营业的餐馆呀？”何必老师边把试卷放进档案柜里，边问盛老师。

“咱这个地方太小，顾客太少，据我所知，没有这样的餐馆。你想干什么？”盛老师问。

“我想请大家吃个饭。”何必老师真诚地说。

“不用了吧何老师？我还要减肥呢！”我同样真诚。

“就是想吃你一顿，也没机会了呀！”阿越、阿若几乎异口同声地表达遗憾。

“改日吧，时间长着呢！再说，明天咱们还有早读课。”阿谷的口气非常体贴。

大家都吓了一跳：是啊，评卷太投入了，以为评完以后该放假了呢，这时才想起来明天早晨还要早起，上课！

多么及时的提醒！

多么无情的提醒！

四十一、风波

上午上完课后，下午是一种大战胜利之后的轻松愉悦。何必老师不由得趴在办公桌上，想迷糊一会儿。他想到了妻子梁莉，想到了儿子小翀。不知他们在干什么？小翀的成绩进步了吗？梁莉的案子结了吗？上次打电话说择日开庭，不知情况怎么样？

下次一定要抽机会给马校长提个建议，考试不能再这样搞，也没必要再这样搞。已到瞌睡临界点的何必老师这样想。

“何老师，学部电话！”阿谷放下听筒。

何必老师接罢电话之后，默默地把话筒放下，心情不由沉重起来。

“何老师，怎么啦？”一直盯着何必老师的阿越突然问道。

“没……没什么。噢，我到学部去一趟，很快就回。”何必老师撒了个谎。

轻轻地带上办公室的门，把我们几个的目光和疑惑也隔到门里边，何必老师直接奔马校长办公室而去。他知道，一场不知发源于哪儿的、更不知级别多高何时离开的风暴已然来临。

校长办公室里，已经坐了三个人：其中一位当然是马校长，另二位何必老师也都认识，他们是学校抓教学的副总校长——朱校长、高二语文备课组长——庹老师。

何必老师心里“咯噔”一下，这是唱的哪一出呀？

朱校长就先入为主地热情地对何必老师说：“何老师来了，请坐吧！”朱校长说着，以手示意何必老师和庹老师并肩坐到那个长沙发上。

单人沙发上，马校长也笑着向何必老师点头。

庹老师面色不些不自然，不知为何。

见何必老师坐下后，马校长满面笑容地说："何老师，今天叫你过来呢，没有什么大事，只是高二的某些学生对高一老师所评改的语文试卷有点儿意见，因此庹老师和高二其他语文教师不得已才代表学生提出来，想和你探讨一下。我知道，昨天晚上你们评卷都非常认真，非常辛苦，可以说保质保量地完成了任务。但是，学生毕竟是孩子嘛，有时候对老师的辛苦不够理解，对自己的分数又过于看重，这也是没办法的事嘛！我又不懂，所以才请朱校长百忙之中过问一下。不料他却亲自来了！"说着，马校长向朱校长含笑点头。

朱校长也点头对马校长报以微笑。

朱校长先是习惯性地清了几下嗓子，然后慢声慢语地说："学生的意见主要集中在两点上，一是作文，他们认为作文分数打得过低，且缺乏区分度；二是诗歌鉴赏。我让马校长查了一下，评这两个题的分别是盛老师和姬老师。当然，这两道都是主观题，尺度可能会不一样，甚至见仁见智，尤其是作文。同一篇作文，有人可以打50分以上，有人却只会打30分，这也是极为常见的现象，原本较不得真的。可是，既然学生提出来了，咱就要想法解决嘛！让他们没有意见，既是咱们的责任，也是咱们的心愿。请何老师不必有什么心理压力，这事和庹老师无关。"朱校长说着，又习惯性地抿了抿原本已经非常整齐了的头发。

庹老师也像朱校长一般清了清嗓子，向何必老师满含歉意、无比真诚地说："事情是这样的何老师，试卷刚发下来时，先是有一两名学生认为自己的作文判分不合理，不知怎么的，其他同学也跟着说不合理，进而发展成为很多学生不光说作文分打得不合理，就连诗歌鉴赏也给分不合理。甚至有些班级的学生联合起来，竟然把发下去的试卷又收了起来！我们几个人压都压不住啊，没办法，只得就这两个题问问您。咱们给他们解决了不就得了！也堵住他们的嘴了，省得他们考得不好怨天怨地的，好像咱们老师都亏欠了他们！这就是我今天来的目的。正好朱校长也来了，他是语文方面的专家，咱们不妨一起看看试卷，看看到底评改得合理不合理，我希望学生是在瞎起哄，是没事找事，是给自己考不好找的借口！”庹老师说着，目光牵引着何必老师的目光往下看。何必老师这才发现，面前的茶几上竟然放着一大摞试卷！

何必老师毛骨悚然！从教这么多年，以前从来没遇到过这样的事情！民办学校不愧是民办学校啊！来自五湖四海的同事到底不比本乡本土啊！

何必老师知道，这事若是处理不好的话，不但当事人——盛老师和阿越没有好日子过，不但自己因为领导责任没有好日子过，甚至整个高一语文备课组都会因此蒙上一层阴影！

深吸一口气，何老师知道，此事一定要认真对待，否则，后果不堪设想！

稍顿，他知道该怎么办了。

何必老师把那摞试卷郑重地拿到自己面前，慢慢地翻着，认真地看着。忽然，他看到一份作文分数是18分的试卷，认真阅读了一遍，然后把它递到朱校长面前，说：“这篇文章给18分已经很不错了！要是按高考的作文评分标准来判的话，恐怕给不了这么多分！”

朱校长认真地看着这篇文章，然后，他点点头。

何必老师侃侃而谈：“当然，这也是我的个人意见。一、观点错误。他提出了这样的观点——“让自卑来得更猛烈些吧，因为没有自卑就没有进步。”既不符合事实，也不符合高二学生应该具备的水平；二、论据错误。比如这里，他对迈克尔·乔丹经历的叙述据我所知是子虚乌有的，是错误的。这样的错误论据怎么能证明自己的观点呢？更何况是错误的观点？其他地方也有不少毛病，有些毛病甚至是致命的。”

何必老师一边说着，一边观察庹老师。他发现，庹老师脸上乍阴乍晴，显然快挂不住了。

何必老师又翻到了一篇分数很低的作文，先让朱校长看，接着又表达了自己的看法。

朱校长频频点头。

朱校长说：“庹老师，我发现有的试卷的分数被改动了，这是怎么回事？”

庹老师说：“噢，那是学生觉得判分不公，自行改的。”

“有没有你们高二老师改的？或者说，有没有老师授意、默许甚至提醒学生改的？”朱校长严厉起来。

“这个……我不太清楚。”庹老师舌头短了，像忽然喝下去一斤白酒。

“查查。若有发现，严肃处理！”马校长表态。

然后，何必老师又就诗歌鉴赏这道题表达了自己的看法。

这次是马校长频频点头。

最后，何必老师说：“之所以敢把主观题尤其是作文分数打那么低，恰恰是因为评卷者认真。否则，他就只会打一个保险分了。如果学生的作文写得并不好，还能够得到相对较高的分数，既说明了阅卷教师的不认真，又会让学生放松对作文的写作，让他们认为，无论写好写坏，都能得到不低的分数，这样不光是对他们的不尊重，又从某种意义上害了他们！”

何必老师说得诚恳流畅，朱、马二校长不由得连连点头。

最后，朱校长安慰了庹老师几句，庹老师拿着那一大摞试卷走了。

何必老师眼里，庹老师好像灰溜溜地走了。

然后，何必老师也起身告辞。

轻轻地掩上校长办公室的门，刚走到楼梯口，何必老师听到校长室里传来这样的议论：“没想到，何必这家伙还真能说！这下够老庹喝一壶的了！”这个声音是朱校长的。

下着楼梯，何必老师擦着汗。

时已入冬，天真热。

刚走到办公室门口，阿越就猛地打开了门，吓了猝不及防的何必老师一跳。看来，阿越是久已在门边恭候了。

“何老师何老师，你可回来了！大家都想你想疯了！”阿越为何必老师拍打着肩上的什么东西，其实什么都没有。

“不是大家想我想疯了，是你想疯了吧？”何必老师笑他。

“不错，是我想疯了，因为我预感到，你这次去肯定没什么好事！”阿越脸上现出了焦急的神色。

“你怎么看出来的？”何必老师不想这么快打击阿越。

“从这接电话后的表情，从你放电话时的动作，从你离开办公室时的脚步。”阿越来了一串排比句。

“聪明，那你再猜猜，我去是为了什么事？”

阿越夸张地以手托腮，装着苦思冥想的样子。

“我觉得，肯定与试卷有关。”盛老师冷不丁地说。

我很钦佩盛老师的判断力。

“是啊！确实与试卷有关。具体地说——”

“具体地说，是高二语文组把咱们告了！是吗？”盛老师接过话茬。

何必老师又点点头，我愈发钦佩。

“再具体地说，他们告我的作文分数打得低。是不是？”

“真乃神人也！”我想。但何必老师先是点头，后来又摇头。

“不光是作文，还有……阿越，你们不要担心，我已经把这事搞定了！”

“啊，莫非，我的诗歌鉴赏也成被告了？真他妈卑鄙！”

“我刚才看到朱校长从办公楼过来，进了咱的教学楼大厅，是不是和这事有关？”阿越恍然大悟。

“是。他确实在场。”何必老师尽量让口气平静。

“也就是说，某些卑鄙无耻的人，不但在马校长面前告了我，还捅到了总校长那里？”阿越义愤填膺了，他咚咚地擂着桌子，“太可怕了！有这样的同事，真是万生有幸、万生有幸啊！”阿越学赵本山的台词。

“阿越你小声点儿，免得再被人抓住把柄。”我提醒他，“你以为只有你自己面子上过不去，只有你一个人愤怒吗？何老师够烦的了，你少闹腾点儿吧！”

“我怕什么？有什么明枪暗箭都冲着我来！”阿越拍着瘦削的胸膛。

“我说过了，这事我已经搞定。阿越，别生气了吧！”何必老师冲阿越笑笑。

“阿越说得对！身正不怕影子斜，咱们自己心中有数！至于一些人的伎俩，由他们去吧！还是但丁说得好，走自己的路，让别人说去吧！”盛老师也慷慨陈词。

何必老师忽然想起一件事情：“刚才在校长办，我看到不少试卷都被改了分数，但奇怪的是，朱校和马校发现后，轻描淡写地就过去了，似乎并没有深究的意思。不知道是怎么回事。”

“私自改动分数啊？这可是个天大的问题，要走人的哟！”阿越夸张地说。

“别大惊小怪，在别的学校是大问题，在咱这儿未必。”阿若一副见怪不怪的样子。

“阿若，你别阴阳怪气好不好？有什么话说清楚嘛！”阿越挑衅。

“我觉得已经说得够清楚了，你理解能力不强别怪别人，只能怪智商情商不高！”阿若反唇相讥。

我知道，不少民办学校为了生存、为了所谓的让家长满意、为了达到自己承诺的某个目标，故意把试题命简单点儿，判试卷时故意把标准放宽点儿，分数出来后如果普遍太低就“水涨船高”地上浮点儿。难道M学校也有这样的情况？我不理解，也不愿相信。但听阿若的话中之意，似乎这是事实。可怕啊。

“何老师，咱们是不是也采取一些反击性的行动，也给某些人点儿颜色看看，让他们也让领导知道他们的评卷也并不是无懈可击！”我提醒何必老师。

“阿褛，你的想法我非常赞同，但我对你话里的一个词表示一下自己的异义。”何必老师正要接话，阿越忽然抢在前面说。

“哪个词？”我口气里透着明显的惊诧。

“也！”阿越嗓门很大，“你这一个‘也’不要紧，就等于承认了咱们的评卷是有问题的！属于不打自招的范畴！”阿越好像忘记了方才的愤怒，喜欢挑刺的习惯又萌发了。

“我没想那么多。”我坦承。

“我认为咱们的评卷是认真的，除非有人鸡蛋里挑骨头。从理论上说，出错的可能性是存在的，但咱们的努力的确能够最大程度上消除这种事情的发生！”阿越像盛老师一样慷慨陈词。

“我也这样认为！来M学校这三年来，我觉得今年是我状态最好、态度最端正的一年！”阿若附和阿越。

“那是因为何老师领导有方，激发了咱们的工作热情！”阿谷一边说一边向着何必老师笑。

于是，何必老师赶忙说：“千万不要这么夸我，都被人家告到学校领导那儿去了，还谈什么领导有方呀！”

“那就像阿褛刚才说的那样做！也弄他们个灰头土脸的！有两个学生见到试卷后告诉我他的试卷给分有问题，还有一个学生说自己的分少合了3分，都被我给做工作劝退了！要知道会被人这么恶毒地中伤……唉，我真傻，真的！要是再一个这样的机会放在我面前，我一定会满腔气愤地对学生说，这事你们应该自己找到校长，让他处理！”阿越逼真地先学祥林嫂，后学起了周星星。

如此义愤的话却引起了阿若的发笑。

“都什么时候了你还有心情贫嘴！”我责怪阿越。

“这叫在苦难中学会坚强！我要是被气死了，岂不正中人下怀？实际上想想那些革命志士，想想那些抛头颅洒热血的革命先烈，我又怎么能够容忍自己被一两句中伤击倒呢？”阿越夸张地拍拍胸脯，羽绒服发生空洞的响声。

何必老师笑了：“阿越这几句话我赞成。人家无情，咱不能无义，最起码不能丧失应有的风度！大家来民办学校工作都不容易，得饶人处且饶人嘛！再说，凭我的感觉，在我的据理力争下，有关人员也并未占上什么便宜。”

“何老师，你想得有点儿乐观。我觉得这件事的恶劣影响不会消除——当然，我没有否认你的口才和要帮我的诚挚心情。被人告以后，不管是否符合历史的真实，不良影响已经在领导心中形成，这种影响恐怕会一直保持到领导失忆之后！除此以外，我新添了一个担心……不管怎么说，我还是要感谢你!”

阿越停止了拍胸脯，改拍了桌子。

阿若对阿越的欲言又止颇为怀疑：“阿越，你新添了一个什么担心？怎么不说了？”

“没什么。可能是我杞人忧天了。但愿领导不会这么小器。”

“给大家说说嘛！今天你到底是怎么啦？嘴里半截肚里半截的。别管是不是杞人忧天，咱们一起分析分析，好做个准备。”我催促阿越。

“好……吧！我主要是担心何老师。”

“担心我？担心我什么？”

“唉，索性一起都倒出来吧！我是在想，原本马校长和朱校长都已经先入为主地有了这样一个成见，高一语文组评卷不认真，否则庹老师也不会拿着试卷找他们——激起民愤了嘛！最关键的是，庹老师肯定把原因都算在学生身上，说是学生气不过才找领导的。认为你领导不力，以致出现这么严重的评卷事故。可是你又在领导面前把庹老师驳得无话可说，我担心领导又加上了这样一个成见，你不光领导无方，还偏袒已经犯了错误的下属！他们可能会想，难怪高一语文组会出这么大的事！这可是大家逼我说的啊，但愿我是以小人之心度君子之腹！”阿越说完，夸张地以手抚胸，作喘息状。

“有道理！何老师真要当心了！”我首先表示赞同。

“有道理吧？我们的阿褛都替我下结论了！”阿越得意起来。

沉吟半晌，何必老师说：“阿越分析得固然有理，但我觉得，应该不会有那么严重吧？”

“不，何老师，我觉得比这还要严重！”阿越严肃起来，口气哲人一般的语重心长。

听了阿越的话，我心里为何必老师更加担心起来。

“是福不是祸，是祸躲不过。让暴风雨来得更猛烈些吧！”何必老师潇洒地说。

四十二、散伙饭

期中考试以后，自然会经历一番诸如开会总结、给学生发奖学金等工作，然后便是一如既往的备课、上课、判作业、听课、检查作业和教案等正常的教学程序，无庸细述。可以说，M学校又像一辆配备豪华的汽车，由水平糟糕的司机驾驶着，缓慢前行，车上坐着的是素质参差不齐的乘客。当然，我这样形容可能不妥，因为我们这些人并不是车上的乘客，而是为它辛辛苦苦工作的人。

忽然有一天，我在学校BBS上看到了一条帖子，帖子很短，但帖子的内容让人震惊！

这个帖子一改匿名的不成文的规定，而是署名帖，并且，内容也不再是用一些模糊语言——如“有些人”“某位领导”“据说”等等——的泛泛而谈，而是直接写上某个人的名字！

帖子指出，初中部校长牛峰是一个流氓，多次利用职务之便侮辱多名女同事，轻则应该被解聘，重则应该被交送法律部门调查。请学校领导看到此帖子后尽快做出答复。否则，发贴人说，他将自己采取下一步的行动。

霎时，震惊之余，我立即便对发帖子的人产生了复杂的感情：

有担心，这样“明目张胆”地揭发，属不属于“越级上访”范畴？属不属于“游离于M学校文化之外、故意破灭学校安定团结”的行为？学校领导知悉后，会怎么处理？

有钦佩，真没想到，一向谨言慎行的他竟然发会出这样的帖子，竟然会做出这样痛快的事情！

更对牛峰产生了厌恶之情：多好的学校啊，怎么会容忍这样的恶棍呢？有这样的领导盘踞在学校里，学校又怎么发展？

我相信，这个帖子很快会在学校引起不小的地震。

带来这次地震的是阿谷，真没想到阿谷还有这样的责任感，胸膛里还有这样的热血，还有这样的丘壑。看来，我们都得对他刮目相看了。

果然，我们办公室一片大哗。不仅仅我们办公室，我想，全学校都沉浸在对这件事的猜测和议论之中。

人们的心里有多种疑问，不了解阿谷和牛峰的人在想着，这个帖子是因为争权夺利而恶意中伤，是因为工作不顺而对领导不满，还是因为实有其事？了解阿谷和牛峰的人则心里暗喜，牛峰罪有应得，他完了！

包括前者，通过分析也得出结论，帖子反映的事情肯定是真实可信的，谁会署上自己的姓名去恶意中伤一个领导呢？他这不是拿自己的脑袋往枪口上撞吗？

"阿谷真棒！纯爷们儿！大丈夫生当如此！"阿越击节赞叹。

"这样解气是解气，但未必是最佳的途径啊。"盛老师话里有话。

"阿谷肯定是按捺不住了，否则，他不会这样的！"阿越力挺阿谷。

可是，阿谷到哪儿去了呢？我们都想当面问问阿谷，但阿谷似乎故意躲避开人们的询问和视线，又似乎故意拉长和加浓我们的牵挂，没到办公室里来。

当我们议论的时候，阿谷正在马校长办公室。

校长的口气依然很和气："辛老师啊，我知道你在学校可能受到了一些不公正的待遇，也可能对某些人不满，但是……"

马校长还没说完，阿谷就打断了他的话，这在以前可是没有过的："马校长，我发那个帖子和以往的所谓不公正待遇和对某些人不满无关。再说，我即使不满，也不会对不是一个部门的人不满啊。"

"那是为什么？"校长的眼睛亮了一下。

“马校，我只能说，我所反映的是全部是事实。如果学校领导重视的话，让他们调查好了！”

“精神可嘉，精神可嘉！”校长站起来，踱着步，“只是，我觉得，在BBS上发帖，好像不见得是唯一的选择，也不是最……”

“马校，您放心，我愿意承担一切由此而来的全部责任。”阿谷说完，站起来。

其实，马校长这次请阿谷到他办公室，是学校领导授意的。目的是问清情况，探探阿谷的情绪怎么样。如果有可能的话，请阿谷再发一个帖子，为有关人员澄清，以消除影响。

按马校长的想法，他应该狠狠地批评阿谷一通，以最严厉的口气。因为他从学校领导的口气里，也听出了这样的意思。不管阿谷反映的是否属实，这种行为本身就是无视学校形象、无视高中部形象的事情，影响极坏！学校有那么多的部门，为什么其他部门没人发，偏偏高中部有人发？就学校来讲，领导认为是阿谷在借此表达对学校的不满；从马校长的角度来说，阿谷此举是在表达对高中部的不满，也就是在表达对他的不满！刚才从阿谷的话里也可以分析出来，他是有这种不满的。他刚才不是还说，“我即使不满，也不会对不是一个部门的人不满”嘛。听听，他已经暗示了对本部门的人不满了嘛。真没想到，这个阿谷，关键时候这样掉链子、这样为高中学部抹黑！

但马校长还是把这种怒气埋在心底，用最和气的口气跟他谈了。原因很简单，一是，这种口气是他最惯用的；二是，他考虑着阿谷肯定正在气头上，如果用严厉的口气可能会出现对峙的尴尬局面。

实践证明，这种方法并不凑效，阿谷强硬的态度让他大吃了一惊！

怎么办呢？马校长一时没了主意。

阿谷从马校长办公室出来，并没有回我们办公室，而是去了初中部。他牵挂着爱人王雨。既然高中部校长都知道了，也难免牛峰不知道。如果牛峰真的已经看到或者被人告知有这样的一个帖子，他会采取什么行动？王雨将要遇到的是什么？

去之前，他本来不想跟王雨打电话，他知道妻子正在上课，但由于牵挂，他试探性地拨通了王雨的手机。但那端却传来了王雨的声音，让阿谷大吃一惊！

“阿雨，你不是在上课吗？怎么能接电话？”

“你这一闹，我还能上课吗？人家还让我上课吗？”王雨的声音充满了哀怨。

“什么？牛峰那个王八蛋竟然停了你的课？我这就找他去！”

“你就别再添乱了！你以为他会那么傻，会亲自出面？你咋就不给我商量商量，就发了那个帖子呢？这下倒好，我还能在这儿待下去吗？”王雨哭了！

“阿雨，别哭。我非得把那个王八蛋扳倒不可！”

阿谷改变了主意，他直接到学校领导所在的办公楼去了。

来到朱校长办公室外，正要敲门，忽然听到里面有声音。听一听，好像朱校长正在劝一个人。

“老牛啊，你哪能这样干呢？咱这是学校，你又是一个部门的一把手，为这点儿事毁了自己，值吗？”

阿谷手里涌起温暖，看来，自己找朱校长算是找对了。

“朱校，我没有！”是牛峰的声音。

“没有？辛谷为什么发那条署名的帖子？如果是诬告你，他敢署名吗？你别再掩饰了，有些事是掩饰不住的。咱是老乡，关上门说，我还不知道你？你不就是那个地方得不到满足吗？你到外面找什么样的女人不好？你何必惹辛谷的老婆？辛谷是好惹的吗？两年前他的脾气你就应该知道，好挑个头惹个事，现在虽然改了，但骨子里还是那样。你看看你，现在该咋办？”

“朱校，我哪儿知道王雨是辛谷的老婆啊，后来知道了，就收不住了。您看……”

阿谷再也听不下去了，又怕来来往往经过朱校长门前的人们看到他，就悄悄地离开了。

他知道，这条路走不通了。

那么，下一步，他该咋办？找李鑫媛？

但随即，阿谷又否定了自己。

既然牛峰铁了心为自己辩护，没准儿他已经在李鑫媛面前哭诉过了，说自己一向如何如何体贴下属，说自己如何如何冤枉，李鑫媛这个对学校情况并不了解的董事长定然会相信他。加上朱校长和牛峰是老乡关系，没准儿牛峰的校长就是朱校长一手提拔的，即便不是出自老乡关系，单凭为了逃脱连带责任，他也会在李鑫媛面前说牛峰的好话。甚至，牛峰会倒打一耙，说王雨为了争得一些好处，故意在他面前搔首弄姿勾引他，也未可知……

还是回去静观其变吧，反正学校领导不会按兵不动。牛峰就是浑身长嘴，朱校长就是再一手遮天，他也经不住学校有关部门调查的，等事情真相大白那天，就是他和王雨出头的那天。想到这儿，阿谷的脚步轻松了许多。

等待是漫长的。这一段时间，阿谷似乎没看到学校派员前来调查，从王雨的反映上也证明了这一点。

牛峰还是安然在他的初中部当土皇帝，照样发号施令，照样接受众人的巴结，只是对女同事收敛了些；王雨则继续停课。理由很简单，期中考试以后，王雨那个班的成绩不太好，加上学生的评教打分也不高，因此，初中学部决定，有三个人暂时不太适合担课，而应该向学科第一名的老师学习，多听听他们的课，以利再战。三个人中，就有王雨。

这样，王雨就变成一个特殊的“学生”，整天跟着同科目的老师深入课堂听课。

至于学生评教的分数，除了学部极少数人知道外，对外人是保密的。

看来，学校打算不了了之了。原因是什么，明眼人自然明白。

漫长的等待里，阿谷的课虽然没有停，但他已经没有以前的心思，他备课的时间明显减少，幸亏高一语文教材对于他来说已经非常熟悉。

漫长的等待里，阿谷心里渐渐产生了一种不祥的推测，那条BBS留言，不仅不能扳倒牛峰，还会将他和王雨绊倒！

怎么办呢？

这一天晚上，阿谷处理完班里的事务回到家里。

夫妻俩像蒲松龄《促织》里的成名夫妻那样，由于捉不到蟋蟀，上面又催得紧，于是，僵坐长愁，商量对策。

“阿谷，你说该咋办？现在我成天丢人现眼地跟在人屁股后听课，快成了一个学生了！”

“他妈的牛峰，真黑啊！”

“黑是黑，人家找的可是冠冕堂皇的理由！”

“什么冠冕堂皇！呸！你那班的平均分是最低的吗？评教的分数你见过吗？还不是他说了算？这是典型的公报私仇啊！”

“这咱又有什么办法？这样下去，我在M学校还咋能待下去啊？”

“反正现在你领的工资和以前一样，过一段时间再说呗！”阿谷也无奈。

停了一会儿，王雨忽然问阿谷：“阿谷，咱能不能这样……”

“怎样？”

“找牛校长说一说，请他原谅……说咱一时冲动，是因为那晚咱喝了酒……”

“什么？让我找他个王八蛋？这是让好人向恶人道歉啊，我不干！”阿谷断然拒绝。

“那你就等着咱被解聘吧。要是被解聘了，咱该咋办？再说，他也没把我怎么样，就是说了几句不中听的话，最多带上点儿不文明的举动。人家几个女的，不还在那儿干得好好的吗？”

“人家是人家，咱是咱！我受不了这窝囊气！”

王雨见阿谷这样，不再说了，只是叹气。

经过痛苦的思索，阿谷还是同意了妻子的意见。

但阿谷觉得直接找牛峰太突兀了，万一他拒绝了咋办呢？

于是，阿谷便给朱校长打了电话，想请他说合说合。

朱校长说："辛老师啊，不用不用。我了解牛校长，他不会计较的。让你爱人好好工作好了，可不要多想！"

放下电话，阿谷心里惴惴，朱校长是啥意思啊？整个觉得就是句废话嘛。

于是，阿谷只得找牛峰。

牛峰很客气："辛王二位老师，你们这是干吗？这不是让我犯错误吗？你知道，咱学校是绝不允许员工收礼的哦！不光老师不能收学生家长的礼，领导也不能收老师的礼。这可是高压线啊！"

"那，牛校长，小雨的工作……"

"这个嘛，可不是我一个人说了算。这是初中学部领导组全体成员商议的结果，并报学校同意才决定的。停课是暂时的，停课的也不是王雨老师一个人。王老师是个好老师，我会向有关领导提出来，争取尽快恢复王老师原来的工作。请你们放心，好不好？至于BBS的事，就让它过去吧，人非圣贤，孰能无过？"

从牛峰家出来，阿谷仔细揣摩牛峰的话，越想越气愤：说他自己做不了主，这不是明显的糊弄吗？说他在初中部做不了主，就等于说他从来没有上过厕所！最后说的人非圣贤，孰能无过，这不是说他阿谷犯了错误、而他牛峰是清白的吗？"至于BBS的事，就让他过去吧"，故作大度，以掩饰其虚伪。呸！

这以后，王雨还当她的学生，牛峰还当他的校长，阿谷还继续凑合着工作。似乎一切都没有发生，当然一切都不会改变。

已是深冬，天气冷了，学校也放了暖气，但阿谷的心里，却仍然像个冰窖。

学年快结束了，高中学部的工作重点已经转身了复习迎考，其他学部也是。

忽然，我们办公室传来了一个惊人的消息。

做复习课件的间隙，盛老师忽然说："大家知道吗？初中部校长牛峰被人打了！"

"是吗？该！"阿越义愤填膺地说。

"厉害吗？"何必老师问。

"具体情况还不清楚。昨天晚上，牛峰和几个初中部的老师在外面吃了饭，走到学校附近时，忽然，被人用布袋罩住了头，然后就是一阵猛打。要不是穿着羽绒服，恐怕早打坏了！"

阿若说："那几个初中部的老师还不赶快挺身护主啊？这可千载难逢的巴结机会！"

"谁敢啊？这阵势，摆明了是有针对性的。大家都是来自四面八方，只不过为了挣俩钱，谁往刀子上撞哩！"盛老师说。

"也不排除几位老师乐得让牛峰挨打的可能。"还是阿越分析得尖锐。

我们几个不约而同往阿谷那儿看，阿谷正在备课，既没有抬头，也没有参与议论。

这一段时间，阿谷似乎忘了BBS的事，工作也正常起来，不，似乎比以前更认真。他一定要努力补救BBS的不良影响，以便领导能够重新接纳他。我想。

世间总是有许多事情令人难以捉摸。比如牛峰，住院期间，他力排众议，反对报警，让被打一事不了了之；出院以后，也一反常态，恢复了王雨等三位老师的课，让他们迅速投入到繁忙的复习迎考中去；并且，也不再同女同事眉来眼去，更不再想方设法吃女同事的豆腐了。

考试完了，该放寒假了。在最后一道全校教师会上，王雨和阿谷双双被评为校级优秀教师。除了高中部的马校长、初中部的牛峰校长在总结发言上对阿谷进行高度评价外，学校朱校长也同时对阿谷、王雨夫妻做了高度评价，朱校长称他们为"模范夫妻"，并以个人名义提议向阿谷夫妻学习。

我们一方面为阿谷夫妻感到高兴之外，另一方面也颇为诧异。一方面为阿谷夫妻同时获得领导的肯定，另一方面为M学校鬼神莫测的评先制度。

老师们陆续该离校了，很多人归心似箭。半个学期的考研复习，我也身心疲惫，想放松放松、早点儿回到爸妈身边。

这时，阿谷给我打来了电话，请我去赴宴。

“赴什么宴？”我纳闷。

“我请大家啊。该散伙了，吃顿便饭嘛！”

“在我家！”阿谷又补充了一句。

在他家请我们吃饭？我觉得，这顿饭非同寻常。

我到的时候，何必老师他们已经来到多时，大家高高兴兴地谈论着。

毕竟快要分别了，年后才能见面，大家的谈兴浓烈了许多。

菜上来了，是阿谷和王雨共同的杰作，没想到他们的做菜水平挺高哩！

酒也打开了，真香！阿谷说，这是他们的家乡酒。

“菜是家乡菜，酒是家乡酒。想家了吧？”何必老师深有感触。

阿谷不置可否。

“谁不想家啊？”阿越说出了我的心里话。

“阿越，你不是想家，你是想李青了吧？”阿若跟阿越开玩笑。

“是的，我是想李青，但我不回老家了。李青很快就过来了，我们在学校过春节，好好享受一下二人世界。”

“阿越，是好好享受一下学校的暖气吧？”阿若今天和阿越掐上了。

“阿若，你是不是想在回老家之前跟我干一架留个纪念啊？再说了，我缴暖气费了，就算是享受享受不该吗？”阿越也发现了苗头。

“阿越、阿若，你们先停一下，等我说几句话后再打不迟。只是不要在我家打，想打到操场上去。”阿谷表情严肃。

“我才不跟他打哩，掉份儿！”阿若伸伸舌头。

“说吧阿谷，就知道你今天有话要说。先向你们夫妻表示祝贺吧！”何必老师似乎喝多了。

“何老师，你都已经知道了？”阿谷纳闷。

“不，我不知道。猜的。”何必一举杯，又喝了一口酒。

"好，既然何老师已经知道了，我就先压下这几句话，说另外几句。何老师，对不起，我得先向你道歉！"

"道什么歉？"我问。

"咱第一次吃饭的那天晚上，我给马校长打了电话，把咱谈话的内容告诉了他。当时我是昏头了，我对不起大家。实指望以此能好好在这儿干下去，现在想想，多么美好的愿望啊！"说完，阿谷猛喝了一杯。

"都过去了阿谷，别想了，我丝毫没有怪你的意思。况且，由于这件事，也让我少犯不少错误。另外，阿谷，我还有一件事需要谢谢你！"何必老师说。

"你早就知道了是吗？"阿谷问。

"不，我不知道。刚知道。"不知道何必老师说的是不是真心话。

我当时的一个疑问也有了答案。阿谷，挺坦诚的，好样儿的。

"辛老师，我跟你碰一杯！"我主动和阿谷碰酒。

阿谷又一饮而尽。

"阿谷，你刚才不是要说几句话吗？说呀！"是阿越。

"好，我说！"阿谷又喝完一杯白酒，"我今天已经向学校交了辞职申请，已经被立即批下来了！吃完这顿饭，咱就各奔东西了！"

"辞职？到哪儿？为什么？"我无比诧异。

"到老家。我是我们那个地级市里一所重点高中的老师，因为我爱人王雨的工作难以安排，我一气之下就跑了出来。现在，这个问题解决了，我也该回去了，算是落叶归根吧！"

我忽然明白了阿谷那个电话中"散伙"的意思，我还以为他是开玩笑哩；也明白了家乡菜、家乡酒的用意。

"回去吧，免得在这儿生气。"何必老师跟阿谷轻轻碰杯。

"算我一个。"盛老师也举起杯，跟阿谷轻碰。

"咱们大家一同举杯吧，祝贺阿谷两口子有了稳定的归宿！"阿越提议。

于是，众人站起来，桌子凳子发出愉快的声音。

“牛峰也是因为我才挨打的，但不是我约请的，大家应该能够相信我吧？我虽然恨他，但还不至于联系外界的人打他。是我偶然给他们讲起王雨的遭遇，他们不忿，才自作主张采取行动的。但话说回来，牛峰的确该打！”喝了不少酒，加上考虑到自己该走了，阿谷一反常态，将所有的事情都和盘托出。

“对了何老师，刚才你说还有一件事要谢谢辛老师，是什么？”我问。

“是啊，我还在奇怪呢。”阿谷恍然大悟地说。刚才他就因为没有搞懂何老师的意思，就没有接茬。

“噢，是这样。刚开学不久，阿谷就跟我说，要我小心点儿。因为有关领导已经知道了我的资历非常厉害，他已经提防着我替代他的位置了。阿谷还说，原来学校就招聘来一名资历和我相当的老师，但不久就因为一点儿小事被解聘了。阿谷怕我也受到这种待遇。阿谷还说，如果武大郎当领导，他当然不想让手下的人太高。所以，我要谢谢他！”

我明白了，阿谷还真是个热心人！

阿谷说，BBS发帖子的前几天，他的妻子王雨又被牛峰欺负了，这次不但是语言上的挑逗，而是体现在了一些不检点的动作上。听了妻子的哭诉，他肺都快气炸了！想当面找牛峰那个王八蛋算账，但又被妻子拦住。不得已，他只得用那个办法，以引起有关领导的注意，对牛峰进行严肃处理。谁能想到，在M学校，连这样的事情都没人管，让这样的色狼领导逍遥法外。不知道是其他领导也这样，以致官官相护、惺惺相惜呢，还是学校有什么难言的苦衷，以致难以对牛峰这样的人渣痛下杀手？但不管因为什么，至少应该给我一个交待吧？时间过去了这么久，阿谷提起来还是气呼呼的。

“有一点我不明白，辛老师，你和嫂子都被评为了学校的先进人物了，你们为什么要走呢？”我的确不明白。

“原因嘛，第一是大家祝福我的，我跟你嫂子都有了稳定的归宿，M学校虽好，但毕竟不稳定啊，家乡的公办学校是铁饭碗，能端则端嘛。第二，我已经对M学校、对M学校的领导没有信心了，这儿的一切都一团糟，根本就不像是能够成大器的样子！但愿以后，学校董事会能够看到这一点，及时扭转方向，把那些不适合的领导和普通职工清理出去！我们俩同时被评为优秀，更证明了我的担心：想让谁优秀谁就优秀，不想让谁优秀谁就不优秀，毫无章法。我爱人后半学期就没有担课，又怎么能评为优秀？我心里不痛快，工作凑合的居多，又如何担得起‘优秀’二字？是有关领导觉得不给我们评为优秀不足以息事宁人，就不得已这样做了。再说，这其中又怎知不是缓兵之计，等有了机会再对我们夫妻痛下杀手呢？”话说得猛了些，阿谷竟然咳嗽起来。

阿谷说，他和爱人算是非常幸运的了。很多地方，包括他们家乡，对于跑出去到民办学校工作的“不务正业”的老师，往往是毫不留情地把他们的公职以及各种待遇都取消了，甚至，把他们的档案都销毁了。而他，因为在原单位干得还不错，加上和领导关系还算融洽，逢年过节地再跟领导“走动走动”，才能有这条退路。

原来这里面竟然还有这么多的隐情啊，我陷入了沉思。

看来我争取考研的打算是对了，这样好早点儿离开这是非之地啊。

四十三、和青春无关

那天，我们在阿谷家吃饭到很晚的时候。

本来是中午饭，但说着说着，就关不住话匣子了，加上阿越已经喝多，就躺在阿谷家的沙发上睡着了，我们便不好意思提前离席。直到晚上降临，阿越才醒过来，我们才起身告辞。

走到何必老师楼下的时候，才发现只剩下了我跟何必老师两个人，他们都从不同的路拐向自己家的方向了。

“阿褛，你怎么样？喝多了吧？”何必老师关切地问我。

“还行。”我强撑着，其实，我也喝得不少，以往从来没喝过白酒嘛，最起码我们几个在一起吃饭时没喝过白酒。

何必老师说：“阿褛，要不这样吧，你跟我上去一趟，我那儿有解酒灵，你吃一片，很快就好了。”

我毫不客气：“好啊。”

刚到何必老师家客厅，我腿就软了，一下子就栽倒在何必老师怀里。

“阿褛，你怎么啦？你没事吧阿褛？”何必老师慌了。

“我没事，何老师，我没事。我想说，我爱你，何老师！”我口齿不清地说，但心里还是清醒的。

一个学期的同事，何必老师的风度、知识、见识、善良的心地、幽默而不失稳重的气度深深吸引了我，加上刘一君跟我的分手和我对程功的伤害，我心里的压力太大太大了。我想找一个地方释放，否则，我会是一个氢气球，随时都爆炸的。

"阿褛，你真是喝多了。来，在沙发上躺会儿，我给你找解酒灵啊。你等着。"何必想把我放在沙发上。

我紧紧搂住何必老师的脖子，不愿放开："何老师，别把我放在沙发上，我愿意你搂着我，越紧越好！"

此刻，我有酒精控制的成分，也有真情的流露。

"阿褛，你这个小丫头，这怎么可能呢？快别瞎说了！"

"真的何老师，我早就爱上你了。我没有瞎说，我一个女孩子，能拿这事儿瞎说吗？"酒遮住了脸，我的勇气也被酒支撑着，不再有那么多的顾忌。是啊，当办公室的人说出对何必不利的话、做出对何必老师不利的事时，我无数次挺身而出，难道何必老师是一块木头吗？

"好，我相信你阿褛。你先松开手，我给你找找药，否则会伤身体的。然后咱慢慢说，好不好？"

我顺从地松开了手，何必老师把我放在沙发上。

我服下了何必老师递过来的解酒药。

"和男朋友分手了，是吧？"何必老师说话总是一语中的。

我默认了，眼泪流了下来。

"如果我没有猜错的话，你和阿越几次在办公室里，也和这事有关。"

"他有了新的女友，不要我了！可是，我是真的爱你，何老师！我觉得你才是可靠的男人！"我抽噎着。

"我是可靠，可是我已经是梁莉的可靠的男人了！你不想让梁莉也像你一样痛哭着伏在另一个男人的肩头吧？"何必老师笑着对我说。

我点点头。

"傻丫头，他已经不爱你了，你还痛哭什么呢？放弃了你是他的损失啊。因为他失去的是一个爱他的人，而你失去的是一个不爱你的男人，你并没有什么损失。相反，你重新获得了得到千万个小伙子爱的权利，这多好啊！快点儿好起来，好好复习功课，争取考研成功吧！"

"可是，何老师，我这一段以来，一直在试着忘了你，把你从心里排除出去，一直都没有成功。我真是从心里觉得离你很近了啊。你就让我搂搂你吧！哪怕就一次也好。”我很委屈，又把手伸到何必老师的脖子里。

“好好好，我就借我的脖子让你搂一搂吧，但专利不是你的，是我们家梁莉的哦。傻丫头，你这不叫爱，叫移情，叫对一个人的暂时性依赖，或者是用这种方法对另一个人的报复。就当做一场梦好了，现在梦醒了，一切都过去了！”

我笑了。

“谢谢你，何老师。这次春节以回家以后，或许下学期我就不回学校了，在家里专心为考研做准备，到时候我们就不能再见了！我还真想你哩！”我真诚地说。

“想我？那好办，可以打电话、QQ视频嘛！另外，只要你需要我了，你一个电话，我就会和梁莉一起到你的家乡看你。怎么样？”

我眼里闪着泪花：“何老师，你可真好。可惜我认识你太晚了，让那个我不认识的梁莉把你抢跑了！”

何必老师说：“梁莉可没有想着和谁抢。是我使尽九牛二虎之力把她从别的男人手里抢回来的！是善良的梁莉看我可怜，只得勉为其难地接受了我！”

我笑着。然后，沉沉地睡去。

这一次睡， 心里特别踏实，一个梦都没做。

不知睡了多长时间，醒来时，我吃了一惊：揉揉眼睛，见何必老师在我旁边的不远处坐着，静静地，开着一盏小台灯在看书。

睡着的时候，何必老师给我盖上了一个被子。

“醒了阿褛？你这一通睡，真香、真令人羡慕啊！”

“我怎么会在这里？”我已经回忆起昨晚的事情了，故意这样问他。

“噢，是我把你喊上来吃一片解酒灵，你吃了以后，在药力的作用下就睡了一会儿。”何必老师轻描淡写地说。

“我昨晚喝多了？说什么话没有？但愿没有出什么洋相！”我继续装傻。

“没有。你可乖了，一吃完药就睡了。我还纳闷呢，是不是让你吃下的不是解酒灵，而是安定啊。”何必老师笑起来。

他果然是个好男人，知道体贴人，知道维护人的自尊，对我这样一个小丫头也考虑得如此周到。

不知怎么的，我眼里又泛起了泪光。

“怎么啦阿褛？”何必老师吃惊道。

“没什么。现在几点了？”我顾左右而言他。

“噢，早着呢，才两点多。再睡会儿吧。”

噢，我这一觉睡了八个小时了，而何必老师，为了我，竟然还没有合眼。我心里泛起一阵不忍。

反正筒子楼是回不去了，索性就在这儿睡吧。

“何老师，你睡吧，我也接着睡。”我又闭上了眼。

“好。你躺我床上去啊，我睡沙发。”何必老师让我。

“不，我还想这样睡。”我的声音里带着明显的撒娇成分，在我的心里，何必老师真的是我最亲近的人了。

可惜，这样的一个男人不能属于我。

何必老师到卧室里去了。

可是，我又哪里睡得着？我知道，这一夜，将成为我一生最难忘的美丽回忆之一。

四十四、飞来的“缘分”

春节以后，我并没有从M学校辞职、在家专攻考研。

一是我属于那种不能长期耐得住寂寞的人，一两天还行，一成不变的独自学习生活，我会觉得太沉重也太乏味，只有把自己放在一个合适的环境里，我才能坚持下去。

还有一点，我舍不得离开M学校。不是因为这儿草木的多情和景致的清丽，而是因为一个人——何必老师。虽然已经没有了那晚的感情冲动，但我还是觉得，与何必老师继续成为同事，在他的关心下，我才能积聚起更多的勇气和精力复习。

三是我父母虽然支持我的考研大计，但认为在学校一边复习一边挣钱，会更从容些。顺便说一句，我不是出生在那种大富大贵的家庭，父母对我的工作很满意，对我工资的数目也很满意，尽管我只是拿个实习期工资。如果他们知道我半年后转正了，工资会翻一倍，不知该怎么骄傲呢。

回校的时候，我根本不曾想到，这一次回到M学校对我来说意味着什么，更不曾想到我的人生将会发生巨大的转折。

长途大巴即将到站的时候，我蓦地想起手机里装的SIM卡还是我们的家乡卡，于是，我匆匆换成了当地卡。刚换好开机，一条短信便进来了，紧接着，有好多条短信一齐涌进来。

肯定是春节问候的短信，我心里一阵温暖。

果然，多是同事和同学们的问候，还有马校长、朱校长的问候，都属于群发的那种。我讨厌群发的短信，好像把钱撒出去让众人抢一样，没有目标，没有目的，缺乏诚意，对这样的短信我总是一笑置之，从不回复。而我自己也偶尔群发一下短信，但对于我重视的人，我总是用心编辑短信，精心选择最恰当的时候发送时机。

比如我春节期间就给何必老师发过一条这样的短信：

酒醉缘于心醉，真情却似无情。不需海誓山盟，一切自在心中。

既把那晚我的窘状复述了一遍，又表达了我的心情。这样的短信我只编给何必老师，也只有他才能收到。

何必老师很快便给我回复了：

一切自在心中，不需山盟海誓。真情却似无情，酒醉不能心醉。小丫头，不要胡思乱想，好好考研哦。

猛一看这条短信，我很生气，何必老师也太轻视我了！只把我短信的顺序颠倒一下就发给我了，分明是胡乱塞责嘛。但仔细品味，还真是有味道，对我的“规劝”和鼓励跃然“纸上”。多么诚挚的短信啊！

我飞快地看着问候的短信，边看边删。大部分发送者的号码我都有存贮，少量没有存贮号码的也署了名。我注意到一个号码，我既没有存，也没有署名，且给我发了多条，不，十几条之多！

直到翻到这个号码发的第一条短信，我才看到了署名。

这条短信是这样的：

吕老师，第一次相见，您就给我留下了深刻的印象，孩子经常在我面前夸您。祝您春节愉快！王波的父亲——王富安。

王波？噢，我想起来了，就是在课堂上写“吕老师，我爱你！”被劝退的那个。

他的父亲竟然没有这件事记恨我，还给我发了问候短信，我心里霎时有温暖进驻。于是，我想起那天在我们办公里的情形。印象里，王波的父亲好像是一个高高大大的男人，身材不胖不瘦，很有风度的样子。

在“温暖”的呵护下，我便不再排斥王富安的短信，看得也相对仔细了些。

“听孩子说，你的名字起得真好。吕褛，名字好，人肯定也好。祝好人一生平安。”称赞我的名字，我笑了笑；祝福语也干净利落，我喜欢。谁不愿意被人夸呢！

慢慢地，我觉得这个曾经的学生家长“误入歧途”了——

你的名字常在唇间，你的影子常在心间，你的美丽常在梦间，你的笑容常在翻云覆雨之间。什么时候能够相见？

句子很美，也很感人，但怎么看都不像学生家长发给老师的。怎么回事？发错了？

但这一条短信又证明，上一条并未发错——

吕老师，不，吕褛，我给你打过多次电话，但你总是关机。这是怎么回事呢？莫非你出什么事了？我很牵挂。

我当然是关机了。因为我换成了老家的卡了嘛！要是有一个双卡双待手机就好了。以前想买，但同事们劝我说，这样的机子多是山寨机，容易坏，所以只得作罢。

可是，我把卡换掉跟你有关系吗？我心里有了警惕。这个王富安，他要干什么？

“吕褛，我盼着你开学的时间快点儿到来。到时候，或许你会答应我，跟我一起吃一顿浪漫的晚餐。”

越来越不像话了！意念中，王富安已经成了一个可恶的人！

正在这样想着，手机忽然响了。看看号码，我吓了一大跳！

王富安！

他要干什么？不接！我告诉自己。

手机响得很执著。

一次不接，第二次又打来了。把车厢周围的人引得对我怒目而视。

没办法，把手机调成震动，又震得我手掌痒痒。

想关机但又怕有同事跟我联系，比如何必老师。

再说，我凭什么因为你给我打电话就关机？难道我还怕你不成？

既然不怕你，我为什么不敢接你电话？我的豪气上来了。

“喂，您好。请问您是哪位？”我用接线小姐的口气问道。

那端，显然因为我接听了电话而意外，犹豫了几秒钟，王富安的声音传了过来：“吕老师，您的电话终于打通了。谢天谢地！真难打啊，我从春节前就一直打，一直打，都打不通。”

“请问您是哪位？”我生硬地重复着，打断了那端的絮叨。

“我是王富安哪，王波的父亲。吕老师，您忘了吗，我到过您办公室，还记下了您的号码？”

怎么会忘？要不是那一次多事，怎么会有这些麻烦？

我不置可否：“请问王先生，您找我有什么事吗？”

“没事。不不不，有事。其实，也没什么大事！不不不，在我心里，是非常非常重大的事！”

“没事的话，我挂了啊！”我不耐烦了。

“别别别，吕褛，不不不，吕老师，我想请你吃顿饭。”

“不行，我不习惯到外面吃，我只在学校餐厅吃饭。谢谢您！”我婉拒了他。

“吕老师，您先别拒绝嘛。准确地说，是我儿子王波要我请您吃饭。他说，一段时间不见您，怪想的，转到一个新学校以后，他很不适应，也想请你开导一下他。难道您忍心王波失望吗？”

这句话击中了我的软肋，我本来就对王波心存愧疚，总想找机会弥补一下。现在，这机会来了，我去不去呢？再说，这是个机会吗？

思忖一下之后，我同意了！

很快，我们便约定了时间和地点。从王富安的口气里，我听得出，他特别高兴，甚至都有点儿激动了，似乎完成了一项领导交给他的极难完成的任务。为了这任务，他立下了军令状。

四十五、怪味儿的晚餐

我刚走下长途大巴，王富安的车就在那里等着我了。

车是奔驰，王富安则穿了一身浅灰色的风衣，显得他更加高大挺拔，气质也得到充分的凸显。真没想到，王富安还是个款爷哩。

“吕老师，可等到你了！”王富安殷勤地打开车门。

“王波呢？”我没有理他，如果没有王波，我跟一个陌生的学生家长同处一车然后吃饭将会非常别扭。

“噢，他们娘儿俩已经在酒店等你了！”王富安应对自如。

车到了当地最豪华的一家酒店，停好车，我们直奔王富安订好的一个包间。

“王波呢？”包间里除了服务员，只有我们两人。

“他没有来。今天也不是他让我约你来的。”王富安坦承。

我转身就要走，但被王富安拦住：“吕老师，就算王波不来，他还是你的学生、我还是你的学生家长不是？既然来了，咱就边吃边聊嘛！”

他要干什么？我心里泛起一阵恐惧。

“聊什么？我跟你？”我很气愤。

“什么都可以聊嘛，包括王波。”

既然来了，就索性看王富安要搞什么鬼吧。这么多人，谅他也不敢把我怎么样。我有手机可以报警，周围有保安可以帮我。这里的环境我虽然不熟悉，但还是共产党领导的天下嘛！

我静下心来。

菜上来了，竟然都是我爱吃的！

“噢，我偶然间看到了你的微博，对你的情况有了一点儿了解。不知道这菜合不合你胃口，吃吃看吧！”

王富安示意服务员出去，关上灯，短暂的黑暗里，王富安站起来。

我心里又紧张起来：他要干什么？

须臾，灯又亮了，这次不是头上的吊灯，而是一组蜡烛，古色古香的烛台，颇有欧洲之风。屋子里笼上了一层朦胧的光晕。

“你怎么知道我喜欢烛光晚餐？”我大骇。

“你忘啦，我偶然看到了你的微博。”

“王先生，你到底想干什么？”

“我在你微博上看到了你的梦想，但这梦想一直难以实现。于是，我就突发奇想，想帮你实现。算是代我儿子对你表达一下歉疚吧！”

“就这些？”话说出唇，我有些后悔，不就这些，难道我还巴望着其他更多的不成？

“就这些。”烛光里，王富安的表情真诚。

打开红酒，倒上，但我不敢喝。

“喝吧吕老师，我保证，我今晚不会把你怎么样的。喝过酒、吃过饭，我会安全把你送回学校。”

谁信你啊，你现在说不把我怎么样，酒一乱性，又有谁说得准呢？

这时候，房间里的喇叭响了，赫然是我最爱听的音乐！音乐的音高恰到好处，既不闹，也不需要人费神去听，完全像是流水一样，自然地流到人耳畔！

我闭上眼静静地听着，王富安静静地等着。

音乐像一帧美妙无比的图画在我面前摊开，我心灵的目光只看它一眼，神经和心情被轻轻坠入最放松、最惬意的“谷底”。一时间，我不知自己身在何处了。

音乐到最动人处，我的杯子被轻轻地碰响。

不知不觉地，我端起酒杯，轻轻抿了一口红酒。

浓酽的味道，像恰到好处的抚摸；音乐的有心，让我熨帖，我的精神慢慢收敛了自卫的刺，变得柔软起来。

我们喝光了一瓶红酒。王富安果然如他承诺的，没把我怎么样，又开车把我送回到了学校。

这一晚，是我第一次和一个陌生的男人喝酒。奇怪的是，我竟然有些飘飘然的感觉。我想起了和刘一君多次在一起吃晚饭，都没有过这种感觉。还有和何必老师，虽然那晚我借着酒力向他表白过我的真实感受，但和他一起吃饭也没有过这种感觉。我是不是堕落啦？

四十六、繁重的工作

这学期，阿谷的离开，殃及了我跟何必老师。

学校没有招聘新的语文老师，而是采取了“内部消化”的方法，阿谷的课由我跟何必老师一人代一个班。这样，我们都变成了三个班的课了。

我且不说，何必老师还兼着班主任和备课组长，任务够重的。

让我觉得奇怪的是，一向以实干、能干著称的阿若没有轮到多担课的好事；盛老师当然不用说，他年纪最长，和校长的关系非同一般，当然不会有这样的机会；年富力强、精力充沛的阿越也没摊上，让人觉得有些奇怪。

我没问过何必老师对这一事件的想法，我心里是烦得厉害：就我那点儿实习期工资，又担了这么重的课，最关键的是，工资并未因为我多担课而增加一点儿，谁能平衡呢？再说，工作又占用了我大量的时间，我考研的复习计划就会增加更多的困难。万一今年的考试不过，诸事还得重新来一遍，多让人恶心呀！

莫非领导知道了我在准备考研，恶意来坏我的好事？想想心里就堵得慌。

事已如此，只得咬牙苦撑着。但生活似乎进入了茫茫戈壁，迷失了方向，水不多了，眼前是单调得令人崩溃的褐黄色——什么时候能走出去啊！

这时候，张妍身上发生的一件事，让我觉得人生的短暂和无常。

李耸峰爱打羽毛球，我在学校的风雨操场见他打过，动作规范、潇洒，颇让人心动。最要命的是，他在和女同事打的时候，根本不像一些男同事那样，故意显摆、故意刁难对方。李耸峰有意将球打在女同事身边，让她能够伸手够到，且基本不扣球，即便扣球，力道也恰到好处，线路也不刁，球非常柔和、非常善解人意地从高处下来，正好落在女同事球拍附近，女同事稍微挪挪步子即可接回去。既体现了对对手的尊重，又不让人尴尬。开始时，张妍常以李耸峰的这一特点为自豪，并热情地介绍女同事与李耸峰打球。但她没想到的事情竟然发生了。

和李耸峰多次打球之后，一名女同事被他的魅力击中，爱上了他。而且，李耸峰渐渐厌倦了张妍的"正经"和含蓄，便移情别恋，有力的手搂定了崇拜他的女孩。

张妍受不了这样的打击，精神出现了失常。一开始大家都没太在意，她也在继续上着课。但有一天，张妍在何必老师班里上课时，因为让一名学生上讲台板书单词，学生出现了一丁点儿失误，不料张妍当场发作，用教鞭重重敲击学生的头，疯了一样，以致学生头部受伤。然后，她也故意弄乱自己的头发，披头散发地坐在讲桌上哭了起来！一时间，教室里乱成一团。

等到何必老师火速赶到时，局面已经不可收拾。他只得先和学生一起把张妍老师扶出教室，随即拨打120，让救护车把张妍拉走，并打电话向马校长汇报。

马校长作了三条指示：一、封锁消息，别让学生外传，维护高中部形象；二、派人到医院陪护，并尽快与张老师家里联系，以免遭人埋怨；三、把头部受伤的学生送到学校医务室包扎，并做该学生的工作，不到万不得已，不要到医院去，也不必跟他家长联系。

从那儿以后，张妍老师后面的"老师"两个字便与她无缘了。M学校绝不会再让一个患有精神病的老师站上它的讲台，她虽然没有收到被解聘的通知，但课已被另一位教师代上，工作显然是没她的份儿了；而她，为情所伤之后，自顾尚且不暇，生活尚需要家人的照顾，实在没有能力再做教学工作了。至于李耸峰，被张妍以男朋友身份拖油瓶到M学校的李耸峰，正沉浸在新一段的爱情之中。

这件事让我感触良多。

除对张妍的同情和对李耸峰的愤慨之外，还有庆幸的成分。

虽然刘一君和我分手了，受了打击之后的我还算正常，没有出现张妍那样的悲剧。这得感谢我父母给了我一副抗打击的性格和我后天的修炼。

也有埋怨。对繁重工作的埋怨，埋怨领导心太黑，让一个实习生干如此多的工作太不人道。

几天前，校长特意找我谈了话，主要是为了鼓励我，说我能干，能力比一般的大学毕业生强很多，足以担当这么繁重的工作，他看好我。校长还说，鉴于我的教学工作已经很繁重，给他打扫办公室的事情就让王玲全包了。

不料，校长一番劝慰和鼓励的话却激起了我的怒火，要不是他提，我还没有想起给他打扫办公室的事情。你是人，我也是人；我有一双手，你也有一双手，我凭什么要给你打扫办公室？就算你不说，我也不想再给你打扫了，还用着你假惺惺地使人情？

继而我又想到工作——这领导的橡皮泥一样的玩意儿：你让我干，我为什么一定得干？表面上看，我虽然不能不干，也不敢不干，可是实际上，我为什么非得踏踏实实地干？如果我真是像以前那样一丝不苟地工作，岂不正中了你的奸计？

有了逆反心理，有了对抗的想法，我心里反而轻松了！

更有想法挣脱的念头。这样“暗无天日”的生活，如果还安于现状、还甘于“沉沦”、还“醉生梦死”，我成什么了？行尸走肉？自甘堕落？还是慢性自杀？

唉，我承认，我的情绪是悲观了些，或者说激烈了些，像个火药库一样，一旦有一点火星，就难免爆炸。在这一点上，我似乎已经不再是一个女孩子，也不再是一个初踏工作岗位的大学生。但我觉得，我仅仅有这么点儿反应，已经够有涵养的了。

可是，要挣脱这样的日子，谈何容易？毕竟是我深爱的学校，且不说我个人尚有依恋之心，就算是我的父母那头又怎么能轻易地过去？

就在这样的时候，王富安又给我打了电话。这个电话给我带来的变化，接听的时候我还没有想到。

四十七、第二次烛光晚餐

和王富安第二次共进烛光晚餐是在他家。

准确地说，是在他另一套房子里，装修豪华，但没人住。我们进去的时候，空气里飘浮着暧昧的分子。这种暧昧只有在这样的私人场所才能产生，而在公共场所，我这样的女孩子涌起的只会是排斥。

一阵叮叮当当的响声过后，王富安变戏法似地从厨房里端出了一系列的菜——还都是我爱吃的！

我诧异极了：“你让饭店送的外卖？”

“不，我做的。可惜，好长时间不做了，另外，你喜欢吃的菜咱这当地也没有，现练现卖，还不知道味道怎么样呢！”

我心里涌起一阵温暖：一个陌生男人给一个女孩子做菜，无论怎么说也是值得温暖的，更何况这个做菜的是一个颇有身份的人。

正要吃，王富安忽然说：“吕老师，等等。”

说着，他站起身，将餐桌上面的豪华吊灯关闭，打开屋顶四周的小灯。霎时，红红绿绿融成的光便渲染成一种更加惬意、更加朦胧的美，这种美似乎比上次在酒店里蜡烛营造出的美更吸引人。

这种让人放松的氛围里，我胃口大开。正要吃，王富安忽然拍着脑门说：“该死该死，没红酒了！现在家里只有白酒！这可咋办呐！”

我说：“那就喝点儿白的呗！”

“不行不行，这样美的情调是拒绝白酒的！”

“谁说的？咱今天就偏喝白酒！”说出这句话，我立即后悔了。喝了白酒以后，谁能预知会发生什么事情呢，这样的孤男寡女？

“好，就尊重吕老师的意思！”王富安似乎下了决心。

“王先生，你别再叫我吕老师了好不好？”

“那我叫你什么？”

“发短信时你不是已经叫我吕褛了吗？干脆直呼其名，或者叫我小褛、阿褛，都可以。”

王富安高兴得像拣了个大元宝：“好啊，阿褛，以后就这样叫。但你也不要叫我王先生了，叫我富安或者安哥都行。这样亲切。”

亲切？我跟你亲切干什么？我心想。

熟悉的音乐又响起了，王富安家的音响比酒店的不知要好多少倍。

我们开始喝酒，由于少了很多提防，我喝白酒也似乎找到了在阿谷家的那种感觉。

“你放心阿褛，还像上次那样，我保证，今晚不会把你怎么样的。喝过酒、吃过饭，我会安全把你送回学校。”

我相信王富安。

喝过三杯酒，王富安忽然说：“阿褛，你闭上眼睛！”

“干什么？”我吃惊地问。

“闭上呗！”

等我再次睁开眼时，我的面前已经多了一个精美的盒子——手机包装盒！

“这是这个品牌推出的最新产品，也是它的第一款双卡双待手机。它绝对不会像山寨机那样，一用就坏！”

“我不要！”我把盒子推到王富安面前。

“我知道你特别需要一个这样的手机。我没其他意思，只想满足你这个小小的要求。收下吧！”

我知道，他又看了我的微博。

我的微博一向少人关注，关注的人中，王富安恐怕是最铁杆的一个。但遗憾的是，他别有用心。尽管我不讨厌他的这种别有用心。

他还从我的微博上看到了什么？还要要出什么鬼花样？

又喝了三杯，王富安站起来，走到挂他名贵的公文包的衣架前，从包里拿出一个请帖样的东西，放到我面前。

“阿褛，看看，满意吗？”

我一看，上面写着“聘书”两个字，烫金的。

打开来，上面是加粗的宋体：

兹聘任吕褛同志为集团董事长助理，随时到任。

×××钢铁集团董事会

2011年×月×日

“你这是干什么？”我大叫。

“你的工作太累，受到的待遇也太不公平了！我只是想让它公平点儿！”王富安笑笑。

“你以为这样就对我公平吗？首先，你并没有征求我的意见，就武断地聘任我当你的什么助理；其次，对于别人来讲，他们可能做梦都想当这个助理，为此，他们已经做了足够长的努力，对他们也不公平啊。”

“这我倒没想到，也不想考虑那么多。”

“送我回学校！”我忽然发起怒来。

“遵命！”王富安没有生气。

“以后，别再看我的什么微博！否则，我就关了它！”

四十八、新手机惹的祸

在M学校，生活的河流还是死气沉沉地往前流着。如果说有浪花的话，便是马校长忽然搞的“拜师”仪式了！

所谓拜师，是马校长前一段时间到外面考察之后的进步之举。为了让年轻教师快点儿成熟，特意选一些有经验、德高望重的老教师当他们的领路人，在工作上带带他们。

经似乎不错，但如果被歪嘴和尚念了，或许就会变味儿。

学部通过办公系统通知每一个年轻教师，自己先选一个教师，然后，在规定的时间里完成拜师仪式。

我毫不犹豫地选了何必老师。我觉得，只有他当得起我老师的称呼。

“何老师，当了我的老师后，你可得知无不言、言无不尽哦。”我跟何老师开玩笑。

“当然。我一定会知之为知之，不知也知之，不懂装懂，‘毁人’不倦！”何必老师说着，笑起来。

不料，在学部组织的拜师会上，有关人员宣布各位年轻教师选择的老师时，把我的老师念成了庹老师！

什么？弄错了吧？我心里大叫。但并没有说出来。

之所以没说出来，是因为我立即发现，需要拜师的年轻语文教师就我自己，我没有同路人可以互相支持。学部之所以做这样的改动，肯定是故意的，完全是因为他们觉得只有庹老师才有资格带我！

我看看何必老师，他脸上一平如水，根本就不在意这件事。

这是一个星期六的晚上，大家都没课。但学部又蓄意地克扣了我们的休息时间。

拜师仪式开始了，完全像一个闹剧。

庹老师端坐在主席台上，表情肃穆。底下的老师像看耍猴一样，脸上露出古怪的表情，而我们这些年轻的教师，则是被人耍弄的对象。

语文科拜师仪式排在最前面，感谢领导对语文的重视。我在庹老师面前，深深地弯下腰去。此时，我多么希望面前的这个人是何必老师啊。庹老师笑着站起来，扶起我。不知道是他故意的还是用力猛了，竟然把我的胳膊捏得生疼。

“庹老师，以后还请您多多指教我！”我笑着说，笑得显然不自在。

“应该的，应该的！”庹老师一点儿也不谦虚。

……

然后是其他科的拜师，依次是数学、英语、政治、历史、地理、物理、化学、生物、微机、体育、音乐、美术……

闹剧终于落幕了。我心里堵得慌，也不想跟任何人沟通拜师的感受，便回了住处。

有一个人的面孔出现在面前，刘一君。于是，我拨通了他的电话。谢天谢地，他的手机号还没换，或者，他没有将我的号码列入黑名单。

我心里总是有一个疑问，曾经那么深的感情，曾经那么真挚的誓言，怎么会说变就变？莫非这其中另有隐情？正是因为心存侥幸，才模模糊糊觉得，刘一君并未离我太远，他还在我很近的地方，只要我一个电话他就会立即出现在我面前。

电话响了半天他才接，似乎是那种刚从梦里被拉出的味道：“喂，谁呀？”

我心里痛了痛，他是不是为了在新女友面前“避嫌”，或者为了对她表达忠心，把我的号码删除了？

我又有点儿后悔打这个电话了。

“我，吕褛。”我心里受伤，但不想让他感觉出来，口气平静。

“噢，吕褛，有事儿吗？天这么晚了？”

天多晚啊，才9点多嘛！看来，他和新女友腻歪得够可以的了。

“没事。看你还活着没。”我挂了电话。

一怒之下，我把手机摔在床上！但由于用力过猛，手机从床上弹到地上，摔开了！

我慌忙跑过去，我可怜的手机、跟着我走南闯北的手机啊，不但电池摔了出来，壳都摔烂了！

心里更加堵得慌：狠心的刘一君，果然过开他的小日子了！他已经离我远去、再也不肯回头了！这事是真的！

刘一君，你能找到新的，我吕褛不能吗？

我想到了程功，想到了陈明灿和张天然，想到了王富安。

忽然，我眼前一亮，便拿出了那个手机包装盒，还是上次王富安送我回校时硬塞给我的。

这下，正好派上了用场。等以后有时间了尽快把我的手机修好再说吧。

当时我并没有想到，换上王富安给我买的手机意味着什么，只是觉得我的手机正好坏了，先用它顶一顶。但过后再回头，觉得此举可没那么简单。

我喜欢在备课时随手把手机放在办公桌上，但让我没料到的是，我刚把新手机放在桌子上就引起了阿越的注意。

“嗬，好酷的手机啊！”说着，就拿起来把玩，边翻来覆去地看边啧啧称赞。

“这可是这个世界著名品牌的最新款，我查过它的价格，贵着呢！”阿若接着说。

“是啊阿褛，又交新男朋友了？”阿越怪笑着。

“你啥意思啊阿越？什么叫又交男朋友了？我交男朋友很多吗？我就是交男朋友不行吗？”我把手机从他手里夺过来。

阿若不识相："阿褛，这款手机，你就是不吃不喝也得三个月的工资！说，哪来的？"

这么贵？这个王富安想干什么？都怪我莽撞，既不问问价钱，也不事先在电脑上查查，胡里胡涂地就把它拿上了，还放在了桌子上，这下子百口莫辩了！

但我嘴里不服："我借的、偷的、抢的，你们管得着吗？"

这时候，我注意到，盛老师脸上现出古怪的表情。

王富安啊王富安，你可把我吕褛害了！我暗自埋怨。

很快，高中部便传出我又恋爱了、追求我的那个小伙子非常爱我、为了我竟然舍得掏钱买一个高档手机的消息。

我无法解释，也无从解释。一是我不知道这话是谁传出来的，二是，我也不知道找谁解释去。那么多的人，我先从哪儿下手？再说，有些事情你不管它，它自然很快消失，你要是越在意，它没准儿就会越来劲。

再后来，传言越来越生动、越逼真。有人说，是陈明灿给我买的，因为有人见他到过一家手机店，可这个版本立即就被人否定了。理由是，陈明灿平常那么抠门儿，连吃菜都舍不得吃荤的，他会舍得买几千元的手机去砸一个还不知道爱不爱他的女孩？再说，他是教数学的，算得精细是他的本能，他会那么傻?

另一版本说，是张天然给我买的。理由也似乎非常充分，张天然这一段经常登录淘宝，关注笔记本、手机啥的，没准儿就是为了给我选一款。

但这个传言很快便不攻自破。因为人们发现，张天然自己买了一个手机，很便宜、很实用的一款。人们说，如果张天然要是真为爱情投资，他一定会买一对情侣手机。

并且，当好事人问起这件事时，陈明灿和张天然都不假思索地表示，他们不曾给我买过什么。陈明灿极为难得地还用一句富含哲理的话来回答无聊的人们："让爱情沾染上金钱？我会答应吗？"

还有第三种版本，就是程功从他老家给我寄来了一个手机，但这一版本更不值得信任。根据人们对程功性格的了解，且不说他没有这样的魄力，就算有魄力，一个在一起工作时都没有给过他好脸色的女孩子，会当得起他离开那个单位之后寄去一个手机吗？还有热心者找到了这个版本站不脚的证据：学校员工收到的所有包裹信件都必须经过学校的传达室，有人问过，近期我根本就没有收到过任何邮件！

所有版本都不攻自破了，但并不意味着传言会消亡。很多时候，传言就是凭借没有任何根据才生存的。一旦有了充足的理由，传言就无处容身了。

这个传言对我的影响是巨大的。

我本来对自己未假思索就用了王富安给我买的手机而自责，本来还想着快点儿修好我原来的手机把这个换下来，本来还埋怨王富安多此一举、居心不良，但这之后，我反而坦然了：有人愿意给我买，我愿意用，你们管得着吗？

路不平有人铲，事不平有人管。这不，马校长找到了我。

马校长依旧和颜悦色地对我说："吕老师，按说我要跟谈的是你的私事，我作为高中部校长管不着。但眼下大家议论得厉害，有人建议我找你谈谈，我得听取群众的意见吧？"

"马校长，我到底怎么啦？"我纳闷。

"好，我就直言不讳了。大家议论的焦点是你的手机，你能不能透露一下你手机的来源？"

"我手机的来源跟大家有关系吗，跟高中部有关系吗？我要是偷的、抢的，自有法律来管，也轮不着谁来管哪！"

"小吕同志，你这态度就不对了啊！要言者无罪、闻者足戒嘛！"

"好，我这就言者无罪、闻者足戒。大家既然讨厌我这个手机，我摔了不就得了嘛！"说着，我拿出手机，就要往马校长的地板上摔！

马校长慌忙拦着我："哎哎哎，吕老师，可别这样，可别这样！我知道你的态度了，我会帮你澄清这件事的，谁要是再议论这件事，我会严厉地批评他！"

"马校长，你也别批评谁，嘴长在各人脸上，谁爱怎么说怎么说，咱都管不着。要是高中部和M学校容不下我，我吕褛走好了！"我豁出去了。

四十九、和王富安走到了一起

从马校长办公室出来，我的眼泪便不争气地涌出来。

我拨通了王富安的电话，未说话，已经哽咽了。此刻，我也不知道，为什么会想起给他打电话。

“喂，阿褛，你怎么啦？怎么啦？说话呀！”王富安充满担心的声音。

实在不知道说什么，也哽咽得说不出来，我便挂了电话。

但王富安又打了过来：“阿褛，你是不是受什么委屈了？”

我点点头，但王富安似乎看到了我电话这头的动作，他急切地说：“你在学校别动，我这就过去接你！”

此时，“身处危境”、“众叛亲离”的我，哪儿有拒绝的力气？

在王富安家里，我哭个不止，把这几天的委屈竹筒倒豆子一般向他诉说了。

王富安就势把我搂在怀里，轻轻抚弄着我的头发，安慰我。

“阿褛，从今天起，咱不去M学校上班了，到咱公司去吧！你不能老是让我助理的位子空缺着啊！你要是不愿意，就待在家里，我养你！”我看不到王富安的表情，但听他的口气非常真诚。一个“咱”字，已经代表了他所有的感情。

我一下把王富安推开：“你把我吕褛当成什么？小蜜？外室？二奶还是三奶？鸡？我没惨到这份儿上！”

王富安显然受了伤：“你说什么呀阿褛？太让我伤心、也太不理解我了！

难道你还看不出来我的心思吗？”

“我当然看得出，一开始你就没安好心！你有钱，买个手机就把我搅和得在单位待不下去了。你说，你是不是一开始就把我当成可以占便宜的对象了？”

不料，王富安笑起来：“小傻瓜，你以为你有什么便宜可让我赚吗？你漂亮吗？坦率地说，你远远没有我公司里的很多女孩子漂亮，她们愿意跟我交往我还不愿意呢！你有钱吗？一个刚毕业的大学生，还拿着实习期工资，能有什么钱？再说，你也不是‘处级干部’了吧，你那个男朋友都离开了你，过去的四年里，你们是没有住过一起，还是你没有打过胎？你说，除了让你真心对我，我还能图你什么？”

我该死的微博啊，透露了太多的信息！这个王富安，真可恶！

但他的话也及时点醒了我，是啊，他图我什么呢？我有什么地方值得他这么对我呢？

王富安似乎看穿了我，他柔声对我说：“阿褛，不知道为什么，我见你第一面就喜欢上你了，或者说，爱上你了！这是我多年没有过的感觉！初恋的感觉！老实说，我没有过初恋，一直盼望初恋，也一起在寻求着初恋，一直到现在才找到啊。”

我心里一阵震颤：我有过初恋，可初恋带给我的是什么呢？我有过幸福，可幸福又是什么呢？眼前这个男人，高高大大的，虽然很有钱，但精神上却那样饥渴、感情上却那样贫瘠。真是值得同情啊。

霎时，我觉得王富安没那么可恶了，或许，在我内心深处，他从来就没有真正可恶过；或许，我从用他的手机那时起，就没有认为他可恶了！

他倒是一个可靠的人，跟着他，或许我会过上优裕的生活。优裕的生活虽然是我所愿，但我又怎能这样做呢？这不是将自己的青春卖了吗？不是以青春做赌注在赌博吗？在各种媒体上，我早已看多了女孩子为了自己的所谓幸福而不顾廉耻、委身于富豪的事情，对她们的做法，我一直是不齿的，但现在我分明是一步一步在滑向这样的泥沼，我不是跟她们一样了吗？

“不，安哥，我不能跟着你！”我后退几步。

“为什么？”

“我不能像那些我刚才骂的女孩子一样，为了自己而不顾王波和他妈妈的感受！不管王波转学到哪儿，我的心里，他都是我的学生，我本来已经无意间伤害他了，我不能再次伤害他！”

我慷慨陈词着，心里也在痛着。

王富安大笑起来！

“你笑什么？你在笑我唱高调？我说的可都是真的！”我再次受到了伤害。

“阿褛，小傻瓜，我果然没有看错你！王波也没有看错你！”

“你说什么？我不明白。”

“如果我要告诉你，这一切都是王波安排的呢？你还这样排斥吗？”

接着，王富安向我讲了一个让我吃惊的事情：原来，在M学校上学的时候，王波听着我的课，便被我的为人感动，于是，他便先入为主地认我为亲人了。那时的他，便有意为父亲相着对象了！至于那个“吕老师，我爱你！”的纸片，便是他真情的流露。其中的“我爱你”，并不是一个男孩对一个女孩的爱，而是一个孩子对一个长辈的爱！现在的孩子啊，真是……我不知道该怎么评价王波了，因为他内心的世界，在我看来那样丰富、那样新奇、那样陌生！

“王波的妈妈早就去世了，她去世时王波还小，对妈妈还没有印象呢。这些年来，只有我们爷儿俩过，他长那么懂事真不容易。我想，他对妈妈的渴望你一定可以理解。话也得说回来，王波作为一个学生，他上课时操不该他操的心也不对。”王富安眼里有了泪花。

我也哭了。

“你怎么不早告诉我？”我埋怨着王富安，忽然，我明白过来，“你不相信我，想考验考验我是不是？你这个坏蛋！”

王富安羞我：“女孩子太聪明了可不好，老得快！”

这一夜，我没有回学校。

我刚与王富安吃烛光晚餐时，他说过“我今晚不会把你怎么样”的话，当时我还没注意“今晚”这个词。原来他早已成竹在胸，“今晚”不把我怎么样，并不意味着“以后”不把我怎么样。这不，我自己就主动留下来，让他“怎么样”我了！

可是，我乐意。

第二天，我便向学校提出了辞职。

第二天晚上，我跟王波见了面，他非常高兴，一副阴谋得逞了的疯狂样子。

休整了一段时间之后，我便到王富安的集团公司上班了。和在M学校工作相比，我更喜欢当他的助理，更喜欢跟他在一起。至于考研，我觉得似乎也没有太大必要了，原本就是为了离开M学校才做出的这个决定，现在目的已经达到，就没有啃考研资料的必要，我要省下时间，多陪陪我该陪和愿陪的人。

辞职的时候，我没有向任意一位同事当面解释什么，我只是坦然地对相关领导说，我要结婚了，结了婚我不想在学校上班了，我上够了。我知道，领导的目光充满了诧异，但我也管不了这么多了，诧异是他们的权利嘛。

只对一个人例外，我向何必老师发了一条信息：“何老师，我要结婚了，祝福我吧。他叫王富安，是原来我的学生王波的爸爸，他是一个很好的人，相信我。”我知道，何必老师一定会相信我、支持我的。

真没想到，荒唐的M学校，竟然让我意外获得了一份爱情，现在我就沐浴在爱情的光辉里。

五十、一个令形势急转直下的电话

其实，离职时跟领导们说我要结婚了，只是不想让他们胡乱猜想，先断了他们的种种念头；而跟何必老师说我要结婚了，则不想让他苦心婆心地劝我，不想让他为我分心。

对于我的辞职，反应最强烈的不是何必老师，尽管他是M学校最真心关心我的人。您猜得不错，是盛老师。我有点儿怀疑，当初马校长找我谈话，就是盛老师施加的压力。听说我辞职了，辞职的原因竟然是被一个有钱人“包养”，盛老师表示了极大的愤慨。辞职后，盛老师给我发过两条信息，表达了这种愤慨，但误会之下，我不想越描越黑，就没有回复，是非曲直，由它去吧，我只需清楚自己在做什么、应该珍惜什么就够了。然后，盛老师着实沉默寡言了一段时间，对任何人都爱理不理的，其表现大约相当于一个追星族痛心偶像的自杀或堕落。后来，又有人见盛老师喝醉过两次，原因不明。再后来，盛老师就又正常起来，像脱胎换骨了一样。听到这个消息，我是高兴的，毕竟，我无意害盛老师，更不想让他无谓地沉沦于虚无的感情里。

至于结婚，当然不会这么快。对于一个女孩子来说，对婚姻的态度就是对生活的态度，马虎不得。你对婚姻马虎，生活就对你轻视。

我只是确定了方向、不再寻寻觅觅罢了。每天接受爱情的抚慰和滋润，但并不意味着我想不假思索地接受婚姻的过早到来。

有时候，我告诉自己，就是他了，不管前面是火坑还是陷阱，我都要跳了；有时候，我提醒自己，如果前面真的是火坑和陷阱，你真的能全身地跳进去吗？

一旦你真的跳进去，却被烧得焦炭一般，王富安还会爱你？王波还会接受你？

因此，思考的结果是，我要冷静些，要提升自己，这样才会与王富安真正走在同一个水平面上，否则便免不了要一辈子仰视他。不错，我有学历，也不乏能力，但爱情和婚姻面前，这些都会渐渐退居二线，占据的是一个并不显眼的角落，真正在爱情和婚姻中主控局面的反而是细枝末节的东西。而这些细枝末节，恰恰是我以前没有重视和不具备的。

但方向没有变，和王富安走到一起，在我做好准备之后。王富安也没有逼我，他在等待我将心全部收到他身上来。

我曾经问过王富安，他那么有钱，为什么M学校还对王波那么无情，因为鸡毛蒜皮的小事儿就劝退？王富安说，王波到M学校报到时，他曾经给李鑫媛打过电话，让她别把他的身份透露给任何人，包括高中部的马校长和王波的班主任。因此，王波有了一点儿错误他们才不管不顾，甚至夸大事实，把孩子劝退的。

毫不夸张地说，我很钦佩王富安的这种淡定作风，富而不炫、富而不骄，难得，正配他的名字——富裕且安然。某种意义上说，王富安的这种秉性为他增加了不少砝码，让我走近他，也促使我下决心与他走到一起。

要不是接到一个电话，我们结婚的时间表会大大提前，但有了这个电话，情形就完全变了。

这一天的工作时间，我忽然接到了一个绝对意想不到的电话。

是刘一君的妈妈！

我还没有开口，实际上我也不知道该怎么开口，便听到那端传来抽泣声。

我迅速地回过神来："请问您那位？"做了王富安的助理后，我接电话的口气更加职业化。

"阿褛，我是刘一君妈妈！你看看君君吧，他……"刘一君妈妈说不下去了。

"他怎么啦？阿姨，您慢慢说！"我想起刘一君妈妈慈祥的脸庞，我去过她家两次，她每次都倾情相待。

“他得了癌症……唉，他不让我跟你说。他说，我要是跟你说了，你就会不顾一切地到他身边的。他不想这样做……”

“什么时候的事儿？”我心里忽然产生了一个巨大的问号，电影上有的情节不会发生在我生活中吧？

“刚到北京工作不久，在单位给员工的体检中，他被发现得了胃癌，晚期！”

那端，刘一君的妈妈又哭泣起来。

“他现在在哪儿？”我不觉流出了泪。

“在老家的医院，北京看病太贵。医生说，也没必要在北京治了……他一个二十多岁的大小伙子，咋能得这病呢？”刘一君妈妈大哭。

我忽然明白了：为什么刘一君到北京后对我那么冷淡、那么缺乏过渡，原来他发现自己得了癌症！为了不拖累我，又让我能够心安理得地过自己的生活，他宁愿自己独自承受，甚至不惜找一个女孩来为自己打掩护，从而让事情变得逼真可信！

我想起那天的情形来。那个跟刘一君一起到宾馆看我的女孩，眼光有点儿游移不定，不敢定定地看我。我今天才明白她为什么底气不足、为什么没跟我说话了！

我又想起，刘一君在大学期间，当我们在一起时，甚至在最亲热的时候，他会肚子痛！有一次放假刚开学，我在家里拿了我妈做的美食，但他刚吃了一口就吐了，把我气得够呛，我还骂他对准丈母娘的劳动成果不尊重。还有，上次我到北京，只顾嫉妒和伤心，也没注意到他的变化，现在想来，他那时已经消瘦了很多。唉，话又说回来，即使那时候我发现他瘦了，也会以为他工作太累加上和新女友太过腻乎造成的，反而会加重我的嫉妒。我好后悔，没能及时发现他这些病症，更后悔没能看透他的真心！

我必须到刘一君老家去看他。

可是，我怎么跟王富安说呢？是编一个理由还是实话实说？是当面告诉他还是用其他方式？

我决定用打电话的形式。当面说，因为我怕拒绝，也因为怕王富安受伤。毕竟，这可能会引发两个男人的情感大战。

当我把刘一君的病情和我的打算告诉王富安时，不料他不假思索地说：“不行。”

我问：“为什么？”

那头忽然传来说话声，王富安匆匆地说：“我这儿还有事，阿楼，等回家我再跟你细说！”便挂了电话。

这下子，轮到我受伤了——他竟然不同意！刘一君已经病入膏肓了，我见他最后一面王富安竟然不同意！他白长了将近四十岁，竟然连这样的人之常情也不懂！刘一君比他年龄小那么多，做出的事情那么令人感动，正是因为刘一君的君子所为，才有了他王富安跟我在一起的机会，而他，却在一个癌症病人面前吃醋！太小气、太不像男人了！我怎么遇到这样的男人呢？怎么爱上这样的男人呢？怎么能下决心跟这样的男人长相厮守呢？

我一受伤，把王富安的好都忘了。我认为，他以前的所作所为都是假的，虚伪！于是，我对自己的眼光、对自己的选择产生了怀疑！

我决定，偷偷地去，别管他王富安同意不同意了！至于回来以后，事情会出现什么样的变化，就等待命运的判决吧！反正，从我这方面来说，会不会跟王富安继续爱下去还不一定呢！

我稍稍收拾下行李，就动身往车站赶。正好有一辆到刘一君家乡的长途汽车，我便坐了上去。

此时，我心里非常着急。从刘一君妈妈的口气上看，刘一君的生命已到了尽头，再晚一步，就可能……

大巴开动了，刚出站，车猛地一顿，停下了。就听司机骂道：“妈的，你会不会开车啊？”

我抬头一看，见一辆奔驰车别在大巴的前面。这车怎么那么熟悉啊？

紧接着，车门打开，司机走下车来。王富安！他来截我了！这个卑鄙的家伙！这个小男人！他发现我偷偷跑了，来围追堵截了！为了堵住我，他竟然不顾一车人的交通安全，真可恶、真狠毒、真……我想起战争年代蒋介石的军队。

“师傅，对不起，我急着找一个人。你给问问吧！”

“我这车上都是人，你找谁？公的母的？”司机没好气。

“噢，我找我老婆。你说公的母的？”王富安输理在先，对司机很和气。或许，他阴谋得逞了，心情很好。

一车人都笑起来。

“她叫什么？”司机也笑了。

“吕褛。”

“什么？驴？女驴？驴女？哪有女的叫这名字，你真会开玩笑！”

此时我真恨爸妈，怎么给我起了这个名字！他们肯定没料到我会这样受人奚落！

我只得站起来，下了车。

“王富安，你想干什么？”我作河东狮吼。

“我让你在家等我回来跟你细说，你咋能偷跑呢？”

“我偷跑都跑不掉，还敢老老实实等你？”

“你为什么要偷跑呢？”

“你不让我去，都坚决说不行了，我不偷跑还能怎么着？”这个王富安，真健忘！

“咳！都怪刘总，我说了半截话就被他掐断了。本来想再打给你，实在没顾上。对不起阿褛。我说不行，不是不让你去，是我不放心你一个人去，我要跟你一块儿去！”

“你说的是真的？”

“你这么不相信我？你是教语文的，你再分析一下我说话的环境，你就明白了！”王富安很委屈。

我想想，还真是。都怪我心太急了，误会了他。

“阿褛，刘一君这样一个好小伙子，我挺钦佩、挺感激他的。要不是他，也不会有咱的今天，咱可不能忘记他！你想，我怎么会不让你去看他呢？”王富安很真诚。

“不，还是我自己去吧，你太忙！”我婉言拒绝。

“你是怕刘一君见到我后心里更加不好受吧？你放心，我不会让他见我的！”

我答应了。

“其实，你不必担心刘一君的，他既然这样做，就已经考虑清楚了，他想让你得到幸福，即使见到我，他也只会高兴的。”

我承认王富安分析得有理，作为男人，他们虽然未曾见过面，他们的想法竟然如此一致。但我又怎能忍心带我的新男友去见他？

见到刘一君时，我都快认不出他来了：他消瘦得已经不成样子，头发也已经剃光，原来脸上的青春光泽消失殆尽，静静地躺在那里，似乎在等待着我到来，又似乎在等待着死神的光顾。

见到我，他先是一愣，紧接着便对他妈妈说：“妈，是你告诉阿褛的吧？唉，你呀……”

刘一君妈妈掩面哭起来。

“妈，别哭，我没有怪你。其实，我心里也一直想见阿褛的，再不见就见不着了。”说着，刘一君又转向我，“阿褛，你怎么没和新男朋友一块儿来？我想看到你们在一起的样子！”

我诧异：“你怎么知道？”

刘一君笑着说：“你怎么又忘了，我是最关注你微博的人啊！你的幸福都在那上面晒着哩！并且，我推测，那么好的男人，他肯定不放心你一个人在外奔跑，他已经跟你来了，没准儿他就在楼下。只是怕我见到他伤心，才没有出现。我说得对不对？”

我钦佩刘一君在这样的病势下判断力还这样准确，似乎一切都在他掌控之中，包括病情，包括即将来到的结局。

我点点头。

给他打电话吧，说我等着他。

刘一君眼里有了光彩。

当王富安跑上楼来时，他的气都快喘不过来了。

“哥们儿，你在楼下，好像预料到我要见你一样。”刘一君像一个智者。

王富安点点头。

“阿褛不错，哥们儿你也不错，年龄虽然比阿褛大，但大点儿更好。本来想交待你们几句的，现在用不着了。”

我知道，刘一君说的“阿褛不错”，指的是我的眼光；“哥们儿你也不错”，则指的是王富安的为人。

这是他对我们最高的肯定啊。

王富安示意刘一君妈妈到外面去。

不料，刘一君说：“哥们儿，你是想告诉我妈妈，我的医药费由你出吗？不用了，你现在就是有再多的钱也用不上了，还是用在阿褛和事业上吧！”

我知道，刘一君有“托孤”的意思了。

王富安没法，只能点头。

回家的路上，王富安一心开车，没说一句话。

“安哥，你怎么不说话？你应该说话的。”

“我说什么？”

“你该说，人生苦短，生命脆弱，爱情宝贵。阿褛，我一定会好好待你的！”

“不错，这正是我想说的话。但因为觉得不是时候，所以就憋着没说。阿褛，我还想补充一句，我会代刘一君兄弟好好对你的！”

五十一、听来的故事

适应了公司的环境之后，我渐渐忙碌起来，也没有时间再多关注M学校。以下的事儿是我听来的。幸福的人是宽容的，我原本不想写上，但为了我的微博、为了让更多的人能够看到，也为了M学校的明天，我就写上了。

这一天是个星期五，下午，李鑫媛董事长正召开学校董事会和全体领导班子会议。会议快结束的时候，由李鑫媛作总结讲话。

正在讲着，保安进来，对李鑫媛耳语了几句。

“你不见我正开会吗？让她等等！”李鑫媛不耐烦。

保安说：“董事长，我也对她这么说了。但她说，你要再不出来，她就闯进来，那时你就不好看了！”

李鑫媛面色一寒，便停止了讲话，走了出去。

与会者面面相觑，谁也不知道发生了什么事。

走到外面，见一名女子正在走廊上徘徊。

“你是……”李鑫媛问。

“你是李鑫媛吗？”女子问。

“我是。你……”

“我是庹贴的爱人。”

“爱人？你们不是离婚了吗？”李鑫媛诧异地问。

“是他跟你这样说的？”

“是的。庹贴说，他离婚了。”

“他是离婚了，那是和他的第一任老婆，后来又跟我结婚了！”

“你说的是真的？”李鑫媛大惊。

“要不要跟我一块儿，我把结婚证让你看看？”

“你在哪儿住？开完会我去找你。”

“我来时庹贴不知道。现在我住在酒店里。”

这个会非常重要，是研究学校申报省示范性普通高中的事情，事关重大，但李鑫媛心里有事，也顾不得了，讲话草草收场。

走进庹贴的爱人入住的房间前，李鑫媛的心情是复杂的。

有怨愤，对这个女人的怨恨，对庹贴的怨恨，对自己的怨恨。

自己和庹贴的感情越来越好，马上要到了谈婚论嫁的成熟季节，可是，这个女人的出现打碎了她的炫丽梦境；庹贴是个骗子，他骗了自己，他该千刀万剐；自己阅人无数，掌控着这么大的一所学校，竟然被一个毫无背景、一无钱二无势的普通老师玩弄于股掌之上，怎么不让她恨透了自己！

但她跟庹贴的感情是存在的，无数个缠绵的白天和夜晚都证明着这种感情的存在，无数次山盟海誓的存在也证明着这段感情的炽热。

眼下自己该怎么办？是把这个女人赶走，还是离开庹贴？她又下不来决心。

对于前者，她很容易做到。给这个女人一点儿钱，或者让人吓唬吓唬她即可搞定；可后者就不好办了，那是在用刀子割自己的心啊。

但一进这个房间，李鑫媛的计划就全部改变了！

为李鑫媛打开门，庹贴的爱人就张罗着给李鑫媛倒水，拿橘子，示意她坐下。

李鑫媛警惕着，这个女人要干什么？在送我糖衣炮弹？

反正自己有钱有势，兵来将挡，水来土掩，李鑫媛索性坦然地坐下了。

“我叫冯谧。”庹贴的爱人自我介绍，说着拿出两张结婚证，“这是我们的结婚证，五年前，我们就结婚了，有了一个女儿。”

李鑫媛看看结婚证，又扔在一边。这是向我炫耀，还是示威？我可不吃这一套。

忽然，让李鑫媛吃惊的一幕出现了，冯谧猛地在她面前跪了下去。

“大姐，你离开庹贴吧，越快越好！”

李鑫媛心里的豪气一下子被激起来了：你让我离开，凭什么？还用这么下贱的招数！我偏不离开他！我为什么要听你的？

其实，李鑫媛心里已经在开始想着离开庹贴了，她当年也是有一个品学兼优的学生，也是大学毕业，也曾是有理想有抱负的那拨人！现在又是一个学校的董事长，以她的身份，怎肯与一个有夫之妇做不明不白的事情？更让她难以接受的事是，她又怎肯长期受一个男人的欺骗？

但现在，她决心跟这个冯谧斗一斗，不是为了争夺庹贴，而是为了争口气！

冯谧看到了李鑫媛表情的变化，她站起来说：“大姐，你别误会，我让你离开庹贴，是为了你好。庹贴是一个骗子！我已决心跟他离婚了！你想想，我一个普通女人都不想跟他过了，更何况你这样杰出的女人呢！”

“冯谧，你说的可是真的？”李鑫媛不觉握住冯谧的手。

“大姐，千真万确！我这趟来就是来找他，和他商量离婚的事的，但我不忍大姐你再受到他的祸害，就节外生枝找了你；我怕你不相信我的话，才不得已用下跪来触动你！”

接着，冯谧便向李鑫媛讲了庹贴的事情。

庹贴并不是他所在省份里最著名的语文教师，他原来不过是一个民师，教的也不是高中，而是小学六年级。因为爱喝酒、爱打牌、喝酒后上课、课堂上与学生发生冲突等恶行被解聘。本地待不下了，他就到处诈骗，说自己如何如何优秀，还假造了一大堆证件来抬高自己的身价。不知怎么的，他得知了M学校招聘教师，就如愿以偿地过来了。

最让人难以接受的是他的感情问题。他的前妻见他不务正业，愤怒地与他离婚了；后来，他到了冯谧家乡的一所民办学校工作，由于他会推销自己，很快就赢得了领导的信任，也赢得了冯谧这个女同事的爱情。

刚结婚的时候，庹贴老师对冯谧着实好过一段。不说具体的男女情事，单说对冯谧的称呼就非常有创意。庹贴喜欢称冯谧为“我的蜜蜜”、“小蜜”，起初，实诚的冯谧很不习惯，对庹贴说：“老公，你这样喊我是啥意思啊？喊的时候，你是想着我的乳房啊还是想着你是个大老板，而我是你的几奶啊？”

庹贴总是自然地将冯谧揽在怀里，亲着她说：“随你想吧。你在我心里比乳房还要纯洁，比小蜜还要有魅力！”

但好景不长，庹贴老师很快便原形毕露，他一如既往地喝酒、打牌、喝完酒带着满嘴酒气上课、课堂上与学生争执甚至发生矛盾。更有甚者，他外面还有别的女人。这些年他挣的钱，除了用在喝酒打牌上，就用在别的女人上了。

一段时间前，冯谧的手机上忽然收到了一条短信，是庹贴发来的：“鑫媛，认识你是我的缘，我一定好好珍惜这段神奇的缘分。我爱你！”冯谧知道，丈夫错发给她了。

鑫媛？鑫媛是谁？

冯谧判断，这个鑫媛一定是一个了不起的人物，否则丈夫也不会用“神奇的缘分”来形容他们的相识；从丈夫和这个叫鑫媛的相识时间并不长上来判断，冯谧觉得，这个鑫媛极可能在M学校！

直到冯谧偶然打开M学校的网站，她看到了李鑫媛的名字！那是一封贺信，是以董事长李鑫媛的名义发给全体教师的。

这个李鑫媛是庹贴短信里的鑫媛吗？怎么可能呢？他不过是一个普通教师，人家可是董事长啊！

冯谧留了个心眼儿，她在百度上搜索、收集李鑫媛的资料。她慢慢知道了，这个李鑫媛三十多岁，离异，长得挺漂亮。

应该就是她！更能佐证冯谧这一判断的是，她在M学校贴吧上，竟然发现了这样的帖子，说李鑫媛和一个高中语文教师不清不白。

这个高中语文老师是丈夫庹贴吗？

把信息综合起来，冯谧得出结论，肯定是！

冯谧明白了，庹贴又在欺骗这个叫李鑫媛的董事长！

冯谧对庹贴的失望又多了几分：原本以为自己嫁了一个知书达礼、知道体贴人的丈夫，为此，即使丈夫比她大了十岁也不在乎。谁知道，他的知书达礼、他的成熟都用在了骗人上。不但欺骗了她，还在欺骗更多的人，其中就有这个李鑫媛！

“大姐，说实在话，作为女人，谁心里没有一个幸福的梦想啊，谁想离婚啊！再说，我们的女儿都四岁了！但这几年来，我对庹贴实在是太失望了！刚结婚几个月，他就毛病百出，一年之后就跑到大姐的学校，他心里根本就没有我们娘儿俩了！在我的生活和生命里，他不但不能给我带来丁点儿的快慰和幸福，而是无尽的绝望和屈辱！”

李鑫媛听了冯谧的讲述，肺都快气炸了！她又羞、又气、又恨，如果此时庹贴在眼前，她恨不得踢他一百脚、一千脚！

回到办公室，李鑫媛迫不及待地给庹贴打电话。这次打电话，不是为了叫庹贴来她办公室缠绵，而是要揭穿他的真面目，当面痛斥他一番，以解她被骗的愤怒之情！但奇怪的是，电话通了半天，没人接。

在以往，每次她给庹贴打电话，他都第一时间接听，然后用甜得发腻的声调对她说：“小媛……”

现在，他在哪儿？为什么不接她的电话呢？

莫非他在上课？

不对，听马校长说，星期五晚上老师们都没有排课。再说，原来她给他打电话，从来没有考虑上课的因素，无论什么时候打，他都第一时间接。他曾经多次嘴上像抹了蜜似地对她说：“小媛，我这个手机就是为你买的，这个号码就是为你开通的，一天24小时随时等着你的电话打进来！”

但现在，她打的这个电话怎么在24小时以外了呢？

莫非，他在跟别的女人潇洒？根据冯谧的说法，有可能。

李鑫媛本能地再次拨打了庹贴的电话，但刚拨出去，她就后悔了：他跟别的女人潇洒，跟她有关系吗？如果说原来她还觉得有关系的话，现在已经没有了，半点儿关系都没有了。

不，有关系。她是M学校的董事长，而庹贴是M学校的教师，她有权力要求教师为人师表、不拈花惹草的。于是，她心里又底气足了些。女人啊，一旦把身体交付给一个男人，她好像在这个男人面前低了一截似的，李鑫媛也是如此。而这个交付了身体的女人，一旦觉得自己受了这个男人的骗之后，这个男人便一下沦为她最大的敌人。此刻，庹贴就是李鑫媛的敌人，李鑫媛正在想法把她的这个敌人揪出来，报被欺骗之仇。

然而，这一次系统的提示音却是“你拨打的用户已关机，请稍后再拨”。

好你个庹贴，连我的电话你都敢不接！看来刚才未接电话是故意的了！

莫非，他知道什么了？可是，他是怎么知道的呢？

莫非，是冯谧告诉他的？可是，冯谧怎么会告诉他呢？

莫非，冯谧的故事是编的，目的就是为了骗她，目的就是让她放开庹贴？不会，以她李鑫媛阅人的眼光，应该不会看错。但也难讲，庹贴不是将她骗得只剩下羞辱吗？和庹贴生活在一起、已经有了一个女儿的冯谧也难免不受传染……

李鑫媛思前想后，拿不定主意。

唉，还是等到明天吧，明天我亲自到高中部去找他，以视察教学工作的名义。

第二天，高中部就传着一个惊人的消息：一向被领导看好的庹贴老师乘夜离开了学校！

“瞎说！他要风得风、要雨得雨的，怎么可能？”当然有人不信，还压低声音说，“听说他还跟董事长……”

“你还不知道吧？正因为这样，他才连夜逃跑的，连这个月的工资都不要了！董事长知道了他家里有老婆的事，要找他兴师问罪了。你说，他还敢待下去吗？”另一个人煞有介事地说。

“董事长怎么会知道庹老师家里有老婆？咱连他老家在哪儿都不知道。他说他家是湖北的，谁知道究竟是哪儿的？没准儿除了湖北哪个地方都有可能呢！”这个人也真是的，庹贴老师刚走，他就压不住自己对庹老师的不满了。

“他老婆来学校闹了！昨天晚上学校董事局开会的时候，他老婆去找董事长了！这事，地球人都知道！”

“噢，怪不得。可惜李董事长了……”说话人不住地表示惋惜。

李鑫媛猜得不错，是冯谧告诉了庹贴。不过，她不是为了通知庹贴躲避李鑫媛，而是她要跟庹贴商量离婚的事情，才顺便告诉他的。

听到了这个消息，对于庹贴来说，不啻晴天霹雳！他至今还不知道，冯谧为什么要跟他离婚，他掩饰得挺好的呀！他更不清楚冯谧为什么会知道李鑫媛，并且已经和李鑫媛认识了！至于他错发给冯谧的那条短信，原本是他喝醉以后发给李鑫媛的，以前他经常这么做，每次喝醉酒，他都给李鑫媛发让她脸红耳热、感情沸腾的短信，在瞳孔散光的情况下选错收件人当然也不是什么稀罕的事了。

董事长李鑫媛吃了个哑巴亏，但苦于找不到当事人，也只得作罢，她也不想闹得满城风雨的，毕竟这事不怎么光彩。

其实，李鑫媛也是个苦命人儿，丈夫车祸死后，她挣扎着从痛苦中走出来，把肇事者赔的钱与丈夫共同打拼挣的钱，炒股赚的钱全拿出来，并贷了一大笔款，又联合了几个有志办学的人共同创办了M学校。但从那儿以后，她就不敢轻易接纳男人了。原因当然是她本人有很多钱，生怕男人是为了她的钱而走近她，以致高不成低不就的。表面上看着非常风光，一到晚上，心里的苦只有自己知道，哑巴吃黄连，有苦也难言啊。况且，她代表着学校的形象，也不能轻易表白自己的感情。但不知怎么的，一见到庹老师她就觉得非常亲近，就觉得心跳，就让她想起很多很多的人和事。她想起了上大学那会儿，她一位老师长得就和庹老师一样！这位老师对她那样关心，那样照顾，她一时迷失了自已。这些年过去，她一直难以忘怀。正因如此，一见庹贴老师，她就问他，你在某某高校当过老师吗？她多么希望庹老师能给她肯定的回答啊。但同时她就觉得好笑，怎么可能呢，如果庹老师曾经是一名大学老师，他还来她的学校应聘干吗？然后，她又不由自主地问起了他的家庭状况，得知他离婚了，还是单身，不知怎么的，她的心便活动起来了。因此，当晚她就跟庹贴打了电话，相约在一起谈谈。两个人谈得非常投机，当然，他们的身体随后也“谈”得更加投机了。她又哪里想得到，这几年她真心付出的男人竟然戴着假面具呢！几年来，她一直想提出跟庹贴结婚，但最终没有说出口。一是两个人的条件相差太大，怕父母不同意，也怕学校的同事们说什么；二是她还没有做好忘记丈夫，重新接纳一个男人并与之结婚的心理准备。现在想来，幸亏没有提出结婚的要求。

高二备课组长的缺失，留下了一个空缺，也给许多人留下了一个机会。于是，高二语文组的普通老师活动了起来：先是心里有了活动，后来是行动上，接着学部马校长、学校朱校长家里便有了他们拿去的礼物。但由于僧多粥少，又难以均分，最后马校长做出决定，由整个语文组的教研组长暂时代理高二备课组长一职，至于什么时候确定新的人选，再说吧。

大家都送礼了，但又都没捞着，先是生气，但后来看其他人也仍然和自己一样是普通教师，便心里平衡起来。送礼就送礼吧，只当认认校长的门儿，和校长拉拉关系，要不是这个事，还没这个机会呢。

听说，马校长本来是想让盛老师当高二备课组长的。虽然盛老师是高一的语文老师，但以他的经验，一定什么年级都早教过了，哪一册教材都非常熟悉。直接把他提到高二不就得了呗，再过两个月顺理成章地升入高三。也不枉了自己老婆和盛老师的老婆白白姐们儿一场，这些，马校长都记在心里呢。

但不巧的是，恰逢这时候，盛老师出事了！

当地教育局不知用什么方法，终于知道了盛老师在M学校工作的事情，这还了得！于是，便给他施加压力，必须尽快回到他原来的公办学校去，否则开除公职，取消一切教师应该享受的待遇！这其中当然包括退休后的一切。

盛老师害怕了，就在庹老师不辞而别不久，盛老师也辞职，回到原单位去了。

回原单位对盛老师来说是一种解脱，虽然工资上每月少收入几千块。从长远的角度来说，彻底解除了后顾之忧，退休以后再也不用担心待遇问题了；从工作压力上来说，公办学校像个养老院，只要不犯大错，过日子就行了，完全没有M学校那样的压力，这对一个人的身体是有好处的；从感情上来说，对于盛老师而言，M学校已经是是非之地，坐在我曾经坐过的办公室里，对盛老师也是一种不小的折磨，而新环境像一台吸尘器，把往日的痕迹都吸去了。

这样，马校长一片苦心无着处，只得重打锣鼓另开腔。

一波未平，一波又起。紧接着，由于工作负担过重、工作时间过长，何必老师被查出了严重的腰肌劳损，被逼无奈之下，他也从M学校辞职了。至于辞职后到了哪里，告诉我的这个人也不知道，所以我也无从说起。等到我知道何必老师离开M学校的时候，已过去了很久，我赶忙给他打电话，但他的手机号已变，打不通了。看来，要想联系上何老师，就只能等他告诉我新手机号了。

高一语文老师只剩下了阿若和阿越两个，亟需学校补充新的血液进来。

民办学校招聘在职教师本来就难，各地方教育部门的“关门主义”使民办学校只能在夹缝中生存。因为担心被开除公职，有水平的教师望而却步，只能待在原单位拘束一辈子，只在退休之后再到民办学校发挥一下余热。而学期中途招聘新教师很显然困难，不晌不夜的，谁也不会动。好在学校领导多智多谋，目光前瞻，初中部早已“库存”有两位老师，大学毕业以后，他们已经当了两年的“闲杂人等”，把他们从初中提上来即可。还有一个人的空缺，只好由阿若、阿越各多上一个班的课了，所幸时间已经接近期末，下学年再说吧。

高一语文班子调整好以后，不久，学部便宣布了一个任命通知，阿越荣任高一语文学科备课组长！再不久，有心的人还发现，学校财务室里多了一个年轻的财务人员，她二十多岁，挺漂亮的，由于来得时间较晚，见了人还有些腼腆，她叫李青。

个中原因，无需赘述。

真心为阿越高兴，他终于掌握了M学校的生存秘诀，这种进步是巨大的。但我还有一个遗憾，如果我还在M学校工作的话，恐怕再也听不到阿越那充满义愤的正直议论了，幸亏我已经不再是其中的一员。

对于多担一个班课的事，阿越是没有意见了，他每天都沉浸在繁重工作的喜悦里，文学社的工作也毫不含糊；阿若当然也没有任何意见，这可以从他又变得平和的口气上看得出来。上一段时间，他之所以随着我们说了一些堪称“爆料”的话，完全是因为他的爱人。他爱人杜芳菲工作挺踏实的，论资历，她应该被提拔为学校办公室副主任了。可是，不知为什么，学校却打算从外面另招一名副主任，于是，阿若的爱人就觉得受到了冷遇，从而产生了不满之情。后来，如我们所想的，学校取消了这个打算，阿若爱人如愿以偿，成了副主任。当然，这其中的玄机，或许阿若和阿越可以交流交流。

还有一件事需要给大家说，高中部的生活部主任赵挺华，由于再次调戏手下的女生活老师，被受害者告发，锒铛入狱，以极为特殊的方式结束了他在M学校这个舞台上的表演生涯。被警方带走的时候，他没来得及办离职手续。有人说，他也不需要办了。

学期终于结束了，M学校的第一届高考远远没有预想的好，种子选手纷纷落马，人们都猜不透为什么。包括被外人看好的清华、北大的苗子，也在高考中失利，令人遗憾，令人嘘唏。但马校长迅速调整了思路，找到了恰当的理由，甚至在李鑫媛董事长面前哭诉和痛表决心，使李总最终相信，胜败乃兵家常事，这一次的高考失败，会成为下一年高考胜利的基础。因此，马校长继续在高中部当他的校长。

第一届中考也好不到哪儿去，由于参照的对象范围较小，排名好于高中部。像与马校长商量好了似的，牛峰校长也找到了最具说服力的理由，得以继续坚守他的校长岗位。

主抓教学的朱校长并没有负什么连带责任，因为李鑫媛觉得，毕竟，亲自领导教学的不是朱校长，而是马、牛二人，现在，连他们都平安无事，出于大度，朱校长的位置当然也稳如泰山。

总之，学校的大局是稳定的，在这样的利好消息面前，我这个曾经的M学校的员工，不知道该高兴还是该担忧。

但据有眼光的人透露，因为M学校这样糟糕的中考和高考成绩，势必会影响它今年的招生，以往的局面将不复出现。地方教育主管部门的轻视、公办学校的挤兑、家长的失望，加上学校内部的诸多弊端，都将让M学校陷入艰难之境。这可怎么办呐？如果真的如此，我昔日的同事，岂不是要有一部分人面临无学生可教、甚至要自谋生路的尴尬境地？

但我坚信，M学校的肌体仍然具有很强的免疫力，染恙之后，它一定会杀死有毒的病菌、剔除坏死的肌肉、修复麻痹的神经，通过痛苦的涅槃，重新拥有健康。

然而，自我诊治和自我疗救毕竟是痛苦的，或许时间会非常漫长。因此，从某种意义上说，勇气比医术更重要、信心比方法更重要。我曾经深爱、现在却满心担忧的M学校，你做好准备了吗？

2011年的秋天即将来临，又一个学年就要开始了，尚未退却的酷热里，已有清爽的风在抚慰着人的神经。前进的姿势中、宛转的鸟鸣里，一个个关于奋斗的故事正在酝酿。这些故事最终升华为茁壮的传奇，还是堕落成疯长的悲剧呢？每一个关注M学校的人，包括我，在拭目以待。

后记

现在，我已经关闭了我的微博，原因有二:

一、本来关注它的人就太少太少，其中一个已经含着爱与遗憾离开了这个世界，另一个成为了我的爱人。现在，我可以把心里话说给逝去的他，当面说给健在的他了。

二、进入王富安的集团、和他并肩战斗之后，我的工作时间属于集团、业余时间属于我们共有了，已经没有了打理微博的空闲与精力。我很充实，也不再需要微博的“抚慰”了。因此，这本书稿就成了您了解M学校的重要窗口之一。虽然它是通过文字，但或许内容更客观。当然，如果您想更直观、更深入地了解它，还是请您到那儿工作一段时间，如果有可能的话。不过，我需要提醒您的是，我的办公室同事要么已经各奔东西，要么已经改变得“面目全非”，你可能再也了解不到太多真实的情况了。所幸，我相信，他们的热心和实在还依旧。

虽然M学校的上空仍有阴云，但我还是坚信，阴云的上面是太阳。毕竟，它承载着太多人的梦想，一定有非常强的自洁和自赎能力。

《都市情感杂“质”》：故事五彩缤纷，道尽人生酸甜苦辣咸

隆重推荐

书名：《都市情感杂“质”》第1辑
著者：梅剑飞
责任编辑：李生　周晏
书号：ISBN：978-7-80250-553-7
出版社：中国言实出版社
出版时间：2011.9
定价：29.80元

隆重推荐

书名：《都市情感杂“质”》第2辑
著者：梅剑飞
责任编辑：李生　周晏
书号：ISBN：978-7-80250-556-8
出版社：中国言实出版社
出版时间：2011.9
定价：29.80元

隆重推荐

书名：《都市情感杂“质”》第3辑
著者：梅剑飞
责任编辑：李生　周晏
书号：ISBN：978-7-80250-558-2
出版社：中国言实出版社
出版时间：2011.10
定价：29.80元

隆重推荐

书名：《都市情感杂“质”》第4辑
著者：梅剑飞
责任编辑：李生　周晏
书号：ISBN：978-7-80250-557-5
出版社：中国言实出版社
出版时间：2011.10
定价：29.80元

《都市情感杂“质”》由中国互优网策划，中国言实出版社出版，并于2011年9月正式上市。这是一部记录男女情感的系列丛书，作者用朴实真挚的文字，给我们讲述了一个又一个发生在身边的爱情故事。每一篇都是五彩缤纷，道尽人生酸甜苦辣咸。最终目的，是让深陷情苦中的你我得到一个希冀许久的答案，乐观勇敢的生活下去。爱情？爱情是，你就是我的注定。爱是为爱过的人祝福，为爱你的人珍重。读这些故事，读到城市感情的律动。

读别人的故事，走自己的道路。

新书推荐

书名：《 传奇赌王何鸿燊》
著者： 何南
责任编辑：李生 周晏
书号：SBN：978-7-80250-700-5
出版社：中国言实出版社
出版时间：2012.1
定价： 39.80元

新书推荐

书名：《50位企业家的第一份工作 》
编者： 布衣
责任编辑：李生 周晏
书号：SBN：978-7-80250-589-6
出版社：中国言实出版社
出版时间：2012.1
定价： 35.00元

新书推荐

书名：《创业游击战 》
编者： 布衣
责任编辑：李生 周晏
书号：SBN：978-7-80250-590-2
出版社：中国言实出版社
出版时间：2012.1
定价： 35.00元

新书推荐

书名：《女教师的忧郁微博》
著者：何南
责任编辑：李生 周晏
书号：SBN： 978-7-80250-673-2
出版社：中国言实出版社
出版时间：2012.1
定价：36.00元

新书推荐

书名：《都市情感杂“质”．第5辑》
编者： 榕树下
责任编辑：李生 周晏
书号：SBN：978-7-80250-672-5
出版社：中国言实出版社
出版时间：2012.1
定价： 29.80元